KB190851

이렇게 가르치라

설교자와 교사를 위한 성경 윤리 가이드

What Does the Lord Require?

A Guide for Preaching and Teaching Biblical Ethics

새물결플러스

이렇게 가르치라

설교자와 교사를 위한 성경 윤리 가이드

copyright ⓒ 새물결플러스 2009

이렇게 가르치라

설교자와 교사를 위한 성경 윤리 가이드

What Does the Lord Require?
A Guide for Preaching and Teaching Biblical Ethics

월터 카이저 지음
강성열 옮김

새물결플러스

차례

하나님이 원하시는 삶과 행위

- 시편 15편

윤리는 특별히 기독교에서만 논의되는 덕목이 아니다. 그 까닭은, 바울이 주장한 바와 같이, 율법에 관한 분명한 지식을 갖지 않은 이교도들조차도 그들의 마음에 율법의 행위가 새겨져 있음을 보여 주고 있기 때문이다롬 2:14-15. 어느 한 개인의 특정한 관점이나 세계관 내지 인생관은 모든 윤리를 위한 출발점을 제공한다. 따라서 어느 한 개인의 윤리적인 행동은 인도주의적인 사유의 틀에서 시작할 수도 있고, 이슬람이나 불교 또는 무신론적인 사유의 틀에서 시작할 수도 있으며, 성경적인 사유의 틀에서 시작할 수도 있다.

윤리적인 결정들을 위한 성경의 사용

성경 윤리는 하나님의 말씀이 주는 빛과 더불어 시작된다. "주의 말씀은 내 발에 등이요 내 길에 빛이니이다"시 119:105. 따라서 기독교인들에게 있어서 성경 윤리는 주께서 성경을 통하여 우리에게 주신 관점으로 인간의 삶과 행동에 대하여 반성하는 것임을 뜻한다. 비록 40명 정도의 인간 저자들에 의하여 기록된 66권의 책들을 포함하고 있기는 해도, 성경 자체는 그렇게 편집된 자료들을 한 권의 책으로 간주한다요 10:35, 17:12, 딤전 5:18. 사도 바울이 "모든 성경은 하나님의 감동으로 된 것으로 교훈과 책망과 바르게 함과 의로 교육하기에 유익하니, 이는 하나님의 사람으로 온전하게 하며 모든 선한 일을 행할 능력을 갖추게 하려 함이라" 딤후 3:16-17라고 말할 때, "모든 선한 일"에는 주께서 기뻐하시는 윤리적이고 도덕적인 삶이 포함된다.

그렇다면 사람들은 윤리적인 결정들을 내리거나 그것들을 평가할 때 성경을 어떻게 사용하는가? 성경은 어떤 행동이나 결정이 옳은지 그른지, 의로운지 불의한지를 보여 주는 데 사용할 수 있는 "기준" norm, 본래 "목수의 직각자"를 뜻하는 라틴어 노르마[norma]에서 파생한 낱말이다. 이와 관련하여 성경은 네 가지 상이한 방식들, 곧 (1) 길잡이, (2) 보호자, (3) 나침반, (4) 원칙 등으로 사용될 수 있다. 이를테면 길잡이guide가 우리가 가야 할 길을 보여 주는 반면에, 보호자guard는 잘못될 결정이나 길에 대해서 경고의 메시지를 준다. 그리고 나침반compass은 우리가 방향을 정하는 데 도움을 주며, 원칙principle은 성경 안에서 발견되는 다수의 사례들을 포괄하는 추상적인 개념들을 모아서 보여 준다.

따라서 우리가 윤리적인 쟁점들을 평가하는 데 사용하는 지식은 성경으로부터 수집되는 셈이다. 성경은 우리가 온전하고 올바른 행동에 대한 하나님의 가르침을 들을 수 있는 믿음직스럽고도 유일한 자료이다. 그럼에도 불구하고 우리는 그러한 행동에 대해서 가르치는 하나님의 말씀을 적용함에 있어서 우리 자신의 깨달음과 감정과 양심 등도 역시 사용하지 않으면 안 된다. 우리가 태어날 때부터 갖게 되는 깨달음을 사람들은 흔히 상식이라 부른다. 그러나 우리는 또한 에덴 동산에서 이루어진 아담과 하와의 타락으로 인하여, 그리고 우리 자신의 죄로 인하여 잘못된 깨달음을 가지고 있기도 하다. 그렇지만 다행스럽게도 우리에게는 성경의 빛을 올바로 사용함으로써 얻게 되는 제3의 깨달음이 있기도 하다. 시편 기자의 다음과 같은 외침은 참으로 타당한 것이다.

"나로 하여금 깨닫게 하여 주소서. 내가 주의 법을 준행하며 전심으로 지키리이다" 시 119:34.

복잡한 삶

그러나 우리가 매일같이 신문과 텔레비전 뉴스와 지구촌 전역에서 발견되는 비극적인 이야기들을 통하여 느끼는 것처럼, 인간의 삶은 매우 복잡하게 꼬일 수 있다. 2007년 아프리카의 케냐에서 선거 직후에 발생한 폭력 사태에서, 한 목격자는 자신이 어떻게 하여 폭도들에 의해 불타는 케냐의 한 붐비는 교회 건물 안으로 급하게 뛰어 들어갔다가 그곳을 빠져나오게 되었는지를 서술한 바가 있다. 좀 더 많은 사람들을 구출하기 위하여 불타는 교회 안으로 마지막으로 뛰어 들어간 그 목격자는 지옥과도 같은 화재의 현장에서 "삼촌! 저 좀 구해 주세요, 삼촌! 저 좀 살려 주세요!"라고 부르짖는 소리를 들었다. 그 외침은 불타는 교회 건물 안에 갇힌 어린 조카가 부르짖는 소리였다. 잠시 망설이는 순간에 그 사람은 거센 불길을 바라보면서 아마도 자신이 보살펴야 하는 자기 자신의 가족을 생각했을 것이고, 죽어가는 조카를 구출하기 위하여 불타는 건물 안으로 한 번 더 들어간다는 것이 불가능하다는 판단을 내렸을 것이다.[1] 그는 자신의 목숨이 위태롭게 될 것임을 알면서도 자기 조카를 구출해야만 했을까, 아니면 다른 생명을 구출하기보다는 먼저 자신의 가장 가까운 가족을 책임져야만 하는 자신의 의무에 대해서 생각해야만 했을까? 두 가지 행동이 서로 충돌할 때 또는 그 둘이 우리에게 상반된 요구를 할 때 우리는 어떠한 행동에 우선순위를 두어야 하는가? 삶 속에서 발생하는 모든 윤리적인 상황들이 항상 이 이야기에서 보는 것처럼 서로 충돌하고 갈등을 일으키는 윤리적인 양 극단한 생명을 구출하는 일과 자기 가족을 계속해서 보살피는 일을 포함하는 것은 아니다. 그러나 모든 상황 속에서 매일 우리는 주께서 우리에게 가르치시는 것들을 잘 반영하거나 하나님의 말씀에 대한 순종에 나쁜 영향을 미치는 결정들을 내리지 않으면 안 된다.

성경은 21세기의 윤리에 대해서도 쓸모가 있는가?

이상의 모든 논의는 신자들에게 다음과 같은 질문들을 던져준다. 특히 도덕적이고 윤리적인 난관들이 점점 더 복잡하게 꼬이는 듯한 오늘날 성경의 도덕적인 표준은 어떻게 적용될 수 있는가? 성경의 진리는 옳고 그르고 선하고 의롭고 공평한 것들을 판단할 수 있는 기준으로 여전히 타당성을 가지고 있는가? 하나님의 성품은 우주 안에 윤리적인 절대 기준이 있음을 확언할 수 있는 근거가 될 수 있는가? 아니면 우리는 "주 예수 해변서" [새찬송가 198장]라는 찬송에서처럼 우리에게 주어지는 새로운 요구들을 충족시키기 위하여 "거룩한 책성경을 넘어서서" 새찬송가에는 이러한 내용이 번역되어 있지 않다 가야만 하는가?

이러한 질문들이나 이와 비슷한 다른 모든 질문들은 성경을 하나님의 말씀으로 믿는 기독교인들에 의하여 생겨난 것인 바, 21세기를 윤리적이고 도덕적인 방식으로 살아가려고 애쓰는 세속 시민들 역시 그에 못지않게 자주 그러한 질문들을 던지곤 한다. 애석하게도 교회에서 사람들을 가르치고 그들에게 설교하며 그들을 인도하는 우리들은 그 동안 너무도 많은 상황들 속에서 그들에게 성경으로부터 기껏해야 아주 조금밖에 도움을 주지 못했다. 성경이 우리에게 상기시켜주는 바와 같이, 만일 우리가 빵에 의지하여서만 살고 있는 것이 아니라 하나님의 입에서 나오는 모든 말씀에 의지하여 살고 있는 것이라면신 8:3, 평신도나 목회자의 차원에서 윤리적이고 교리적이고 도덕적인 측면에서 우리 시대의 다양한 도전들에 맞설 수 있도록 도움을 주기 위해서라도 우리는 성경의 가르침을 진지하게 필요로 한다. 우리는 하나님의 백성에게 그들이 직면하고 있는 난관들이 성경 안에서 실제로 또는 원칙적으로 어떻게 논의되고 있는지를 알 수 있도록 도움을 주지 않으면 안 된다. 부모들이나 다른 보호자들은 물론 너무도 많은 교사들과 설교자들이 다른 사람들로 하여금 삶 속에서 도덕적인 결정들을 내림에 있어서 하나님의 말씀을 이해하도록 돕는 일을 꺼리고 있다. 그 까닭은 윤리를 너무도 복잡하고 지극히 개인적인 것으로 치부하고 있거나 성경의 가르침을 전혀 알지 못하고 있기 때문이다. 그들은 윤리가 분열을 초래할 것이라고 생각한다. 왜냐하면 사람들은 자신이 어떤 일을 할지 또는 하지 않을지를 이미 마음으로 결정한 상태에 있기 때문이다. 그리고 설령 사람들이 아직 자신의 마음을 결정하지 않았다고 할지라도, 사람들은 금방 자신의 마음을 결정할 것이요, 하나님이 다르게 말씀하시고 있음을 누군가가 자신에게 말해주는 것을 확실히 원치 않기 때문이다!

　그러나 우리가 주님 앞에 설 때 과연 그러한 핑계들과 현실들이 마지막 날의 심판을 잘 통과할 수 있을까? 그 까닭은 우리가 너무도 오랫동안 교탁과 강단 및 가정 등에서 사람들을 제대로 인도한 바가 없기 때문이다. 이러한 상황이 이제는 바뀌어야 한다. 그렇지 않을 경우, 남을 가르쳐야 하는 우리는 우리 사회의 도덕적인 타락에 대하여 우리 주님 앞에서 직접 책임을 져야 할 것이다. 우리의 문화를 직접적으로 괴롭히는 지금의 모든 윤리적이고 도덕적인 문제들에 대해서 하나님의 말씀을 들려주지 못한 책임 말이다. 하나님의 말씀을 몰랐다는 것조차도 옳은 일을 행하지 못한 것에 대한 변명이 될 수가 없다!잠24:12

성경 윤리를 가르치는 본문들의 중요성

건실한 성경 윤리가 절박하게 필요하다는 생각에 나는 신구약성경의 윤리에 대한 나 자신의 연구와 가르침으로부터 얻은 통찰들을 성경 윤리에 대해서 가르치는 몇몇 핵심 본문들과 결합시키려고 노력하였다. 나는 하나님이 기뻐하시는 삶을 이룰 수 있도록 돕는 하나님의 말씀들을 개괄적으로 해설함과 동시에 그에 대한 권위 있는 가르침들을 제공하고자 하였다. 이러한 도움 자료들이 일련의 성경 연구들, 이를 테면 대학의 성경 연구 선택과목이나 어른들을 위한 성경 연구, 가정 내의 성경 연구, 교회와 기독교 대학과 신학교 등지의 교육 프로그램에서 사용되는 각종 성경 연구 등에서 널리 활용되었으면 하는 것이 나의 바람이다. 그 도움 자료들은 실생활에서 윤리적이고 도덕적으로 확고한 결정들을 내림에 있어서 장벽에 부닥쳤을 때 성경이 우리를 도울 수 있다는 점을 분명하게 보여 줄 일련의 메시지들로 바뀔 수도 있을 것이다. 만일 주일 아침에 그러한 메시지들을 전달하는 것이 너무 위험스러워 보인다면, 주일 저녁에 또는 그러한 주제들을 다루는 특별한 주간 모임 때에 목회자들이 외부인들의 도움을 조금 받아서라도 그러한 메시지들을 전하는 것은 어떨까? 여기서 우리가 놓쳐서는 안 될 한 가지 중요한 사실은 그러한 메시지들이 하나님의 말씀에 대한 해설이 되어야 한다는 점이다. 키와니스Kiwanis나 엘크스Elks, 라이온스Lions 등과 같은 봉사 클럽들과 다른 시민 단체들 역시 사회적인 질병들에 초점을 맞추어 그 질병들을 분석할 수 있겠지만, 정말 필요한 것은 하나님의 말씀이야말로 그러한 문제점들에 영향을 주어 그것들을 변화시킬 수 있는 가능성을 조금이라도 가지고 있는 유일한 수단으로서 강한 힘을 그 안에 담고 있음을 분명하게 보여 주는 일이다.

하나님은 우리가 어떻게 살기를 원하시는가? 시 15편

이러한 연구들의 도입부에 시편 15:1-5보다 더 좋은 본문이 어디에 있겠는가? 이 본문은 자신의 거처를 주 하나님께 두고 그를 굳게 신뢰하는 자들의 신실한 믿음을 잘 요약해 주고 있다. 앞의 노래들에서 다윗은 자기 시대에 널리 퍼져 있던 악에 대해서 묘사하는 바, 그것은 우리 시대의 악과 크게 달라 보이지 않는다. 왜냐하면 시편 12:8에서 그는 "비열함이 인생 중에 높임을 받는 때에 악인들이 곳곳에서 날뛰는도다"라고 탄식하고 있기 때문이다. 그러나 하나님은 당시의 부패한 사람들에게 맞서 "의인의 무리"²시 14:5를 찾으신다. 뻔뻔스럽게도 "하나님이 없다"시14:1라고 도발적인 언사를 발하면서 "부패한" 생활방식과 "가증한 행실"14:1c을 특징으로 갖는 무신론자들 앞에서, 하나님은 여전히 우리 시대와 마찬가지로 그 시대의 문화를 향해서도 자기 시대의 정신적인 분위기에 휩쓸리기보다는 하나님의 뜻에 순종하고 하나님 자신에 의하여 하나의 공동체를 이룬 사람들을 내보내시는 데 열중하신다.

시편 15편은 세 부분으로 이루어진 지혜시이다. 그런데 그 중간 부분은 하나님이 원하시는 도덕적인 조건들을 열 겹 구조로 보여 주고 있다. 그 구조는 다음과 같다.

I. 질문15:1

"우리가 하나님의 복된 임재 안에서 살고자 할 때 하나님이 우리에게서 원하시는 것은 무엇인가?"

II. 그에 대한 적절한 응답으로 주어진 열 가지 도덕적인 조건들15:2-5a

긍정적인 조건들	부정적인 조건들
1. 흠 없이 행함	4. 남을 허물하지 않음
2. 공의를 실천함	5. 이웃에게 악을 행하지 않음
3. 마음에 진실을 말함	6. 이웃을 비방하지 않음
7. 완악한 죄인들을 멸시함	8. 고리대금 행위를 하지 않음
9. 약속한 것들을 지킴	10. 뇌물을 주고 받지 않음

III. 약속15:5b

"이러한 일들을 행하는 자들은 어느 누구도 결코 흔들리지 않을 것이다!"

다윗이 성막에 있는 하나님의 거룩한 임재와 시온에 있는 하나님의 거룩한 산에 살며 거주하는 데 필요한 조건들에 관하여 질문을 던졌을 때, 사람들은 하나님을 위한 예배와 삶을 향해 나아가는 데 필요한 의례적인ritual 요구사항들의 목록을 기대했을 것이다. 그러나 본문에는 도리어 열 가지의 조건들이 나열되어 있는 바, 그것들은 십계명과 평행을 이루는 명령들로 만들어진 것들이 아니라 젊은 사람이 열개의 손가락들을 헤아려가면서 그 요점과 의미를 생각해낼 수 있을 정도로 충분히 쉬운 것들이다. 이 목록은 부모 경시, 이혼, 도적질, 살인 등을 금하는 규정들을 가지고 있지 않지만, 시편 24편과 이사야

33:15에 있는 목록과 공통점을 많이 가지고 있다. 이 두 본문은 비록 짧기는 해도 다른 지침들과 평행을 이루는 지침들을 일부 포함하고 있다.

시편 24:4

1. 손이 깨끗함
2. 마음이 청결함
3. 우상숭배를 멀리함
4. 거짓 맹세하지 않음

이사야 33:15

1. 공의롭게 행하는 자
2. 정직히 말하는 자
3. 토색한 재물을 가증히 여기는 자
4. 뇌물을 받지 아니하는 자
5. 피 흘리려는 꾀를 듣지 아니하는 자
6. 악을 보지 아니하는 자

이 점에서 본다면, 시편 15편에서 다윗이 우리 앞에 몇 가지 경건의 사례들과 하나님의 영광을 위한 지혜로운 삶의 본보기들을 보여 주었다고 말하는 것은 당연한 지적이 아닐 수 없다.

비록 십계명의 모든 내용들을 다 보여 주고 있지는 않지만, 시편 15편에 있는 열 가지 목록의 배후에는 하나님의 성품에 기초한 절대적인 기준이 놓여 있는 것으로 보인다. 따라서 그 목록이 불안정한 우리 시대와 비슷한 상황, 곧 "터가 무너지던" 시 11:3 시절에 주어진 까닭에, 시편 15편의 열 가지 조건들은 우리 자신의 교화를 위해서도 검토해볼 만한 가치를 가지고 있다.

경건한 생활방식

이 목록에서 맨 처음 언급되는 것은 "흠 없이 행하는" 자이다시 15:2, 개역 개정판이 "정직하게"로 번역한 낱말을 저자는 "blameless"로 번역한다. 이것은 경건한 사람이 하나님의 임재를 누리기 위하여 완전해져야 한다는 것을 뜻하지 않는다. 도리어 그것은 그의 "생활방식" "행하다" [walk]는 히브리어 개념에 해당하는 현대어이 순전함을 특징으로 갖는 것이어야 함을 의미한다. 왜냐하면 히브리어 타밈은 도덕적인 생활방식을 가리키기 때문이다. 이 낱말을 "흠 없이"로 번역하는 것은 부정적인 측면을 지나치게 강조한 것처럼 보일 수도 있다. 왜냐하면 그 낱말은 온전함과 건실함을 의미하기 때문이다. 율법과 모세가 출현하기 전에도 이미 "노아는 여호와께 은혜를 입었으며"창 6:8, 아브라함도 마찬가지였다창 17:1. 이 하나님의 사람들은 순전함을 자기 삶의 목표와 특징으로 삼으려고 노력하였다.

하나님을 향한 순전함의 외적인 특징은 그 사람이 "공의를 실천하는"시 15:2b 자라는 사실에 의하여 강화된다. 그러한 사람의 내면 역시 마찬가지이다. 왜냐하면 그는 "그의 마음에 진실을 말하기"2c절 때문이다. 지혜로운 사람은 자기 존재의 중심에 있는 것을 자신의 가장 내밀內密한 자아의 중심으로부터 나오는 말로써 표현하는 사람이다. 바로 전에 언급한 세 가지 행동들은 모두가 시편 15편의 히브리어 본문에서 분사 형태로 되어 있다. "행하는/살아가는"walking/living, "실천하는"doing, "말하는"speaking. 시편 1:1에서도 이와 비슷한 삼중 표현이 나오는 바, 그곳에서도 세 가지 행동들이 삼중언법三重言法, 서술되는 것의 효과를 고조시키기 위해 세 단어를 통하여 한 개념을 표현하는 기법으로 알려진 비유적인 표현 방식을 구성하고 있다. 물론 여기서 삼중언법이라는 것은 삶의 세 가지 모든 측면들에 의존함으로써 한 개의 총체적인 개념인 하나님의 임재를 표현하는 방식을 일컫는다. 델리취Franz Delitzsch는 시편 15편의 이 세 가지 행동들을 다음과 같이 요약한 바가 있다. "우리는 여기에서 세 가지의 특징들을 만나볼 수 있다. 곧 결점이 없는 행동, 하나님의 뜻에 따라 이루어지는 실천, 진실을 사랑하는 사고방식."[3]

불경건한 생활방식

앞에서 언급한 세 가지 긍정적인 조건들에 이어서, 하나님의 임재 안에 거하는 자가 행하지 않는 세 가지 부정적인 행동들이 언급된다. 무엇보다도 그러한 사람은 "남의 일에 대해서 험담"하거나 "그 혀로 남을 허물하지"[3절] 않는다.[4] 자주 사용되지 않는 동사인 히브리어 **라갈**은 강의형強意形 어간에서 "두루 살피다"라는 뜻을 가지고 있는 바, 이는 어떤 일들을 널리 퍼뜨린다는 의미에서 "여기저기 돌아다니는" 행동을 가리킨다. 그러나 비방과 험담을 피한다는 의미가 이미 이곳에 자리를 잡고 있을 정도로 충분히 확립되어 있었던 것으로 보인다[참조, 삼하 19:27]. 따라서 처음의 세 가지 긍정적인 조건들이 온전하고 건실한 성품을 요청한 것과 마찬가지로, 이곳의 부정적인 조건은 언어 사용에 있어서의 자제를 요청하고 있다. 이러한 개념은 3절에 있는 두 번째와 세 번째의 부정적인 조건들에서 한층 심화되어 나타난다. 지혜로운 사람은 자신의 친구나 이웃에게 일부러 올무를 놓지 않는다. 그는 다른 사람들에 관한 나쁜 얘기들을 쉽게 신뢰하지 않는다. 사실 히브리어 본문은 약간의 말놀이를 통하여 "이웃"레아이라는 낱말과 "악"라아이라는 낱말을 서로 연결시키고 있다. 이러한 특징은 이 의로운 사람이 "자기 이웃을 비방하지 않는다"라는 세 번째의 부정적인 조건과 잘 어울린다. 여기서도 누군가에게 수치스러움을 안겨주려고히브리어 나사 부정적인 성품의 일부를 불필요하게 들추어내는 행동이 즉각적인 거부의 대상이 되고 있다.

하나님과 동행하는 자들의 지혜로운 행동들 맞은편에는 "배척" 당하거나 "멸시받는/비열한" 자가 있다. 그는 자신이 행하는 악한 행동들에 의하여 규정된다. 그는 때때로 악을 행하는 자가 아니라 악의 성향을 가지고 있는 자요, 그 결과 "주를 두려워하는 자들을 존대" 하고 "서원/약속한 것은 해로울지라도 지키는" 자의 멸시를 받는 자이다4b-c절. 순전함과 명예를 소중히 여기는 이러한 태도는 입다삿 11:31, 34-39나 헤롯마 14:6-11에게서 보는 것과도 같이 무죄한 자들을 희생시켜서라도 경솔한 약속들을 지켜야 한다는 것을 뜻하지 않는다. 잠언 6:1-5와 레위기 27:1-33에서 보듯이, 그처럼 부적절하게 이루어진 서원들로부터 벗어나기 위해 간구하는 것은 가능한 일이다. 그러나 정당한 약속들과 서원들에 대해서 지혜로운 자들은 자신이 한 말에 책임을 지고자 한다전 5:1-7, 마 5:33-37.

형제의 불행을 이용하여 돈을 뜯어내는 방식으로 높은 이자를 물리는 고리대금 행위는 성경 안에서 호된 질책의 대상이 된다.[5] 율법서와 예언서들은 자주 이 주제를 다룬다출 22:25, 레 25:37, 신 23:20, 겔 18:8. 이곳의 본문시 15:5a은 무이자로 돈을 빌려주어 가난한 자를 돕기보다는 도리어 그에게 터무니없이 높은 이율을 부과하는 행동을 비난한다. 만일에 이 본문이 이자를 물리는 행동 일체를 비난하는 것이라면, 마태복음 25:27은 제대로 이해되기 어려울 것이다. 따라서 이 본문은 터무니없는 행동이 아닌 한 오늘날의 다양한 상거래 행위들이나 이자를 물리는 행동들과 무관하다. 도리어 이 본문은 성경이 원하는 자비로운 행동, 곧 아무런 대가 없이 형제를 돕는 행동을 피하기 위하여 이자를 붙여 돈을 빌려주는 자들을 겨냥하고 있다. 부유한 자들은 가난한 자들의 곤궁함을 이용하려고 해서는 안 되며, 법정에서 뇌물을 제공함으로써 정의를 왜곡시켜서도 안 된다출 23:8, 신 16:19. 뇌물을 칭하는 낱말은 본래 온갖 종류의 배상금을 의미할 수도 있지만, 여기서 비난의 대상이 되고 있는 뇌물은 굶주린 자들에게서 배상금을 받거나 부유한 자들이나 유력한 자들을 위하여 가난한 자들을 차별하는 행동을 가리킨다.[6]

이상의 열 가지 명령에 담겨진 훈계들에 귀를 기울이는 자들은 확실한 안전을 보장 받을 것이다. 왜냐하면 "이런 일을 행하는 자는 영원히 흔들리지 아니할 것이기" 때문이다시 15:5b. 그것은 하나님의 약속이다. 그 사람은 역경을 당할 수도 있다. 그러나 하나님은 결코 그가 하나님의 사랑으로부터 흔들리거나 멀어지지 않을 것임을 분명하게 약속하신다. 예수께서도 산상수훈에서 이 점을 강조하지 않으셨던가? 따라서 윤리적인 체계라는 것은 주님 자신으로부터 분리되어 있지 않다. 도리어 그것은 성경의 신학적인 가르침에 기초하고 있는 것이다.

결론

1. 하나님은 지금 우리 모두에게 흠 없이 살고 공의를 실천하며 진실을 말할 것을 요구하신다. 우리가 장차 한 날에 하나님의 거룩한 임재 앞에 서고자 한다면 그에게 응답할 필요가 있다.

2. 하나님은 우리 모두에게 다른 사람들을 향한 모든 형태의 험담을 중단하고 악을 행하지 않으며 나무랄 것이 없는 삶을 살 것을 요구하신다. 우리는 그러한 도전들에 맞서서 일어설 수 있도록 도우시는 우리 주님을 신뢰할 수 있다. 왜냐하면 하나님은 우리가 이러한 세 가지 일들을 행하지 못하도록 도우실 수 있는 분이기 때문이다.

3. 우리 모두는 완악한 죄인들의 무리를 피하면서 자신이 한 약속들을 지킬 필요가 있다.

4. 우리 모두는 자신의 돈을 가난한 이들에게 주는 것을 피해서는 안 되며, 비난받을 만한 형태의 뇌물을 멀리해야 한다. 하나님은 그러한 문제들에 있어서 우리가 다르게 행동할 수 있도록 도우실 수 있다.

1

가난한 자들, 압제당한 자들, 고아들

- 이사야 58장

사하라 남부 아프리카 지역에서는 그곳에 발생한 에이즈 질환으로 인하여 2003년에 1천2백만 명의 아이들이 고아가 된 것으로 추정된다. 이와 마찬가지로 기아와 관련된 복잡한 상황들로 인해 날마다 1만6천 명 정도의 아이들이 죽는 것으로 추정된다. 뿐만 아니라 2004년에는 대략 10억 명 정도의 사람들이 최저 생계비에 못 미치는 수입으로 연명하였다.[1]

소외 계층에 대한 기독교인들의 응답

가난과 압제에 시달리는 이들과 최근에 과부가 되거나 직장을 잃거나 고아가 된 이들을 향한 따뜻한 사랑의 보살핌은 여러 세기에 걸쳐서 기독교회의 진정한 표지로 계속 인식되었다. 이와 관련하여 초기의 한 사례를 들자면, 아테네의 철학자인 아리스티데스Aristides는 주후

125년에 동료 신자들을 변호하기 위하여 하드리아누스 황제 앞에 불려나갔을 때, 다음과 같이 증언하였다. "[우리는] 서로를 사랑합니다. 과부의 궁핍함을 무시하지 않으며, 폭력을 휘두르는 자에게서 고아를 구해냅니다. 가진 자는 갖지 못한 자에게 넉넉하게 주되 자랑하지 않습니다."[2]

역사적으로 볼 때, 이와 동일한 기독교의 영향력은 교회의 삶, 곧 신자들이 아이들을 예수께로 인도하고막 10:14 또 고아들을 보살피는신 26:12 데 중점을 두었던 것을 통하여 추적해볼 수 있다. 그 예로서 기독교인들은 5-6세기의 로마 제국에서 아이들을 법적으로 보호하는 일에 대하여 영향력을 행사하였다. 종교개혁자인 츠빙글리Zwingli는 스위스에 있는 몇몇 수도원들을 고아원으로 전환시켰다. 그리고 또 다른 기독교 정치가인 쿠퍼Ashley Cooper는 19세기에 영국에서 아이들에게 노동을 시키는 관행에 맞서 싸움을 벌였다.

이에 못지않게 중요한 것은 기독교인들이 경제적으로 궁핍한 자들에게 깊은 관심을 기울였다는 점이다. 그들 개개인은 모세의 율법에서 특별한 식량 공급의 대상이기도 했다출 23:11, 레 14:21, 19:10. 이들은 단순히 가난하기 때문에 사랑을 더 많이 받아야 하는 사람들이 아니었지만레 19:15, 그렇다고 해서 다른 하나님의 백성에 의해서나 이스라엘 공동체 자체에 의해서 기피되거나 간과되어서도 안 되는 사람들이었다. 그들이 압제를 견디지 못하여 하나님께 도와달라고 부르짖으면시 34:6, 하나님의 은혜와 자비에 의지하여 그들에게 도움의 손길을 내미는 자들이 종종 그들의 호소에 귀를 기울이곤 했다시 41:1, 잠 14:21.

가난이라는 낱말은 흔히 "수입이 부족한" 자들을 가리키는 데 사용된다. "수입이 부족한 자들"이라는 표현이 무엇을 뜻하는지는 다음의 세 가지 개념 정의들을 통하여 확인할 수 있다. (1) 도시의 네 식구가 "가난의 한계선", 곧 "그럭저럭 생계를 유지"하는 데 필요한 "절대적인" 최소한의 수입 아래로 생활하는 사람들, (2) 모든 국내 근로자들이 받는 평균 임금 50% 아래의 수입으로 살아가는 사람들, (3) "국민 소득 점유율"이 가장 낮은 사람들. 이 세 가지 개념 정의들 중 어느 것을 사용하든 관계없이, "가난한 자들"은 여전히 "풍요의 바다에 있는 빈곤의 섬"[3]을 대표하는 자들이다.

고아들과 과부들 및 직접적인 압제의 결과로 인하여 온갖 형태의 불의와 학대에 시달리는 이들 등의 사회 계층이 바로 이 "가난의 한계선"에 속한 집단에 속해 있다. 이러한 상황에서는 기독교적인 구제 윤리와 신자들의 적극적인 행동이 한층 더 필요하게 된다. 성경은 끊임없이 사회 정의를 요구한다그 예로서 출 3:9, 신 23:15-16, 24:14, 시 10:17-18, 렘 7:5-7, 암 4:1, 겔 45:8, 약 2:5-7. 세상일을 주관하시는 하나님은 올바른 일들이 모든 백성들과 신하들에게 행해지고 있는지를 확인하기 위해서라도 반드시 공평과 정의에 기초한 감독권을 행사할 것을 통치자들과 지도자들에게 요구하셨다. 그러나 공동체 자체의 전체 구조에 맞서서 압제에 강하게 항거하고 가난한 자들을 돕는 일에 있어서는 하나님의 백성 역시 그에 못지않은 책임을 지고 있었다. 어느 한 개인이나 집단도 자신의 힘을 사용하여 다른 사람이나 집단을 학대해서는 안 되었다신 16:18-20, 시 82:1-4, 잠 21:15, 암 5:7-15. 따라서 가난한 이들과 고아들의 부르짖음은 분명한 의미를 가질 수밖에 없었다. 대부분의 사람들은 모든 압제와 불의를 종결지어야 할 필요성에 동의하였다. 그러나 그러한 문제들을 어떻게 해결할 것이냐에 대해서는 의견의 불일치가 있었다. 많은 경우들에 있어서 우리에게 필요했던 것은 미합중국의 맨 처음 국새에 사용된 문구, 곧 "압제자들에게 저항하는 것은 하나님께 대한 순종이다"라는 문구였다.[4]

미국 사회와 전 세계 안에 있는 이러한 질환들을 성경적인 시각에서 해결하기 위한 방법은 무엇보다도 이 문제에 대해서 가르치는 한 개 또는 그 이상의 중요한 본문들을 살피는 데 있다. 우리의 목적에 부합되는 가장 훌륭한 본문들 중의 하나는 이사야 58:1-12이다. 언뜻 보기에 이 본문은 또 다른 쟁점종교적인 의식주의와 형식주의 또는 더 정확하게 말해서 사이비 영성의 문제을 더 직접적으로 다루고 있는 것처럼 보인다. 그러나 이 본문은 또한 압제와 빈곤에 맞서 싸움으로써, 그리고 가난한 이들과 고아들과 과부들 및 따뜻한 관심과 사랑을 박탈당한 공동체 구성원들이 필요로 하는 것들에 대하여 책임을 짐으로써, 자기들이 고백한 신앙의 실상을 보여 주기 원하는 신자들에게 가장 확실한 가르침들 중의 하나를 제공하기도 한다.

하나님의 가족에게 있는 사회적인 책임들

이러한 질환들 중의 일부를 치료하는 데 도움을 줄 것으로 기대되는 기독교의 윤리적인 행동은 이사야 58:1-12에서 찾아볼 수 있다. 이 본문은 이 쟁점에 관하여 가르치는 위대한 본문들 중의 하나이다.

> **본문** 이사야 58:1-12
>
> **주제** "하나님의 가족에게 있는 사회적인 책임들"
>
> **요절** 6절, "내가 기뻐하는 금식은 흉악의 결박을 풀어 주며 멍에의 줄을 끌러 주며 압제당하는 자를 자유하게 하며 모든 멍에를 꺾는 것이 아니겠느냐?"
>
> **설교의 핵심어** 책임감
>
> **질문** 압제당하는 이들, 가난한 이들, 과부, 고아 등의 부르짖음에 응답하여 하나님의 사랑을 실천함에 있어서 하나님의 가족이 져야 할 사

회적인 책임들에는 어떠한 것들이 있는가?

개요

I. 신앙적인 허식을 버려야 한다 58:1-2

    A. 올바른 습관

    B. 올바른 신조

    C. 올바른 사회적 관습

    D. 올바른 욕구

    E. 올바른 예전 禮典

II. 하나님이 우리의 천박함을 드러내게 해야 한다 58:3-5

    A. 안식일과 절기에 공상에 사로잡힘

    B. 안식일과 절기에 안절부절 못함

    C. 안식일과 절기에 남을 괴롭히는 방법을 연구함

    D. 안식일과 절기에 경건을 가장함

III. 예배의 갱신을 원하시는 주님의 기대에 응답해야 한다 58:6-12

    A. 모든 불의한 속박을 풀어 주라

    B. 멍에의 줄을 끌러 주라

    C. 압제당하는 자를 자유케 하라

    D. 모든 멍에를 꺾으라

    E. 양식을 나누어 주라

    F. 집 없는 자들을 재워 주라

    G. 헐벗은 자에게 옷을 입혀 주라

    H. 궁핍한 친족을 도와주라

살아 계신 하나님을 믿는 자들의 일차적인 책임이 복음의 기쁜 소식을 널리 전하는 데 있다는 점에는 의문의 여지가 없다. 그러나 메시아의 죽음과 매장과 부활을 믿음으로 그를 의지하는 모든 이들의 신앙 근거로 여기는 그 복음은 우리의 사회적인 책임들을 당연한 것으로 여기는 복음과 동일한 것이다. 이처럼 당연한 것을 이제 우리는 이 성경 본문에서 찾고자 한다.

I. 신앙적인 허식을 버려야 한다 58:1-2

하나님은 예언자 이사야에게 목소리를 높여서 모든 신앙적인 위선자들과 사이비 제사장들을 향한 자신의 심판을 선고하라고 명하셨다. 그 까닭은 그들이 교만하게도 하나님의 은총과 존중히 여김을 기대했기 때문이다. 예배의 외적인 형식들을 잘 지키는 것에만 관심을 기울였지, 이웃 사랑이나 궁핍한 자들을 향한 배려와 같은 문제들은 무시한 채로 말이다. 그리하여 하나님은 예언자로 하여금 그처럼 독실한 경건을 가장한 자들에게 무엇인가 나쁜 문제가 있음을 널리 알리는 나팔 소리처럼 큰 목소리로 가능한 한 모질게 이러한 사이비 신앙인들을 책망하게 하셨다. 이 사이비 신앙인들의 그릇된 모습은 세상 사람들에게 널리 알려져야만 했다. 이는 그들의 가치 체계가 적지 않게 왜곡되어 있었기 때문이다. 그 사람들의 양심이 깊이 잠들어 있었기에 예언자는 경고의 나팔 소리를 힘차게 불어야만 했다. 그들을 일깨워 움직이게 하는 일은 사람들이 흔히 나누는 조용한 대화 이상의 것을 필요로 했다. 어떠한 유형의 비난에 대해서도 즉각적인 답변을 할 준비가 되어 있는 것으로 보이는 자들에게서는 온갖 핑계거리가 될 만한 모든 기초를 제거해야만 했다.

그들은 자기들이 (1) **올바른 습관**을 가지고 있다고 생각했다. 그들은 "날마다"〔하나님을〕"찾지" 않았던가 2a절? 그들은 또한 자기들이 (2) **올바른 신조**를 가지고 있다고 주장하였다. 그들 자신이 "〔하나님의〕 길 알기를 즐거워했기" 2b절 때문이라는 것이다. 어쩌면 그들 자신에게는 그렇게 보였을 것이다. 그들은 또한 자기들이 "공의를 행하여 그의 하나님의 규례를 저버리지 아니하는 나라"2c-d절에 해당한다고 보았다. 달리 말해서 그들은 자기들이 **올바른 사회적 관습**을 가지고 있다고 생각한 것이다. 이러한 허식에 더하여 그들은 자기들이 "의로운 판단을 [하나님께] 구했다"2e절고 생각했다. 자기들이 **올바른 욕구**를 가지고 있기도 했다는 것이다. 마지막으로 그들은 자기들이 **올바른 예전**을 가지고 있다고 생각했다. 이는 그들이 "하나님과 가까이 하기를[예전적인 용어를 빌어 표현하자면 "다가가거나 가까이 나아가기를"] 즐거워하는" 것으로 여겨졌기 때문이다2-3절. 그들은 성전 예배에서 이루어지는 자기들의 외적인 행위가 하나님을 만족시킨 까닭에 그분이 자기들에게 은총을 베풀지 않을 수가 없다고 생각했다. 그들은 다음과 같이 말한 것으로 보인다. "우리는 성전 예배를 사랑합니다. 우리는 하나님 앞에서 또 다른 금식또는 집회의 기회를 결코 놓치지 않을 것입니다!" 하나님이 그들에게서 달리 무엇을 원하실 수 있겠는가? 그러나 그것은 모두가 허식에 지나지 않는 것들이었다. 뿐만 아니라 그들의 다양한 예배 행위들은 물질의 고통을 당하는 자들을 섬기는 사회봉사의 증거를 하나도 가지고 있지 않다는 점에서 선택적인 것들이었다.

그러나 우리 주께서는 성경에서 단지 속죄일인 욤 키푸르Yom Kippur 하루만의 금식을 인정하셨을 뿐이다레 16:29. 이스라엘 백성은 나중에 예루살렘의 포위와 함락이라는 비극적인 사건들을 기억하기 위하여 네 차례의 다른 금식일들을 추가하였다. 스가랴 7-8장이 우리에게 보여 주듯이 말이다. 이사야서에 언급되어 있는 다른 금식의 날들이 언제인지는 아는 사람이 없다. 이렇듯이 금식의 날들과 같은 다른 날들이 추가된 까닭에 그들은 하나님이 참으로 자기들의 신앙적인 열정과 예전적인 형식주의에 깊이 감동 받지 않으시겠느냐고 생각했다. 확실히 하나님은 그들이 음식과 물을 삼가는 모든 날들을 알고 계셨다. 확실히 그분은 그들의 모든 값비싼 희생 제물들에 대해서도 잘 알고 계셨다.

의심할 여지없이 그분은 그들이 드리는 긴 기도들을 직접 목격하셨다. 이 모든 일들로 인하여 그들은 완전히 자기만족에 빠져 있었다. 이와 마찬가지로 하나님은 그들과 같은 예배자들을 지극히 자랑스럽게 생각하시지 않으면 안 되었다. 여러분도 그렇게 생각하지 않는가?

그러나 하나님은 이 예배자들의 모든 노력을 그들이 생각하는 것과 같은 방식으로 바라보지 않으셨다. 예언자는 이스라엘에게 그들의 "허물"과 "야곱 집의 죄"를 알려야만 했다1절. 바로 이 때문에 예언자는 자신의 메시지를 나팔 소리로 크게 선포해야만 했다. 외적으로 그렇게 훌륭해 보이는 것들에 무슨 문제가 있는지를 그들과 우리들에게 보여 주기 위해서 말이다.

II. 하나님이 우리의 천박함을 드러내게 해야 한다 58:3-5

이사야의 회중이 던진 질문은 두 가지였다. (1) "우리는 열심히 금식하고 있는데…당신께서는(주께서는) 왜 그것을 주목하지 않으십니까?", (2) "우리가 자신을 낮추고 있는데도 당신께서는(주께서는) 왜 그것을 알아주지 않으십니까?" 그들은 하나님이 자기를 향한 그러한 열정과 헌신 및 자기들의 예배 행위에 감동하고 또 깊은 인상을 받아야 한다고 생각했다. 대체 무엇이 잘못되었다는 것인가?

그들의 태도와 마음 상태는 그들이 하나님을 예배하기 위하여 투자한 모든 노력들이 어떠한 동기에서 비롯된 것들인지를 잘 보여 주었다. 그들은 속임수나 도적질과 같은 자기들의 죄를 잘못된 방식으로 용서받기 위하여 금식했을 뿐만 아니라참조, 렘 7:9-11, 금식하는 기간 중에도 자기들의 것이라 할 수 없는 재물을 부당한 방법으로 가로채려는 방법들을 연구하기까지 했다. 그들은 하나님에 초점을 맞추거나 회개와 변화의 필요성에 초점을 맞추는 대신에, 어떻게 하면 자기들이 가난한 자들과 빼앗긴 자들에게 손해를 입히고서라도 호주머니를 두둑하게 채워 줄 다른 사업 계획들을 잘 수행할 수 있을지에 골몰해 있었다. 그 까닭에 예언자는 하나님의 율법의 두 번째 돌판에 새겨진 명령들을 이끌어냄으로써 성전에서 행해지는 일들이 실체에 부합하기보다는 허식에 지나지 않는 것들임을 그들에게 알게 할 필요가 있었다.

3b-4절은 그들이 예배 중에 사용하는 예전이 천박한 것임을 폭로하고 있다. 이 회중은 금식하는 날에조차 자기들이 좋아하는 대로 행하지 않았던가?3c절 그 날은 하나님과 자기들의 죄에 관심을 집중시키는 날이 아니라, 어떻게 하면 자기들의 사업을 좀 더 공격적으로 할 수 있는지에 대해서 조용히 생각하는 날이었다. 그것만으로도 그들의 형식주의가 공허한 것임이 충분히 드러나지 않았던가? 그것은 그들의 마음이 순수하지 않으며 그들이 바르게 살지 않거나 거짓과 불의를 멀리하지 않는다는 것을 분명하게 보여 주지 않았던가? 이처럼 이중적인 기준에 맞추어 사는 삶이 어떻게 주께서 열납하시는 금식 수행의 기초가 될 수 있겠는가5절? 사실 그것은 하나님이 원하시는 일이 아니었다. 그것은 그들의 이웃이 필요로 하는 것도 아니었다.

그들이 금식하는 날에 이루어진 한 가지 유일한 것은 그들이 점점 더 성급해지고 다투기를 좋아하게 되었다는 점이다. 그들은 싸우기를 좋아하였으며 신호만 떨어지면 싸움을 시작할 준비가 된 사람들이었다. 상황이 이렇게 돌아가는 판국에 어떻게 그들의 기도 소리가 들리기를 기대할 수 있겠는가4d절? 물론 하나님은 그들이 한 무더기의 갈대들처럼 머리를 숙이고 허리를 굽힌 채로 행하면서 겸손을 가장하고 있음을 알아채셨을 것이다. 확실히 하나님은 그들이 "굵은 베와 재 위에 누운 것"5d절을 보실 수 있었지만, 다음과 같은 질문은 여전히 남아 있었다. "그것을 어찌 금식이라 하겠으며 여호와께 열납될 날이라 하겠느냐?"5e-f절 그들의 마음에 정결함이 없고 다른 사람들에 대한 관심이 없음으로 인하여 하나님을 섬기고 예배하는 그들의 모든 노력은 불결한 것이 되고 말았다. 금식과 모든 구제 행동 사이의 관련성은 양자가 공히 무엇인가를 희생한 채로 행할 것을 요청한다는 데 있었다. 그것은 자신의 삶에 제약을 가하는 것을 뜻했다. 마치 우리가 다른 사람들을 위하여 자신의 권리와 욕구에 제약을 가해야 하는 것처럼 말이다. 그러나 금식의 날들에 그러한 제약을 가하는 것이, 설령 그것이 자기가 좋아서 스스로 하는 것이었다 할지라도, 도움을 필요로 하는 다른 사람들에게 도움의 손길을 내미는 것보다 더 쉬웠다.

III. 예배의 갱신을 원하시는 주님의 기대에 응답해야 한다 58:6-12

이사야의 청중이 그렇게 편협한 태도로 금식에 임하고 있었던 반면에, 하나님이 제안하시는 다른 종류의 금식이 이곳에 언급되고 있다. 그것은 다른 사람들을 위한 사랑을 동반하는 형태의 "금식"이었다.[5] 그것 역시 자기를 부인하는 행동이었지만, 다음과 같은 능동적인 행동을 요구하기도 하였다. (1) "불의한 속박을 풀어주는 일, (2) 멍에의 줄을 끌러 주는 일, (3) 압제당하는 자를 자유케 하는 일, (4) 모든 멍에를 꺾는 일".6절

유다 백성이 오로지 제의적이거나 의례적인 행동만을 유일하게, 그러나 잘못되게 의지하는 것에 맞서서 하나님은 그들이 우선순위로 여기는 것들을 사실상 재정리할 것을 요구하신다. 6절에 나오는 여섯 개의 동사들은 한결같이 모든 종류의 "인색한 거래 행위"와 "왜곡된 재판" 및 경제적이거나 정치적인 "변절" 등을 어떤 형태로든 멀리할 것을 요청한다. 그러한 모든 시도들은 은유적인 의미의 "멍에", 곧 이를테면 수소와 같은 짐승의 목둘레에 고정시켜 놓거나 그 짐승이 끌

어야 하는 기구로서 쟁기나 마차의 주둥이에 부착시킬 수도 있는 무거운 나무 장치로부터 풀려나 자유를 얻고자 노력하는 것을 의미한다. 여기서 멍에는 가난한 자들과 압제당한 자들 및 과부나 고아 등에게 부당하게 강요된 모든 무거운 짐들을 가리키는 은유이다.

그러나 참된 종교가 어떠한 것인지를 보여 주는 더 많은 방법들이 있다. 그것들을 장려하는 내용이 7절에 기록되어 있다. 우리가 결코 우리 이웃에게 손해를 입힌 적이 없다고 말하는 것으로는 충분하지 않다. 이웃 사랑은 가난한 이들과 압제당한 이들의 필요를 충족시켜 주기 위한 적극적인 행동까지도 요청한다. 다음과 같은 경우들에는 금식을 위하여 음식물 섭취를 절제하는 행동이 무의미한 일인 것처럼 보인다. (1) 우리 주변의 굶주린 이들을 거의 또는 아예 무시할 때7, 10절, (2) 뿐만 아니라 우리 중에 집 없는 이들이 살고 있다는 사실은 또 어떠한가? (3) 그리고 옷차림이 초라한 이들은 어떠한가? 굶주린 이들과 집 없는 이들 또는 헐벗은 이들을 찾으려고 항상 도심지로 들어가야 하는 것은 아니다. (4) 우리가 넉넉한 소유물을 가지고 있음에도 불구하고 종종 가난하여 버림받은 우리의 친족들'네 골육'[7d절]은 또 어떠한가? 때로는 가족 구성원들 중 가장 비참한 자를 돕기보다는 하층민에 속한 무명의 한 사람을 도우려고 노력하는 것이 더 쉬워 보인다!

다른 사람들을 돕는 것과 관련된 6-7절의 여덟 가지 의무들은 갑작스럽게 8-12절의 일곱 가지 약속들로 옮겨간다9c-10b절의 네 가지 추가 조건들로 인하여 다시금 흐름이 끊긴다. 유다 백성이 제의적인 형식주의를 통하여 은총을 구하고자 하는 것과는 달리, 하나님은 자신이 보여 준 길들에 반영되어 있는 의무 조항들을 충실히 따르고자 하는 자들에게만 은총을 약속하신다2a절. 그분은 그러한 신자의 무리들에게 놀라울 정도로 다양한 복들, 곧 빛과 치유와 인도/보호와 그 자신의 임재 등을 선물로 주실 것이다8-9절.

무엇보다도 우리 주께서는 "네 빛이 새벽 같이 비칠 것" 8a절이라고 약속하신다. 달리 말해서 우리 자신의 내부와 주변에 있는 빛이 새벽에 뜨는 해처럼 비칠 것이라는 얘기다. 하나님의 진노와는 대조적으로 그분의 사랑은 "빛" 이라 불린다. 그 까닭은 하나님의 사랑이 우리의 비관적인 시대 상황과 총괄적인 전망에 담긴 어둠을 덮어서 없애 버릴 수 있기 때문이다. 하나님의 사랑 안에 있는 평온하고도 즐거운 삶은 소란스럽고 복잡한 삶의 흐트러지고 뒤엉킨 모습보다는 훨씬 더 나은 것이다. 뿐만 아니라 삶의 모든 법석거리고 소란스러운 것들로 인하여 "고통당하는" 자들에게 급속한 치료가 임할 것이다. 그것은 마치 치유된 삶의 상처들과 감염 부위들에 새 살이 생겨나는 것과도 같다. 만일에 우리가 하나님이 지시하신 길을 따라 자신의 삶을 영위한다면, 우리의 건강을 너무도 자주 해치는 갈등 요인이 사라질 것이요, 우리의 삶을 억누르던 것들도 전부 제거될 것이다8b절. 뿐만 아니라 "의" 자체가 우리 앞에 행할 것이요, 하나님의 임재그의 "영광"가 우리의 "진정한 호위병" 으로서 우리를 보호할 것이다8c-d절. 이곳에 사용되고 있는 표상은 오래 전에 모세의 인도함을 받던 이스라엘 백성의 광야 행군 표상에 해당하는 것이다. 광야에서 그들 앞서 움직이던 "낮의 구름 기둥" 은 "밤의 불 기둥" 으로 변하곤 했다출 13:21-22, 14:19-20. 이와 동일한 방식으로, 하나님여기서는 "의" 라는 품성의 본질을 가리킨다은 개개인과 집단에게 그들의 필요를 따라 그들을 친히 인도하시되, 그들의 앞과 뒤에서 그들을 호위하실 것이다. 이렇듯이 이스라엘이 자비로운 사랑을 부지런히 실천할 경우에, 그들은 마치 의를 지도자와 호위병으로 둔 군대와도 같았으며, 행군할 때마다 "무겁다" 는 뜻을 가진 히브리어 동사 어근에서 파생한 하나님의 "영광", 곧 온갖 위엄과 권능 속에 계신 하나님 임재의 무게와 중량을 뜻하는 하나님의 임재를 증거물로 남기는 군대와도 같았다.

네 번째 약속은 대단히 놀라운 것이다. 하나님은 궁핍에 처한 이들에게 자비를 베푸는 이들의 기도에 응답하실 것이다9a-b절. 사람들은 흔히 하나님이 우리를 부르실 때 "내가 여기 있나이다!"Here am I!라는 말로 응답하는 것이 가장 좋을 것이라고 말한다. 그러나 놀랍게도 하나님은 우리가 기도 중에 그에게 부르짖는 상황 아래에서는 우리 주변 사람들의 궁핍함을 보살펴 준 다음에야 비로소 그 자신이 직접 "내가 여기 있느니라!"Here am I!라고 답변하실 것임을 약속하신다9b절. 이 얼마나 놀라운 약속인가! 그것은 마치 하나님이 "네가 나를 불렀느냐? 나는 지금 바로 너를 위하여 행동할 준비가 되어 있느니라"와 같은 방식으로 우리의 기도에 응답하시는 것과도 같다.

그러나 여기서 중요한 것은 그처럼 놀라운 하나님의 약속들을 받기 위한 몇 가지 조건들이 있음을 기억하는 일이다. 예언자는 세 가지 다른 약속들을 선포하기 전에 우리가 마땅히 따라야만 하는 세 가지 행동 양식들과 조건들을 우리에게 상기시키고자 한다. 처음의 두 가지 조건들은 부정적인 것들이고 세 번째의 조건은 긍정적인 것이다. 무엇보다도 우리는 "압제의 멍에를 제거해야" 함을 기억하지 않으면 안 된다9c절. 앞서 "멍에" 은유에 관하여 말한 것들에 더하여, 우리는 이곳의 "멍에"가 6절에 묘사된 것들, 곧 가난한 이들과 고통당하는 이들을 향한 온갖 압제와 도발을 가리킨다는 점을 추가할 수 있다. 이 두 번째의 은유는 한 가지 새로운 측면을 추가하고 있다. 그것은 곧 우리가 "손가락질과 허망한 말"을 제거해야 한다는 점이다9d절. 이것은 의심의 여지없이 모든 형태의 조롱과 멸시와 그릇된 고소와 나쁜 소문을 퍼뜨리는 행위 등을 가리킨다. 가난한 이들과 압제당하는 이들은 더 이상 잘난 척하는 사람들의 멸시나 모욕의 대상이 되거나 우리의 농담 대상이 된다거나, 그들과 우리 사이를 교활하게 대비시키는 행동의 목표가 되어서는 안 된다. 그들 역시 하나님의 형상으로 만들어진 존재이기에 마땅히 우리의 관심과 사랑과 도움을 받을 자들인 것이다.

세 번째 조건은 긍정적인 형태로 진술되어 있다. 우리는 "굶주린 자들을 위하여 희생하고 압제당하는 자들의 필요를 충족"시켜 주지 않으면 안 된다10a-b절. 그렇다면 자기과시의 성격을 갖는 영적인 금식에 맞추어 스스로를 굶주리게 하는 대신에, 배고픔에 시달리는 이들의 굶주림을 해결해 주는 것은 어떤가? 이 구절은 다시금 모든 압제당하는 자들을 위하여 행동할 것을 요청하며, 그 행동이 자신으로부터 벗어나 다른 사람들을 향할 것을 거듭 요청한다. 고린도전서 13:3은 사실상 다음과 같이 말하고 있는 것이나 다름이 없다. "만일에 내가 가난한 자들에게 내게 있는 모든 것을 줄지라도 사랑이 없다면, 차라리 그런 일은 그만 두는 것이 낫다" 참조. 요일 3:17.

하나님은 예언자를 통하여 모든 진지하고 경건한 예배의 적절한 준비 단계로 이상의 세 가지 조건들을 추가로 생각나게 하심으로써, 이 구절에서 발견되는 일곱 가지 약속들 안에 덤으로 포함되어 있는 세 가지 약속들로 방향을 돌리신다. 다시금 "우리의 빛이 흑암 중에서 떠오를 것"이다10c절. 현재의 어둠과 시련은 이미 8a절에서 약속된 바와 같이 우리의 길과 삶 속에 찾아온 하나님 임재의 영광스러운 빛에 길을 내어줄 것이다. 주의 인도하심과 만족시키심에 관한 여섯 번째 약속11절은 8c-d절에 묘사되어 있는 약속을 더 완전하고도 강한 어조로 묘사하고 있다. 하나님의 인도하심과 관련된 약속은 우리 삶의 모든 날들을 활기차고 힘차게 만들어 준다. 그것이 어찌 그보다 덜할 수 있겠는가? 왜냐하면 "그에게는 어둠이 조금도 없기" 때문이다요일 1:5.

일곱 번째의 마지막 약속12절은 황량한 폐허의 재건과 회복을 보증하고 있다. 이전에 우리의 골격을 쇠약하게 만들었던 슬픔과 죄악으로 인하여 떨리고 흔들리던 우리의 뼈들욥 4:14, 시 31:11, 렘 23:9조차도 이제는 견고하게 될 것이다11c절. 하나님의 은총이 우리의 모든 죄악보다도 크다. 그분은 메뚜기 떼가 삼켜버린 세월들을 회복시키실 수 있다. 그러나 그러기 위해서는 순종의 응답과 하나님으로부터 비롯된 사랑이 필요하다.

결론

1. 자기만족을 주된 목적으로 가지고 있는 종교는 그릇되고 헛된 종교이다. 그것은 하나님께 영광 돌리는 일에 적합하지 않으며, 하나님을 예배하는 중에 우리의 필요가 채워지게 하지도 못하고 우리를 행복하게 만들어 주지도 못한다.

2. 하나님을 기쁘시게 하는 것은 우리 자신의 즐거움에 있지 않고 도리어 그분이 자신의 말씀을 통하여 우리에게 명하신 것들을 행하는 데 있다. 우리는 빵이나, 겉으로 보기에 하나님께 바쳐진 것들 중에서 그것을 대체할 만한 다른 어떤 것에 의지해서만 살아가지 않는다. 도리어 우리는 하나님의 입으로부터 나오는 모든 말씀에 의지해서만 살아간다.

3. 우리 주 예수의 교회는 감히 가난한 이들과 과부들과 고아들 또는 압제당하는 이들의 문제에 대하여 침묵을 지키지 않는다. 우리는 또한 감히 정부가 이제 그러한 책임을 수행해야 하고 그럼으로써 우리는 그 책임을 면제받게 된다고 생각하지도 않는다. 만일 우리가 그런 식으로 생각했다면, 아마도 그것은 왜 우리가 하나님의 사랑/빛을 누리지 못하고, 왜 우리가 영혼이나 몸의 치유를 거의 또는 전혀 맛보지 못하며, 왜 우리가 개인이나 집단의 차원에서 똑같이

하나님의 인도하심을 거의 또는 전혀 누리지 못하는지, 그리고 왜 우리의 기도가 응답받지 못한 채로 있는지를 설명해 준다.

4. 가난한 이들과 압제당한 이들과 고아 등에 대한 이러한 강조점은 상처 입은 자들에게 단지 이웃 사랑의 행동을 보여 주기만 할 뿐인 "사회 복음"이 아니다. 그것은 구세군의 슬로건이 비누와 수프를 동시에 제공하려는 목표를 가지고 있는 것과 마찬가지로 그리스도 안에 있는 구원을 동반하지 않으면 안 된다. 사회는 구속받을 수 없으나 개인은 구속받을 수 있다. 사회법은 존재하지만 사회 복음은 존재하지 않는다.

5. 우리의 사회적인 책임들은 막중하지만, 우리가 복음을 선포하도록 부르신 동일하신 주님은 상처 입은 자들을 돕도록 우리와 함께 하실 것이다.

2

인종차별과 인권

- 창세기 9:18-27, 야고보서 2:1-13, 25-26

다양한 인종의 차이들을 구성하는 요인들은 우발적인 것들로서, 과학적으로 측정할 수 있는 어떤 객관적인 기준들보다는 피부 색깔이나 문화적인 기원, 신체 구조상의 특징들, 언어, 대대로 물려받은 전통 등과 더 밀접한 관계를 가지고 있다. 인종차별은 보다 최근에, 이를테면 반셈족주의를 표방하던 나치 독일에서 그 모습을 드러내었다. 독일의 히틀러는 게르만 민족의 기원과 문화를 절대화시켰으며, 그 결과 인간적인 견지에서 만들어낸 선택 개념을 자신에게 적용하였다. 그렇게 함으로써 그는 남자와 여자가 공히 가지고 있는 하나님의 형상을 천박한 것으로 만들었으며, 악마적인 방식으로 어느 한 인종을 모든 다른 인종들 위에 군림할 수 있는 우수 민족으로 격상시켰다.

인종차별은 많은 상이한 형태를 가지고 있지만, 그 모든 시도들은 한결같이 자기 파괴적이며 하나님이 가르치신 것들을 직접적으로 거스르고 있다. 그 예로서 아프리카계 미국 흑인들이 교육과 고용, 유권자 등록, 공공시설물의 사용 등에 대한 동등한 접근권을 거부당하는 일은 최근까지도 있었던 일이다. 그러나 이처럼 어느 한 인종을 다른 인종보다 앞세우는 태도는 그 어느 것도 최근에 생겨난 현상이 아니다. 우리는 과거의 거의 모든 문화가 걸어온 역사의 발자취 가운데 그것을 발견할 수 있다. 그러나 기독교 신자들은 이러한 유형의 완고하고 독선적인 태도, 곧 자신의 인종 아닌 다른 모든 인종에 관하여 온갖 종류의 불명예스러운 표현들을 사용하는 태도에 조금도 관여하지 말라는 훈계를 단단히 받고 있다.

성경 자체는 일관되게 단지 하나의 인종에 대해서만 말할 뿐이다. 성경은 하나님이 "인류의 모든 족속을 한 혈통"^{행 17:26}으로 만드셨음을 강조한다. 지구상의 다양한 민족들 사이에는 머리색이나 의상, 피부색, 눈동자 등에 있어서 다양한 차이들이 존재하기는 하지만 다른 아무런 차이도 존재하지 않는다. 그러나 그러한 차이점들 중의 어느 하나도 어느 한 민족 집단이 다른 민족 집단보다 우월하다거나 열등하다고 말할 수 있는 근거가 되지 못한다.

이는 앤더슨_{Kerby Anderson}이 다음과 같이 지적한 바와 같다.

인종race이라는 낱말은 대체적으로 보아 부정확한 용어이다. 왜냐하면 그것은 과학적인 자료에 기초하고 있지 않기 때문이다. 모든 인종과 민족은 이종교배異種交配를 통하여 풍성한 자손을 얻을 수도 있다. 학자들은 인종들 사이에 있는 이른바 차이점들이 그렇게 크지 않다는 것을 밝혀낸 바가 있다. 다양한 인종들의 유전 물질에 관한 연구는 지상에 존재하는 어느 두 민족의 DNA가 1%의 10분의 2정도밖에 차이를 보이지 않는다는 결론을 내렸다.[1] 그리고 이러한 차이 중에 단지 6%만이 인종적인 범주들과 연결될 수 있다. 나머지 94%는 "인종 내부의" 차이에 해당한다…달리 말해서 모든 인종적인 차이들은 과학적인 견지에서 볼 때 통계적으로 무의미한 것이나 다름이 없다는 얘기다. 만일에 당신이 인간 DNA의 30억 염

기쌍을 염두에 둔다면, 이러한 차이들은 사소한 것에 지나지 않는다.[2]

인종 차별이라는 윤리적인 쟁점이 입은 가장 큰 피해 중의 일부는 창세기 9:18-27의 "가나안 저주"에 대한 부적절한 해석과 이해로부터 비롯되었다. 사실 이 본문은 종종 "함에 대한 저주"로 이해된다. 이 본문은 그 저주로 인하여 아프리카 사람들이 영원히 하나님의 저주를 받게 되었다고 보는 엉뚱한 주장을 조금도 정당화시켜 주지 않는다! 이 본문에 대한 주의 깊은 연구는 그 본문에서 그러한 주장이 조금도 발견되지 않는다는 사실을 확실하게 보여 줄 것이다. 창세기 9:18-27을 살핀 다음에는, 인종에 관한 가르침의 부정적인 측면으로부터 야고보서 2:1-13, 25-26에 있는 긍정적인 형태로 방향을 바꾸고자 한다.

가나안에 대한 저주 창 9:18-27

가장 최근인 지난 세기만 해도 일부 교회들과 일부 주일학교 교재가 아프리카계 미국 흑인들의 피부가 검은 이유는 함과 그의 후손에 대한 저주 때문이라고 가르치는 일이 흔했다는 것은 너무도 당혹스런 일이 아닐 수 없다. 이처럼 엉뚱한 가르침은 19세기에 노예 제도와 온갖 유형의 인종 차별을 정당화하는 데 사용됨으로써 많은 교회들을 불명예스럽게 만들었다. 이처럼 부정확한 의미를 이 본문에 부여하는 행동을 제대로 꾸짖을 만큼 충분히 강력한 논설이 현재로서는 없는 형편이다. 다만 그 본문을 단순히 그렇게만 보긴 어렵다는 것과 성경 본문은 그처럼 어설픈 주석을 인정하지 않을 것이라는 걸 얘기할 수 있을 뿐이다.

노아는 창세기 9:20에서 농사짓는 사람으로, 그리고 포도나무를 심은 자로 소개된다. 새롭게 포도주를 담근 그는 포도주를 너무 많이 마신 나머지 만취 상태에 빠졌음이 분명하다21절. 그 결과 그는 "자신의 장막 안에서 벌거벗은 채로 누워" 있었다21b절.

창세기 본문은, 그와 비슷한 성경 안의 다른 많은 본문들이 종종 그러하듯이, 잠시 멈춰 서서 그의 만취 상태를 좋게 보거나 나쁘게 보는 등의 도덕적인 해석 작업을 벌이지 않는다. 포도주 자체는 이스라엘에서 금지 대상이 아니었다. 왜냐하면 나중에 우리는 나실인인 삼손이 주께 바쳐졌고, 그로 인하여 그와 그의 어머니가 포도주 마시는 것을 금지 당했다는 사실을 알게 되기 때문이다삿 13:3-5. 만일에 나라 전체가 비슷한 방식으로 제약을 받았다면, 그러한 제약은 무의미한 것이 되었을 것이다. 그럼에도 불구하고 성경은 주저하지 않고서 포도주 중독을 정죄하며잠 23:29-35, 그것을 매음 행위에서 포도주를 사용하는 것과 동일시한다호 4:10-11. 비록 포도주의 적절한 사용이 진정제 역할을 하거나잠 31:6 마음을 즐겁게 하는 것삿 9:13, 시 104:15, 13장의 논의를 보라임을 뒷받침하는 다른 본문들이 있기는 하지만 말이다.

노아가 포도 재배술을 발견하고 혁신한 자인지는 확실치 않다. 설령 그가 그러한 사람이라 할지라도, 내가 보기에는 그것이 그가 만취 상태로 있었다는 사실에 대해 면죄부를 제공하는 것인지는 의심스럽다. 그러나 이 이야기의 요점은 노아가 비난받을 만한 상태에 있었다는 데 있지 않다. 사실 그는 술로 인한 인사불성 상태에서 자신의 장막에서 옷을 벗었고, 벌거벗은 상태에서 의식을 잃었음이 분명하다. 이 이야기가 관심을 갖고 있는 것은, 그 후에 어떠한 일이 발생했고, 세 형제들이 제각기 그 다음에 벌어진 불법 행위에서 어떠한 역할을 수행했는가 하는 데 있다.

이 이야기의 피의자는 함이다. 그러나 그는 바로 이어서 "가나안의 아버지"로 소개된다. 그의 범죄 행위는 이렇다. 그는 "아버지의 하체를 보고 밖으로 나가서 그의 두 형제에게 알렸다"22절. 노아가 "벌거벗은" 행동은 이 본문에서 "보는 것"과 평행을 이루고 있다. 일부 유대인 해석자들은 이것이 거세 행위 또는 심지어는 남색 행위에 대한 일종의 완곡어법에 해당한다고 보았지만, 이러한 견해를 뒷받침할 만한 것은 아무 것도 없다. "행한 일"24절이라는 동사가 예외적이긴 하나 그렇게 해석하기에는 무리가 있다.[3] 또 어떤 이들은 히브리어 **갈라** 동사 '덮다'와 **라아** 동사 '보다'의 용례에 기초하여 함이 자기 어머니와 동침하였고 그 결과로 인하여 그녀가 가나안을 낳았다고 해석하고자 하였다. 그러나 이러한 견해는 함의 두 형제인 셈과 야벳이 얼굴을 돌린 채로 "뒷걸음쳐 들어가서" "아버지의 하체를 덮었다"23절는 사실과 부합되지 않는 것으로 보인다. 그 둘은 똑같이 그 문제에 있어서 명예롭고도 칭찬할 만한 방식으로 행동하였다.

노아는 나중에 제정신을 차리고서 어떻게든지 하여 "작은 아들[함]이 자기에게 행한 일"을 알게 되었을 때24절, 본문은 우리에게 그가 어떻게 그것을 알게 되었는지를 결코 말해 주지 않는다, "가나안은 저주를 받으리라!"25절라고 말했다. 바로 여기에 수수께끼 같이 어려운 문제가 있다. 아버지 함이 어떻게든 무슨 일을 행했는데 왜 가나안이 저주를 받게 되었을까? 본문은 이 물음에 대하여 직접적인 답을 주지 않는다.

가나안은 창세기 10:6에서 함의 마지막이면서 아마도 가장 늦게 얻은 아들인 듯한 아들로 소개된다. 그들의 가계는 민족들의 목록을 다루는 장10장의 15-19절에서 한층 상세하게 잘 설명되어 있다. "종들의 종"히브리어 에베드 에바팀, 창 9:25이 될 것이라고 칭하여지는 자가 바로 이 가나안이다. 그렇다면 아버지 함의 행동과 그의 막내 아들 가나안 사이의 인과관계는 대체 무엇이었을까? 우리는 단지 가나안 땅에서 그 다음 세기들에 어떠한 일이 벌어졌는지를 통해서만 그것을 추측할 수 있을 뿐이다. 고고학자들이 초기 가나안 사람들에게 속한 주거층들,

특히 히브리 사람들이 여호수아의 인도 하에 가나안 땅을 정복하던 때까지의 주거층들의 어느 부분에서 발굴 작업을 진행했는지와는 관계없이, 그곳의 토양이 풍요 제의와 관련된 수백 개의 도기 조각들을 가지고 있었고, 그것들이 한결같이 여인상像의 성적으로 과장된 부위들을 포함하고 있었다그리고 가끔씩 벌거벗은 남성상도 발견된다는 것은 널리 알려진 사실이다. 노아가 본 것은 함의 그 아들이 말하자면 "아비를 꼭 닮은 아들"로서 자기 아버지 함과 마찬가지로 성적 도착중에 빠져 있었다는 점이었을 것이다. 궁극적으로는 그곳에 회개와 변화의 가능성이 있는지를 알아보기 위하여 2천 년 정도의 세월을 기다린 후에야 비로소 하나님은 마침내 가나안 땅을 이스라엘에게 넘겨주셨다. 왜냐하면 가나안 사람들과 아모리 사람들의 "죄악"이 당시에 그곳에 "가득 차 있었기" 때문이다창 15:16.

그리하여 가나안 땅에 거주하던 자들에게 심판이 임하였고, 그 땅은 결국 출애굽 이후의 이스라엘에게 넘어가고 말았다. 그러나 이 본문은 아프리카 사람들에 대한 하나님의 심판을 암시하거나 직접적으로 그것을 가르치는 데 결코 사용될 수가 없다. 만일에 그것이 올바른 가르침에 조금이라도 근접하려면, 그 저주는 함의 다른 세 아들들 중의 한 명이나 그 이상의 아들들에게 주어져야만 했다. 에티오피아를 가리킬 수도 있는 "구스"히브리어 쿠쉬나 "이집트"히브리어 미츠라임 또는 북부 아프리카를 가리키는 "붓"히브리어 푸트 등의 세 아들들이 그렇다. 그러나 가나안은 나중에 거룩한 땅 자체가 된 곳의 거주민으로 널리 알려져 있다.

하지만 이제는 신약성경에서 발견되는 보다 긍정적인 가르침으로 방향을 돌려보도록 하자. 그곳에서 우리는 남자와 여자 모두 다양한 인종 집단들 중의 어느 한 집단을 더 좋아한다든가 그들에게 등급을 매겨 차별하는 행동을 피해야 한다는 직접적인 교훈을 받게 된다.

불공평함과 인종 차별을 거부하시는 하나님

우리 주님의 배다른 형제인 야고보는 성경의 한 장 전체를 할애하여 우리에게 다음과 같이 행할 것을 촉구한다. "사람을 차별하여 대하지 말라"2:1. 그처럼 부당하고 그릇된 차별 행동은 그런 일이 발생하는 어느 곳에서나 참으로 수치스러운 일이 아닐 수 없다. 특히 하나님의 집에서 그러한 일이 벌어졌을 때 그렇다. 우리는 야고보서 2장의 일부를 다음과 같은 설명 순서를 따라 검토할 것을 제안한다.

본문 야고보서 2:1-13, 25-26

주제 "불공평함과 인종 차별을 거부하시는 하나님"

요절 9절, "만일 너희가 사람을 차별하여 대하면 죄를 짓는 것이니 율법이 너희를 범법자로 정죄하리라"

설교의 핵심어 구체적인 증거

질문 무엇이 우리가 범법자요 다른 사람들을 불공평하게 차별하고 있음을 구체적으로 증거하고 있는가?

개요

I. 일부 사람들을 편애하고 다른 사람들은 차별하는 태도 2:1-4

II. 부요한 사람들을 좋아하고 가난한 사람들을 멸시하는 태도 2:5-7

III. 최고의 법인 사랑의 법을 따르기를 거부하는 태도 2:8-13

IV. 나그네들을 대접한 라합을 닮아가기를 거부하는 태도 2:25-26

I. 일부 사람들을 편애하고 다른 사람들은 차별하는 태도 출 2:1-4

야고보서 2장을 지배하는 주제는 우리 모두가 궁핍한 자들에게 도움의 손길을 내밀어야 한다는 것이다. 신자들이 불공평함의 출발점에 해당하는 세상적인 기준들을 가지고서 다른 사람들을 판단하기 시작하면 결국에는 곤경에 빠지게 된다. 야고보는 교회로 찾아온 두 종류의 상이한 방문객들을 예시함으로써 자신의 논점을 분명하게 보여 준다. 한 사람은 한 개또는 두 개?의 값비싼 팔찌와 함께 "금가락지를 낀 사람" 헬라어 크뤼소닥튈리오스이요, 다른 사람은 "남루한 옷을 입은 사람" 헬라어 뤼파라, 곧 당시의 상황 속에서 유한계급으로 받아들여질 만한 것을 갖지 못한 채로 꾀죄죄한 옷을 입은 사람이다. 성경 본문은 이 두 사람을 대하는 방식을 엄하게 책망한다.

신자는 회당에서 부자에게 가장 좋은 자리를 제공함으로써 그에게 호의를 베풀고 또 가난한 자에게는 예배의 자리에서 가장 낮은 자리를 배정함으로써 그를 차별하는 세상 문화의 기준을 받아들여서는 안 된다! 이것은 아마도 가상적인 사례가 아니라 신자들 사이에서 실제로 일어났던 일이었을 것이다. 야고보는 그러한 일이 실제로 있었음을 알고 있었다. 초기 교회에 속한 이 사례는 또한 더 이상 일어나지 않을 마지막 일도 아니었다. 왜냐하면 18세기의 영국 교회에서 어떤 이들이 엘리트 의식에 사로잡힌 나머지 너무도 불친절한 모습을 보였고, 이 때문에 존 웨슬리John Wesley는 들판과 묘지로 가서 광부들과 가난한 자들에게 복음을 선포해야만 했다. 웨슬리는 사회적인 지위나 신분, 재산 등에 연연하지 않는 모든 사람들에게 문호를 개방하는 감리교를 창설하였다. 그러나 한 세기가 더 지난 후에 윌리엄 부스William Booth는 동일한 원리에 기초하여 다시금 구세군을 창설하지 않으면 안 되었다. 물론 항상 새롭게 동일한 교훈을 다시금 배워야 할 필요성은 성공회나 감리교에만 국한되지 않았다. 그 까닭은 이 이야기가 교파 연합과 관계없이 교회 안에서 너무도 자주 반복되었기 때문이다.

성경은 우리에게 "불공평함을 보이는 것은 옳지 않다"고 가르치지

않는가?잠 28:21 왜냐하면 "가난한 자와 부한 자가 함께 살거니와 그 모
두를 지으신 이는 여호와"잠 22:2이시기 때문이다. 모세도 이와 비슷한
내용을 가르친 바가 있다. "너희는 재판할 때에 불의를 행하지 말며
가난한 자의 편을 들지 말며 세력 있는 자라고 두둔하지 말고 공의로
사람을 재판할지며"레 19:15. 야고보는 온갖 형태의 불공평함 대신에 모
든 신자들을 "영광의 주 곧 우리 주 예수 그리스도"에 속한 자들로 간
주한다약 2:1.

II. 부요한 사람들을 좋아하고 가난한 사람들을 멸시하는 태도약 2:5-7

만일 우리가 하나님이 원하시는 방식을 따라 살고자 한다면, 우리
의 구원을 위하여 분명하게 보여 주신 그분의 마음에 대해서 깊이 생
각하지 않으면 안 된다. 부하거나 가난하거나 아니면 그 밖의 다른 신자들인 우리 모
두는 우리 주님의 선택과 더불어 자신의 삶을 시작하지 않았던가5절?
이 선택은 세상 창조 훨씬 이전까지 거슬러 올라간다. 그렇다면 어떻
게 그것이 지금의 사회적인 지위나 인종에 기초할 수가 있겠는가? 사
실 물질적으로 가난한 자들은 종종 자기들의 영적인 궁핍함을 더 빨
리 인식하는 자들이다. 예수께서는 "심령이 가난한 자는 복이 있나니
천국이 그들의 것임이요"마 5:3라고 가르치지 않으셨던가?

사람들은 종종 "십자가 아래는 수평이다"라고 말한다. 만일에 그
렇다면, 실제로 그렇기도 하지만, 불공평함이나 사회적인 등급 매기
기, 차별, 상대방을 무시하는 농담, 자신의 집단이나 인종에 속하지 않
은 자들을 향한 비방 등은 예수 안에 있는 신자의 삶에 있어서 한결같
이 경계선을 넘어서는 것들이요 부적절한 것들이다.

그러한 행동들은 가난한 자들을 모욕할 뿐만 아니라, 부자들이야말
로 다른 사람들을 착취하는 죄를 범하는 자들이라는 것이 항상 그렇지는 않지만

종종 진리에 가깝다는 사실을 올바로 인식하지 못하기도 한다6-7절. 이 점에 비추어볼 때 가난한 자들에게 해를 끼치면서 부자들에게 아첨하기로 다짐하는 모든 행동들은 이해할 수 없는 것들이 아닐 수 없다. 우리가 강조하고자 하는 것은 물질주의적인 것일 수가 없다. 도리어 그것은 항상 영적인 것이지 않으면 안 된다. 세상적인 방식으로 행동하는 것은 우리를 부르시고 우리가 속해 있는 주님의 영화로운 이름을 불명예스럽게 만드는 것이나 다름이 없다.

Ⅲ. 최고의 법인 사랑의 법을 따르기를 거부하는 태도약 2:8-13

"최고의 법"은 레위기 19:18에서 발견되는 법이다. "네 이웃 사랑하기를 네 자신과 같이 사랑하라." 따라서 여기서 중요한 것은 더 이상 단순히 불공평함이나 가난한 자들을 무시하는 행동 또는 인종차별적인 심성 등의 문제가 아니다. 그것은 그리스도를 따르는 순종의 삶과 관련된 문제이다. 그것은 앞의 중요한 영역들뿐만 아니라 다른 영역들에 있어서도 모든 적절한 행동의 기준을 제공해 준다.

여기서 우리는 야고보가 레위기 19:18b의 70인역본을 직접 인용하고 있을 뿐만 아니라, 존슨Luke T. Johnson이 지적한 바와 같이, 야고보서와 레위기 19:12-18 사이에 여섯 개의 다른 동사별 언급들이나 주제별 언급들 역시 존재한다는 점을 주목해야만 한다. 그것들은 다음과 같다.[4]

야고보서
  "사람을 차별하여 대하지 말라"2:1
  "만일 너희가 사람을 차별하여 대하면"2:9
  "네 이웃 사랑하기를 네 몸과 같이 하라"2:8

"서로 비방하지 말라" 4:11

"보라! 너희 밭에서 추수한 품꾼에게 주지 아니한 삯이 소리 지르며 그
추수한 자의 우는 소리가 만군의 주의 귀에 들렸느니라" 5:4

"형제들아, 서로 원망하지 말라" 5:9

"맹세하지 말지니…정죄 받음을 면하라" 5:12

"너희가 알 것은 죄인을 미혹된 길에서 돌아서게 하는 자가 그의 영혼
을 사망에서 구원할 것이며 허다한 죄를 덮을 것임이라" 5:20

레위기

"재판할 때에 불의를 행하지 말며" 19:15

"재판할 때에 불의를 행하지 말며" 19:15

"네 이웃 사랑하기를 네 자신과 같이 사랑하라" 19:18a

"네 백성 중에 돌아다니며 사람을 비방하지 말며" 19:16

"품꾼의 삯을 아침까지 밤새도록 네게 두지 말며" 19:13

"원수를 갚지 말며 동포를 원망하지 말며" 19:18a

"내 이름으로 거짓 맹세함으로 네 하나님의 이름을 욕되게 하지 말라"
19:12

"네 이웃을 반드시 견책하라. 그러면 네가 그에 대하여 죄를 담당하지
아니하리라" 19:17b

단지 레위기 19:12-18의 14절만이 야고보서에 평행 구절을 가지
고 있지 않다는 점을 주목하라. 야고보는 자신의 책에서 성결 법전레
17-26장의 관련 부분에 대한 주석을 제공하고 있음이 분명해 보인다.

야고보서 2:8에서 저자는 레위기 19:12-18의 전체 문맥에서 특정
율법 한 개를 선택하여 그것을 "최고의 법"으로 칭하고 있다. 그가 그
것을 그렇게 칭한 것은 아마도 그것이 바로 전에 5절에서 자신이 직접

언급한 "하나님 나라"의 법이기 때문이었을 것이다. 아니면 그것이 다른 모든 법들 위에 있는 법이기에 그렇게 불렸을 수도 있다. 아마도 바울이 로마서 13:8, 10에서 다음과 같이 주장한 것처럼 말이다. "피차 사랑의 빚 외에는 아무에게든지 아무 빚도 지지 말라…그러므로 사랑은 율법의 완성이니라." 그렇기 때문에 이 법의 정신이 다른 모든 법의 정신에 녹아들어간 것이다. 이 법은 다른 모든 법 위에 뛰어난 법이다. 만일 우리가 다른 사회 계층이나 인종에 속한 다른 사람들에게 행하는 방식에 있어서 하나님께 기꺼이 순종하지 않고자 한다면, 어떻게 우리가 하나님을 사랑한다고 말할 수 있겠는가? 만일 우리가 하나님을 사랑한다면, 우리는 그분이 말씀하시는 것을 행할 것이요, 그의 계명들을 지킬 것이다요 14:5. 이러한 삶의 태도는 더 내적이면서 동시에 더 미묘한 다수의 계명들보다 우리의 생활방식을 더 잘 드러내 준다.

너무도 자주 사람들은 다음과 같이 주장한다. "물론 우리는 율법 아래 있지 않다. 우리는 은총 아래 있다. 그렇다면 왜 우리가 이 법을 포함한 다른 모든 법에 순종해야 한다는 말인가?" 원칙적으로 우리가 은총 아래 있지 율법 아래 있지 않다는 것은 바른 말이다. 그리고 그것은 순전히 하나님께 감사해야 할 일이다. 그러나 거기에서 그대로 멈추는 것은 오해를 불러일으킨다. 우리는 "율법에 의하여 심판을 받을 것이다"약 2:12. 그 심판은 구원받고 구속받기 위한 심판이 아니다. 도리어 하나님의 율법은 그분의 성품과 존재 자체를 반영하는 것이기에 "하나님 당신이 하나님의 본성 안에 존재하는 모든 원리들을 다양한 가르침들로 나타내셨으며, 순종하도록 당신의 자녀들에게 주셨다. 따라서 우리가 마음대로 취사선택할 수 있는 게 아니다. 하나님이 우리에게 율법을 주셨기 때문이다."5

놀랍게도 야고보는 훨씬 더 분명한 입장을 보이고 있다. 만일에 우리가 인종이나 교육, 신분, 재산 등과는 무관하게 다른 사람들을 존중하지 않는다면, 우리는 긍휼 없는 심판을 받게 될 것이다약2:13. 예수마6:14-15, 18:23-35와 야고보의 주장은 동일한 내용을 다루고 있다. 모티어Motyer는 이 점을 다음과 같이 표현한 바 있다. "다른 사람들을 향한 우리의 긍휼이 (우리의 구원을 위한) 능력을 얻을 수 있게 해주는 것이 아니다. 도리어 그것은 증거로서의 가치를 가지고 있을 따름이다…다른 사람들을 향한 자비심을 갖지 못할 경우 우리는 자신을 위한 하나님의 긍휼을 실질적으로 구하지도 못하고 그것을 효율적으로 얻지도 못한다."6 우리가 주기도문에서 우리에게 죄를 범한 자들뿐만 아니라 우리 자신이 죄를 범한 대상을 위해서도 기도해야 한다고 배운 것과 마찬가지로, 야고보서에서도 "긍휼이 심판을 이기고 자랑"2:13한다는 사실을 깨닫게 된다. 우리를 구속에 이르게 한 이 긍휼은 차별을 거부하는 오늘의 시대와 같은 상황 속에서 끊임없이 우리와 함께 하는 긍휼과 동일한 것이다.

야고보는 우리로 하여금 바로 앞의 주장이 갖는 의미들을 따르는 삶이야말로 진정한 믿음이 무엇인지를 분명하게 보여 준다는 것을 알도록 촉구함으로써, 온갖 세상적인 표지들과는 무관하게 모든 사람들을 향하여 긍휼과 친절을 베풀어야 한다는 자신의 주장을 잘 표현하고 있다. 야고보또는바울의 경우, 믿음과 행함 사이에는 갈등이 전혀 없다. 도리어 그의 관심사는 믿음의 남용 가능성에 있다. 신자는 음식물이나 의복 및 생활필수품 등이 부족한 자들을 향한 자신의 책임을 무시하고서도 자신이 하나님의 은총에 힘입어 구원을 받게 된다고 말할 수 있을까? 야고보는 그것을 매우 의심스럽게 생각한다. 왜냐하면 그러한 사이비 믿음은 하나님을 향한 사랑을 확증할 수 없고, 이웃 사람들을 향한 사랑을 가지고 있지 않기 때문이다. 그들의 신분이나 피부색 또는 학력 등과 무관하게 말이다. 참된 믿음은 긍정적으로든 부정적으로든 궁핍에 처한 사람들에게 반응하는 방식을 통하여 그 자신을 드러낼 것이다2:14-18. 그러한 영역에서 믿음이 아무런 행동을 취하지 않는다면 그것은 아마도 죽은 것이라 할 수 있다2:17. 그러나 믿음이 행함을 동반한다면 그것은 참된 것이다.

IV. 나그네들을 대접한 라합을 닮아가기를 거부하는 태도약 2:25-26

이것이 얼마나 실제적인 것인지를 확신시키기 위하여 야고보는 평범한 인물인 기생 라합의 사례에 의존하고 있다. 야고보의 설명에 의하면, 라합은 완전히 낯선 나그네들에게 희생적이고 헌신적인 방식으로 도움을 주었다. 그녀는 이스라엘의 공격을 받기 직전의 상황에 처해 있던 여리고의 정세가 어떠한지를 내부에서 살피기 위해 자기 집으로 찾아온 히브리 정탐꾼들을 숨겨주었다. 아브라함의 사례약 2:19-24, 이곳의 논의에서는 이를 생략했다가 우리가 따르기에는 너무도 탁월한 한 인물을 선택한 것이라고 한다면, 라합은 평범한 사람들이 어려움에 처한 사람들과의 관계 속에서 요구되는 것들을 어떻게 정확하게 보여줄 수 있었는지, 그리고 또 그렇게 했는지를 분명하게 보여 주고 있다.

본문은 라합이 자신의 하숙집에 찾아온 자들의 행방을 묻는 여리고 사람들의 왕에게 했던 거짓말을 분명하게 용납하지 않는다. 성경이 일상적인 삶의 어느 한 영역에서 어떤 한 인물을 용납한다고 해서이를테면 여기서는 여리고 왕을 향한 두려움보다는 주를 향한 라합의 믿음과 두려움 다른 영역들까지도 다 용납하는 것은 아니다. 다윗은 하나님의 마음에 합한 사람이었지만, 그렇다고 해서 그것이 밧세바 사건의 책임에서 그를 면제시켜 주는 것은 아니었다. 솔로몬은 "주의 사랑을 받는 자"라는 뜻을 가진 이름으로 불렸지만, 왜 하나님이 그를 책망하셨는지를 나타내는 이유들은 아마도 굉장히 많을 것이다무수한 아내들과 첩들. 라합은 "[히브리] 사자들을 접대하여 다른 길로 나가게"약 2:25 하였다. 그리하여 그녀 역시 "행함이 없는 믿음은 죽은 믿음"임을 보여 주었다2:26. 그녀는 여리고 왕을 신뢰하고 그를 믿기보다는 주를 더 신뢰하고 믿었다. 이 때문에 그녀는 히브리서 11장의 믿음의 전당Hall of Faith에 들어갈 수 있게 되었다.

이렇듯이 아브라함이 하나님께 대하여 어떠한 것도 아끼지 않은 것처럼 심지어는 자신의 사랑하는 아들 이삭까지도 아끼지 않았다. 창 22장과 약 2:21을 보라, 라합 역시 정탐꾼들을 받아들임에 있어서 자신의 모든 것을 걸었다. 왜냐하면 그녀는 하늘과 땅의 하나님과 같은 신이 없다는 것을 알았기 때문이다. 그 하나님은 이스라엘을 위하여 홍해에서, 그리고 요단 건너편의 시혼과 옥을 상대로 하는 전쟁에서 기적을 행하신 분이었다. 두 사람의 삶은 공히 내적인 믿음으로 시작한 순종의 삶이었다. 그러면서도 그들의 믿음은 어려움에 처한 모든 사람들을 위한 적극적인 관심과 사랑을 통하여 자신을 외적으로 표현한 것이기도 했다.

결론

우리가 자신에게 묻지 않으면 안 되는 질문들은 다음과 같다.

1. 나는 한 개인으로서, 그리고 그리스도의 몸에 속한 한 지체로서 인종이나 사회적 신분, 교육, 재정 능력 등이 나와 다른 사람들에 대하여 얼마나 문화적으로 예민하게 반응하는가? 지상의 다른 민족들이 우리의 현관 입구에 와 있을 때, 우리는 과연 그들을 기꺼이 받아들이고 그들에게 도움을 줄 수 있는가? 아니면 도리어 우리는 "그들 자신의 상황에 맞게끔" 그들에게 선교사들을 파송할 것인가?

2. 우리는 자신과는 다른 관점들과 입장을 가진 사회 내부의 타인들과 얼마나 공감하며 지낼 수 있는가?

3. 나는 내가 속한 인종과 계층, 사회적인 위치, 교육 등의 바깥에 있는 다른 사람들에 대한 판단을 어느 정도 유보할 수 있으며, 또 성경적인 의미에서의 관용을 어느 정도 그들에게 베풀 수 있는가? 나는 다리를 놓으려고 애쓰며, 그토록 인종들과 문화들을 분리시키는 장벽들을 허무는 사람인가 아니면 정신과 감정 및 행동 등을 통하여 온갖 장애물들을 세우는 사람인가?

4. 나는 나 자신과 나의 사회적인 지위가 다른 사람들보다 얼마나 우월하다고 생각하고 있는가? 이는 "마땅히 생각할 그 이상의 생각을 품지 말라" 라고 명하는 로마서 12:3을 위반하는 것이 아닌가?

5. 우리는 자신이나 다른 사람들이 다른 인종들과 우리 자신과는 다른 문화권에 속한 자들을 비하시키며 분열시킬 때 얼마나 단호하게 반대 입장을 취하는가?

3

도박과 탐욕
- 마태복음 6:19-34

칸처Kenneth S. Kantzer는 「크리스채너티 투데이」Christianity Today라는 잡지의 한 기사에서 도박을 다음과 같이 정의하였다.

인위적으로 고안해낸 모험으로서, 다른 사람을 희생시킨 대가로 개인적인 이득을 얻고자 하며, 어떤 건설적인 생산이나 사회적인 선을 목표로 하지 않는 것이다.[1]

그런가 하면 바넷Henlee H. Barnette은 도박을 이같이 정의하였다.

도박은 순전히 우연에 기초하여 가치 있는 어떤 것을 어떤 한 사람으로부터 다른 사람에게로 옮기는 것을 포함한다.[2]

일반적으로 이 "우연"이라는 형태는 주식 시장에서 주식을 사는데 포함되어 있는 위험들과 구별된다. 주식 시장의 돈이 산업 발전에 사용된다는 사실 때문에 그렇다.[3] 이와 마찬가지로 온갖 형태의 보험 가입도 약간의 위험을 포함하고 있다. 그러나 주식 시장이나 보험 회사의 경우에는 우연이 결정적인 요인으로 작용하지 않는다.

도박의 역사

도박은 어느 날 갑자기 새로 생겨난 것이 아니다. 왜냐하면 그것은 대부분의 역사 기록들만큼이나 오래 전까지 소급하는 것으로서, 대부분의 민족들의 역사에서 꾸준히 행해져 왔기 때문이다. 그 예로서 폼페이의 유물들 중에는 도박용 탁자들이 포함되어 있었으며, 고대 이집트에서는 여섯 면에 제각기 숫자가 새겨진 주사위들이 발견되었다. 주후 100년경의 로마의 역사가 타키투스는 도박이 게르만족 사이에 널리 행해지던 것이었음을 발견하였다.

칸처는 미국의 역사에서조차도 일찍부터 이 나라가 도박에 붙들려 있었음을 주목하였다.

미국은 도박하는 나라로 시작하였다. 콜럼버스의 승무원들은 대서양을 건너는 중에 카드도박을 즐기면서 시간을 보냈다. 1612년에 영국 정부는 버지니아의 새로운 정착지인 제임스타운Jamestown의 정착민들을 돕기 위하여 복권 제도를 운영하였다…조지 워싱턴은 다음과 같이 선언하였다. "도박은 탐욕의 자식이요, 죄악의 형제이며, 해악의 아버지이다." 그러나 그는 자신이 카드도박으로 얻은 돈과 잃은 돈이 얼마인지 전부 기록한 목록을 가지고 있었다. 1776년에 제1차 대륙 회의독립 전후에 필라델피아에서 두 번 열린 각주 대표자 회의는 독립전쟁의 재정을 확보하기 위하여 복권을 판매하였다. 1790년부터 1860년까지는 36개의 주들 중 24개의 주들이 정부가 운영하는 복권 제도를 후원하였다. 많은 학교들과 수백 개의 교회들은 재원 확보를 위하여 제각기 자기 나름의 복권을 발행하였다.[4]

마터Cotton Mather 같은 청교도들은 많은 주들이 정부의 복권 제도를 거부할 때까지 도박에 반대하는 설교를 했으며, 나중에는 감리교도와 침례교도의 후원을 받았다. 그리하여 마침내는 19세기 말에 루이지애나 주가 마지막으로 복권 제도에 종지부를 찍었다. 그러다가 20세기에 들어서더니 로마 가톨릭의 복권 사용에 의지하여 다시금 각 주들이 운영하는 복권 제도가 재개되었으며, 1985년에는 대부분의 주들이 1964년에 공공 복권 기관을 설립한 뉴햄프셔 주의 전례를 따라갔다.

도박과 복권의 사회적인 효과

지금은 합법화된 도박의 다양한 형태들이 미국에 상륙한 까닭에, 그 열기가 대단히 많은 사람들에게 영향을 주고 있는 것으로 보인다. 과거에는 때때로 도박이 조직화된 범죄를 중심으로 하는 어떤 것으로 이해되었으며, 단지 소수의 사람들만이 빠져들던 것이기도 했다. 그러나 지금에 와서는 거의 모든 주와 컬럼비아 자치구가 도박을 종종 공교육과 같이 명백하게 가치 있는 사업에 필요한 수입을 보충하는 한 방법으로 간주하고 있다. 도박은 이제 매우 다양한 유형으로 세분되어 있다. 라스베이거스 공항에 내리면 자동 도박기들과 여러분의 돈을 빼앗아갈 온갖 즐거운 방법들이 즉각 사람들의 눈에 들어온다. 그러나 라스베이거스의 광경은 이제 온갖 종류의 화물차 기사식당과 술집과 편의점 등에서 얼마든지 볼 수 있다.

많은 사람들이 선호하는 도박 유형은 주의 후원을 받는 복권 가게들에서 찾아볼 수 있다. 그곳에서 사람들은 매주 또는 매일 복권의 숫자를 확인할 수 있으며, 긁는 복권도 살 수 있다. 두 번째로 가장 대중적인 인기를 끌고 있는 복권 유형은 흔히 아메리카 인디언들이 운영하는 카지노에서 찾아볼 수 있다. 이 카지노들이 주는 맨 처음의 매력은 종종 경제적인 가치가 있고 또 사용이 가능한 저녁 만찬에서 발견된다. 만찬 손님들은 자기들이 한두 개 자동 도박기의 손잡이를 잡아당길 때 또는 포커나 블랙잭 탁자에서 카지노의 카드 게임을 시도하거나 룰렛 게임을 즐길 때, 행운의 여신이 자기들과 함께 하고 있음을 확인하고 싶어 한다.

도박꾼들을 유혹하는 한두 가지 도박이 더 있다. 말이나 개 또는 다른 운동 경기들을 대상으로 하는 스포츠 내기나 경마 도박이 그렇다. 많은 사무실 직원들이 요란하게 선전되고 있는, 그리고 곧 시작될 운동 경기들을 대상으로 하여 내기를 걸되, 우승마의 점수에 초점을 맞추며, 심지어는 마권馬券 영업자의 높은 승률에 대항하여 내기를 걸기도 한다. 미국 내에서는 43개의 주들이 150개 정도의 경마장에서 합법적인 경마 시합을 실시하고 있다.

오늘날에는 온라인상의 도박이 성행하고 있기까지 하며, 인터넷을 통하여 훨씬 쉽게 도박을 즐길 수 있도록 유혹하고 있다. 그것은 온갖 형태의 도박에 크게 탐닉하고 있는 자들에게 진정한 유혹으로 다가온다.

도박은 왜 사회에 해악을 끼치는가?

알코올 중독자 협회가 있는 것과 마찬가지로 도박 중독자 협회도 있다. 후자의 조직은 미국 안에 1천2백만 명 정도의 도박 중독자들이 있다고 추정하고 있다. 무엇보다도 안타까운 것은 1984년에 도박 인지 행동 안내서가 96%의 도박 중독자들이 14세가 되기도 전에 도박을 시작했다고 평가한 점이다![5]

대부분의 주들은 복권 제도를 도입하면서 그것이 각 주의 복지와 교육 분야에 필요한 거대한 현금 유입을 불러올 것이라고 기대했지만, 그 결과는 그러한 예측을 벗어났다. 다른 영역들에서 드러나는 사회적인 비용이 이러한 수입을 훨씬 능가했기 때문이다. 부정적인 결과들 중에는 위탁금 횡령, 도둑질, 가정적인 빈곤, 부부 간의 불화, 재산 낭비, 배우자의 폭력, 자살 시도 등이 있었고, 이 외에도 전혀 생각하지 못한 다른 많은 비용들이 생겨났던 것이다. 그리하여 도박은 힘 안 들이고 조세 수입을 늘리는 손쉬운 방법이 되지 못했다. 도리어 도박으로부터 생겨난 비용은 각 주가 지원하는 이런저런 사업의 원래적인 재정 적자보다 훨씬 더 파괴적인 결과들을 동반한 채로 다른 영역으로 옮겨갔다.

가장 나쁜 결과는 도박 비용을 겨우겨우 조달할 수 있는 사람들, 곧 가난한 이들과 궁핍한 이들이 상류층에 속한 사람들과 마찬가지로 수입 비율로 따졌을 때 수입보다 세 배나 많은 돈을 도박에 허비한다는 점이었다. 도박권券을 구입하는 사람들 중에서 가장 큰 비율을 차지하는 이들은 가난한 이들이나 흑인들 또는 스페인계 미국인Hispanic 등이다.[6] 뿐만 아니라 시대가 불확실할수록 자기들이 안고 있는 모든 문제들을 일시에 해결할 큰돈을 벌어들이기 위해 도박에 빠져드는 사람들의 수도 불어난다. 도박의 사회적인 비용이 어느 정도인지를 나타내는 최종적인 수치는 구하기 어렵지만, 그들이 시민들의 생명과 정신을 담보로 하여 러시안 룰렛 게임총알이 한 개만 든 탄창을 돌려서 자기 머리를 향해 방아쇠를 당기는 목숨을건 승부을 즐기고 있음을 경고하는 표지들은 확실히 충분하다.

많은 사람들은 도박을 옹호하면서 "제비뽑기"가 성경 안에서 매우 흔하게 발견된다는 점을 지적한다민 26:52-56, 삼상 10:20-21, 대상 24:5, 행 1:26. 사실 유다가 목매어 죽은 후 그의 뒤를 이은 자는 제비뽑는 방식에 의하여 선택되었고, 나중에 교회 안에서 이루어진 결정들도 비슷한 방식으로 이루어졌다. 그러나 이러한 관습은 겉보기에 단순히 우연으로만 보이는 것들을 주관하시는 하나님의 주권에 근거한 것이다. 잠언이 교훈하는 바와 같이 "제비는 사람이 뽑으나 모든 일을 작정하기는 여호와께 있다"잠 16:33.

순전히 우연에 근거하여, 그리고 다른 많은 사람들내기에 건 돈을 갚을 능력이 거의 없는 많은 사람들의 희생을 대가로 하여 값어치 있는 어떤 것을 어떤 한 사람에게서 다른 사람에게 옮기는 것은 정의와 공평과 가난한 이들에 대한 관심을 요청하는 성경의 가르침을 뒤흔들어 놓는다. 그것은 또한 노동의 가르침과 이웃 사랑의 가르침 및 하나님이 우리 각자에게 맡기신 모든 것들에 대한 세심한 청지기직의 가르침을 위반하는 것이기도 하다.

순식간에 부자가 되고 싶어 하고 행운의 여신이 자기들에게 호의를 베푸는 것을 보는 감동과 흥분을 맛보고 싶어 하는 사람들이 점점 더 많은 돈을 현대판 환전상의 금고에 부어줌에 따라서 도박에 거는 돈의 액수가 점점 많아졌다. 행운의 여신을 신뢰한다는 것은 곧 우리에게 좋은 것을 주시려는 하나님의 주권과 섭리의 보살핌을 침해하는 것이다. 그것은 사실상 하나님이 내게 주신 것들로는 행복할 수 없으며, 하나님이 이제껏 나를 위해 해주실 수 있었던 것보다 훨씬 더 나 자신을 도울 수 있음을 믿는다고 말하는 것이나 다름이 없다. 그러나 성경 본문은 "자족하는 마음이 있으면 경건은 큰 이익이 되느니라"딤전 6:6, 히 13:5라고 가르친다. 자족하는 마음이 줄어들면 경건도 줄어든다! 왜 그토록 많은 신자들이 하나님은 누구이시며 그분이 자신에게 주신 것들이 무엇인지에 관하여 자족하는 마음을 잃어버린 것일까?

도박의 유혹은 물질주의의 유혹이다. 그러나 신자들은 반대로 하나님으로부터 분명한 부르심이나 소명을 받은 자들이다. 물론 그것은 자신이 하는 일에 대한 부지런함과 열심을 요청한다잠 6:10-11. 그러나 그것은 또한 도둑질엡 4:28이나 재수 좋은 잠깐의 휴식 시간에 생각지도 않은 횡재를 바라는 온갖 유형의 게으름을 피할 것을 요청하기도 한다.

재산이 항상 그 소유자들을 행복하게 해주는 것은 아니다. 록펠러John D. Rockefeller는 "나는 수백만 달러를 벌어들였지만 그것이 나를 행복하게 한 적은 없다"라고 말한 적이 있다. 밴더빌트Cornelius Vanderbilt는 록펠러의 말에 공감을 표했다. "수백만 달러를 관리하는 일은 너무도 무거운 짐이다. 그 일에는 전혀 즐거움이 없다." 아스토르John Jacob Astor는 다음과 같이 불평했다. "[나는] 지상에서 가장 불행한 사람이다." 그런가 하면 포드Henry Ford 같은 사람은 다음과 같은 점을 지적했다. "나는 정비공의 일을 할 때가 더 행복했다." 우리가 하나님보다 돈을 더 신뢰하면욥 31:24-28, 잠 11:28, 딤전 6:17-19, 잘못된 안전 의식에 사로잡힌 나머지 마침내는 스스로에게 속는 결과를 초래할 것이다마 13:22, 막 4:19, 눅 8:14. 불안정한 기초 위에 건물을 짓고 있으면서도잠 23:4-5 자만에 빠져 있기 때문에 그렇다잠 28:11. 뿐만 아니라 우리는 또한 하나님의 것말 3:8과 다른 사람들의 것요일 3:17을 도적질할 위험성을 안고 있기까지 하다.

도박과 탐욕을 경계하는 가장 훌륭한 가르침은 마태복음 6:19-34에서 발견된다.

우리는 하나님을 믿는다. 다른 모든 것은 쓸모없다

본문 마태복음 6:19-34

주제 "우리는 하나님을 믿는다. 다른 모든 것은 쓸모없다"

요절 21절, "네 보물 있는 그곳에는 네 마음도 있느니라"

설교의 핵심어 원리들

질문 우리가 하나님만을 믿어야 한다는 것을 보여 주는 원리들은 무엇 인가?

개요

서론6:19-20

I. 무엇을 소중히 여기느냐가 중요하다6:21

II. 어디에 눈을 두느냐가 중요하다6:22-23

III. 누구의 종이 되느냐가 중요하다6:24

IV. 우리가 가장 소중히 여기는 것이 무엇이냐가 중요하다6:25-34

예수께서는 이미 마태복음 6:1-18에서 자신의 골방에서 기도하는 일과 구제하는 일 및 금식하는 일 등의 영역들에 대해서 언급하시면서, 기독교인의 사적인 삶에 대해서 묘사하신 바가 있다. 이어서 예수께서는 돈, 재물, 음식, 음료, 의복, 열망 등에 영향을 미치는 현세에서의 공적인 삶 쪽으로 방향을 돌리신다. 우리 주님 보시기에 그것은 단순히 우리의 재산을 줄이거나 생활방식을 바꾸는 문제가 아니라, 온 마음과 눈이 관련된 문제였다. 우리의 요절이기도 하고 본문의 핵심 개념을 담고 있는 21절은 22절과 짝을 이루고 있다. "눈은 몸의 등불 이니 그러므로 네 눈이 성하면 온 몸이 밝을 것이요." 여기서 "성하면"을 가리키는 헬라어 낱말은 **하플루스**로서, "건강한" 또는 더 문자적으로는 "사물을 올바로 보는"이라는 뜻을 가지고 있다. 이것은 하나님을 섬기는 일에 온전히 헌신한 사람을 가리키는 은유에 해당하는 것이다. 성경에서 "눈"은 자주 "마음"과 같은 뜻을 가진 낱말로 사용된다. 따라서 "눈을 고정시키는" 것은 마태복음 6:21-22에서 보듯이 확실하게 주님께 "마음을 두는" 것과 동일한 의미를 갖는다시 119:10을 119:18과 비교해 보라.

이제 "우리는 하나님을 믿는다. 다른 모든 것은 쓸모없다"라고 말하는 네 가지의 원리들에 대해서 살필 필요가 있다. 우리를 참으로 규정하는 것은 무엇일까? 우리의 재산인가, 우리의 가치 기준인가? 우리의 목표인가, 우리의 성실함인가 아니면 우리의 기본적인 충동인가?

I. 무엇을 소중히 여기느냐가 중요하다마 6:21

말라기 3:16은 이렇게 말한다. "여호와를 경외하는 자와 그 이름을 존중히 여기는 자를 위하여 여호와 앞에 있는 기념책에 기록하셨느니라." 여기서 하나님을 경외하는 자들은 "주의 이름"에 최고의 가치를 두는 사람들이다. 이 문맥에서 하나님의 "이름"은 그의 위격과 그의 가르침, 그의 윤리, 그의 성품 등을 의미했다. 말라기 시대에 하나님을 경외하는 사람들의 판단에 의하면, 하나님의 이름은 그들이 다른 어떤 목적과 가치와 평가보다도 소중히 여기는 자산으로 간주되었다. 따라서 그의 이름은 우리의 최고 재산이요, 기쁨이요, 예배의 대상이기도 해야 마땅하다.

우리가 가장 소중히 여기는 것에 우리의 마음이 쏠릴 수밖에 없는 것도 바로 그 때문이다. 우리의 마음은 주께 머물러 있거나 복권이나 스포츠 도박이 우리를 위하여 성취하고자 하는 온갖 종류의 환상에 머물러 있게 마련인 것이다. 어떤 이들은 자신의 재물 내지는 자신이 장차 벌어들일지도 모르는 재물을 소중히 여기며, 이는 그들이 어떠한 사람들인지를 잘 규정해 준다. 만일에 우리가 주님을 최우선적인 충성의 대상으로 여기지 않고 우리의 물질적이고 외적인 관심사들을 궁극적인 목표로 삼는 태도로부터 기꺼이 이탈하지 않는다면, 우리는 자신이 상상하는 세속적인 재물들과 같이 변하여 똑같은 모양과 역할을 하게 될 것이다.

물론 성경은 어디에서도 우리가 물질을 소유하고 개인 재산을 소유하거나 어려운 때를 대비하여 저축하고 또 생명보험에 가입하는 것 등을 금하지 않는다. 사실 성경은 땅 위를 기어 다니면서 겨울철에 대비하여 식량을 저장하는 작고 나이든 개미를 칭송하면서도잠 6:6-8, 자신의 가족을 돌보지 않는 신자를 책망한다딤전 5:8. 생활에 필요한 모든 물품들은 창조주 하나님이 우리가 누릴 수 있도록 우리에게 주신 것이다. 디모데전서 4:4-5는 이에 대해서 다음과 같이 교훈한다.

하나님께서 지으신 모든 것이 선하매 감사함으로 받으면 버릴 것이 없나니 하나님의 말씀과 기도로 거룩하여짐이라

디모데전서 6:17은 다음과 같은 교훈을 추가한다.

네가 이 세대에서 부한 자들을 명하여 마음을 높이지 말고 정함이 없는 재물에 소망을 두지 말고 오직 우리에게 모든 것을 후히 주사 누리게 하시는 하나님께 두며

이렇듯이 하나님은 이기적인 재물 축적을 금하신다. 내 재물이 나를 규정하고 내가 어떤 존재이고 내가 얼마나 가치 있는 존재인지를

규정한다고 생각하는 것은 참으로 허망한 일이 아닐 수 없다. 따라서 우리는 자신만을 위해서 재물을 축적하거나 궁핍한 자들에 대하여 몰인정해서는 안 된다. 루터는 이에 대해서 다음과 같이 기록한 바가 있다.

> 복음이 가르쳐지고 사람들이 그 가르침에 따라 살려고 노력하는 모든 곳에서는 항상 두 가지의 끔찍한 재앙들이 발생한다. 그 하나는 복음의 가르침을 왜곡시키는 거짓 설교자들이고, 다른 하나는 올바른 삶을 방해하는 탐욕이다.[7]

"세속주의"secularism는 본질적으로 "이 세대에 속함"of this age을 의미한다. 이 개념을 전달해 주는 또 다른 표현은 "세상적인"worldly이라는 낱말이다. 이 낱말은 두 가지 의미를 가지고 있다. 긍정적인 측면에서 볼 경우에 그것은 이 세상을 향한 사랑을 의미하며, 부정적인 측면에서는 이 세상에 속한 것들에 대한 지나친 관심을 의미한다. 따라서 "세상"이라는 개념은 세상에 있는 모든 것들을 하나님과 동등하게 여기거나 하나님보다 더 낮게 여기는 사고방식이나 정신 구조 또는 인생관을 의미한다. 따라서 우리는 세상에 중심을 둘 것이 아니라 그리스도와 그의 나라 및 그의 의에 중심을 두어야 한다. 자신의 세상적인 소유에 중심을 두는 삶은 결국 좀이나 녹, 부패, 밤도둑 등으로 인해 끝나고 말 것이다. 그러나 참으로 영원토록 지속되는 것들은 눈에 보이지 않는 것들이다고후 4:18. 눈에 보이지 않는 것들은 썩지 않고 더럽혀지지 않는, 그리고 시들지도 않고 우리를 위하여 하늘에 예비되어 있는 유업을 포함하고 있다벧전 1:4.

II. 어디에 눈을 두느냐가 중요하다 마 6:22-23

"사물을 올바로 보는 눈" 또는 "건강하고 좋은 눈"은 밝게 비추어진 몸 내지는 하나님께 대하여 열려 있는 몸을 의미한다. 이처럼 그리스도를 향하여 마음을 다하는 헌신은 삶 속에서 올바른 길을 찾게 해주며, 참된 목표로 우리를 인도해 준다. 그러나 악하고 나쁜 눈은 무지하고 어두운 삶으로 우리를 인도한다. 왜냐하면 이기적인 물질주의는 삶 속에 어떠한 빛도 비추지 못하기 때문이다.

하나님을 향한 우리의 시선은 세속적인 계획들과 목표들로 인하여 방해받지 않는 온전하고도 한결같은 태도를 견지하지 않으면 안 된다. 우리의 눈은 종종 몸으로 연결되어 있는 영혼으로 간주된다. 시편 123:2는 주인의 지극히 작은 몸짓 하나하나에 주목하는 종들의 눈을 주 우리 하나님의 인도하심과 예비하심을 바라며 그를 바라보는 우리의 눈과 비교하는 직유법 형태로 이 점을 잘 표현하고 있다.

도박으로 쉽게 벌어들인 돈을 탐하는 것에는 문제가 있다. 만일 우리가 뜻밖의 행운을 삶의 목표로 정하고 오로지 그것에만 자신의 눈을 고정시킨다면, 그것은 우리를 하나님으로부터 멀어지게 하고 철저하게 물질주의적이고 전적으로 외적인 것들에만 관심을 기울이게 만드는 방식들로 우리를 규정하기 시작한다. 도박은 하나님이 삶의 모든 것들을 주관하시는 분이요 그분이 세상을 자신의 섭리를 따라 다스리시는 분임을 부인하게 만든다. 우리는 성경 안에 있지 않은 새로운 교훈을 만들어낸다.

"하나님은 스스로 돕는 자를 도우신다."

III. 누구의 종이 되느냐가 중요하다 마 6:24

다음의 말씀은 참으로 옳다. "한 사람이 두 주인을 섬기지 못할 것이니 혹 이를 미워하고 저를 사랑하거나 혹 이를 중히 여기고 저를 경히 여김이라. 너희가 하나님과 재물[부의 신=Mammon]을 겸하여 섬기지 못하느니라." 한 사람이 두 고용주를 만족스럽게 섬길 수는 있겠지만, 두 명의 주인을 둘 수는 없다. 참으로 노예 신분의 본질은 한 주인을 섬기는 데 있다.

열왕기상 18:21에서 예언자 엘리야는 사람들에게 다음과 같은 질문을 던졌다. "'너희가 어느 때까지 둘 사이에서 머뭇머뭇 하려느냐? 여호와가 만일 하나님이면 그를 따르고 바알이 만일 하나님이면 그를 따를지니라.' 이와 마찬가지로 우리는 자신의 충성심을 하나님과 "맘몬" 사이에 나눌 수 없는 노릇이다. 여기서 말하는 **맘몬**은 "부"를 뜻하는 아람어 낱말이다. 그러나 살아 계신 주님은 자신을 믿고 예배하는 모든 이들로부터 온전하고도 한결같은 헌신을 원하신다.

이처럼 두 주인을 섬기는 문제는 중요한 의미를 가지며, 실례를 들어 설명할 가치가 있는 것이다. 다음의 이야기는 자기들에게 있던 가장 좋은 소가 두 마리의 송아지, 곧 붉은 송아지와 흰 송아지를 낳았다고 자기 아내에게 설명하는 한 농부에 관해서 말한다. "한 마리는 주께 바쳐야만 하겠소"라고 농부는 자랑스럽게 아내에게 말했다. 이에 그녀는 "어느 것을요?"라고 물었다. 그러자 그는 말했다. "잠깐만 기다려 봅시다. 우리가 그것들을 팔게 되면 어느 것이 주님의 것인지를 알게 될 것입니다." 몇 개월이 지난 후에 그 농부는 나쁜 소식을 들고서 농장으로 뛰어들어 왔다. "주님의 송아지가 죽었어요!" 이 이야기는 이른바 온전한 헌신의 경우에도 똑같이 적용되는 것이다. 상황이 안 좋아지면 우리는 종종 주님이나 주님의 일에 바쳐야 한다고 말하던 것을 잘라내고 절약해야 하는 것으로 선택한다. 이것은 마치 그러한 사람들이 한 명의 주인이 아니라 두 명의 주인을 섬기고 있는 것처럼 느껴진다. 이사야 42:8과 48:11은 이 점을 다음과 같이 분명하게 밝힌 바가 있다. "나는 여호와이니 이는 내 이름이라! 나는 내 영광을 다른 자에게 주지 아니하리라."

마태복음 6:24가 "미워하다"라는 낱말과 "사랑하다"라는 낱말을 사용할 때, 그것들은 실질적인 증오심이나 심리적인 증오심을 나타내는 낱말로서가 아니라 비교 방식으로 사용되고 있다. 그것은 보다 높은 충성심의 대상을 위해 한 가지 일을 제거하는 행동을 의미한다.

IV. 우리가 가장 소중히 여기는 것이 무엇이냐가 중요하다 마 6:25-34

예수께서는 이 세상에서 걱정해야 할 중요한 세 가지의 것들, 곧 (1) 무엇을 먹고자 하는가, (2) 무엇을 마시고자 하는가, (3) 무엇을 입고자 하는가에 대해서 "염려하지 말라"25, 31, 34절라고 거듭 말씀하셨다. 이방인들은 이 모든 것들을 열심히 구하지만, 그리스도 안에 있는 우리의 삶은 단지 일시적으로 필요한 것들에 지나치게 매달리는 것보다 훨씬 더 나은 것이어야만 한다.

"염려하다"라는 낱말은 옛 앵글로 색슨어에 뿌리를 두고 있는 것으로, "질식시키다"라는 의미를 가지고 있다. "염려하다"worry로 번역된 이 옛 낱말은 본래 "교살하다"라는 의미를 가진 위르간wyrgan이다. 중세 영어에서 이 동사는 "질식시키다", "찢다"라는 의미를 갖게 되었다. 염려는 바로 그러한 것이다. 그것은 마르다에게 사용된 헬라어 낱말이기도 하다. 그녀는 예수를 섬기는 일로 "염려하였다"메림나오, 눅 10:41. 반면에 마리아는 예수의 발치에 앉아 말씀을 배우고 있는 중이었다. 마르다가 저녁 식사를 위하여 준비하는 모든 일들은 그녀의 "마음을 분주"하게 만들었다눅 10:40. 빌립보서 4:6은 이렇게 경고한다. "아무 것도 염려하지헬라어 메림나테 말라." 염려는 살아 계신 하나님으로 인한 만족감이나 그를 향한 신뢰와는 다른 것이다!

어떤 이들은 염려가 왜 잘못된 것인지를 알고 싶어 한다. 또 어떤 이들은 염려하는 것을 좋아한다. 그들은 염려하던 것을 소유하지 못할 경우에 염려에 빠져들곤 한다. 그러나 바로 여기에 염려가 왜 잘못된 것인지를 설명해 주는 이유가 있다. 염려는 믿음이나 신앙과 양립할 수 없는 것이다. 우리는 염려함으로 음식물이나 음료수 또는 의복 등의 생산을 늘이지 못한다. 그러므로 염려란 생명을 단축시키는 일 외엔 쓸 데가 없다. 이와 관련하여 루터는 다음과 같이 가르친 바가 있다.

> 여러분도 알다시피 [하나님은] 새들을 우리의 교사로 만드시는 분이다. 의지할 데 없는 참새가 가장 지혜로운 인간에게 신학자요 교사가 되어야 한다는 것은 복음 안에 있는 우리에게 참으로 한없이 불명예스러운 일이다…여러분이 나이팅게일에게 귀를 기울일 때마다 여러분은 훌륭한 설교자에게 귀를 기울이는 것이나 마찬가지이다…그것은 마치 그 새가 이렇게 말하는 것과도 같다. "나는 주님의 부엌에 있는 것을 더 좋아합니다. 그분은 하늘과 땅을 만드셨고 그 자신이 요리사와 연회의 주인이십니다. 날마다 그는 자신으로 손으로 만들어 내신 무수히 많은 작은 새들을 먹이시고 기르십니다."[8]

다음과 같은 우스꽝스러운 단문短文도 이 점을 잘 묘사하고 있다.

> 울새가 참새에게 말했다. "나는 이 걱정 많은 인간들이 왜 이토록 바쁘게 돌아다니면서 염려에 빠져 있는지를 정말 알고 싶어." 그러자 참새가 울

새에게 말했다. "친구야, 나는 그들이 너와 나를 돌보시는 하늘의 아버지를 전혀 모르는 것에 틀림이 없다고 생각해."

염려는 또한 하나님의 나라와 그의 의를 먼저 구하는 태도와 양립할 수 없는 것이다마 6:33b. 왜냐하면 하나님의 나라와 그의 의를 구하면 "이 모든 것이 너희에게 주어질" 것이기 때문이다6:33b. 자신의 죄를 회개하는 자들 모두에게는 하나님의 나라가 이미 그들의 삶 속에서 시작된 것이나 마찬가지이다. 따라서 신자들이 다른 무엇보다도 먼저 구해야 할 것은 그 나라의 부흥을 가장 중요한 문제로 간주하는 일이다. 그것은 죄 많은 제국주의나 복음 중심의 승리주의도 아니다. 그것은 모든 악을 다스리시고 정복하시는 그리스도의 승리를 의미한다. 그것은 그를 아는 자들 모두가 최종적이고도 궁극적인 목표로 정하고 있는 것이기도 하다. 그와 그의 백성 모두에게 있어서 이러한 승리는 행운이나 우연에 의지하지 않고서도 또는 이기적인 욕심으로 인하여 다른 사람이 힘들여 벌어들인 것을 훔치는 행동에 의지하지 않고서도 이루어질 수 있는 것이다.

결론

단순히 규모를 줄임으로써만 이 본문에 있는 하나님의 부르심에 응답한다는 것은 문제의 근본을 해결하는 것이 아니라 순전히 증상만을 해결하려는 것이나 다름이 없다. 우리의 눈이 하나님보다는 자기 자신에 초점을 맞추고 있을 때, 우리는 행운과 돈을 구세주로 삼아 거의 모든 종류의 어려움으로부터 빠져나올 수 있을 것이라고 생각한다.

그러나 그 반대로 우리의 눈이 하나님과 그의 나라를 구하려는 유일한 목표에 고정되어 있다면, 우리는 자신의 가치 체계와 목표와 충성심의 대상과 우선순위 등을 재조정할 필요가 있다.

만일에 우리가 여기저기에서 내기 도박을 즐기고 있었다면, 이제 우리는 180도 방향을 바꾸어 하나님의 용서를 구할 필요가 있다. 우리는 주 정부, 도박을 장려하는 도박업소 직원, 각종 복권 판매업자, 스포츠나 다른 분야에서의 내기 도박 업체 등에게 압력을 가하여 가난한 이들과 교육 받지 못한 이들 및 압제당하는 이들에게 사회적인 해악을 끼치는 행동을 중단하게 할 필요가 있다. 도박에서 이득을 얻은 이들의 이야기는 긍정적인 방향으로 끝을 맺은 적이 거의 없다. 왜냐하면 그들은 대부분의 경우 그토록 많은 돈을 관리하는 데 익숙하지 않은 탓에 도덕적으로나 사회적으로 큰 파멸에 빠질 수밖에 없기 때문이다. 그것은 또한 카지노를 운영하는 아메리카 인디언들에게도 항상 도움이 되지 못했다. 미국인들은 2세기 전에 알코올과 화약으로 그들에게 해악을 끼친 것과 마찬가지로, 이제는 거의 상상할 수도 없는 거대한 부를 가지고서 그들 전체에게 다시금 해악을 끼친 나머지, 그처럼 갑작스런 부가 종종 조장하는 대파멸에 그들을 빠뜨리고 있는 것인지도 모른다.

탐욕은 밑바닥을 알 길이 없는 욕망을 가리킨다. 일단 그것이 우리를 사로잡으면, 우리가 하나님의 자비 안에서 그의 구원을 요청하지 않는 한, 그것은 우리를 놓아주지 않을 것이다.

4

미디어와 오락과 포르노

- 빌립보서 4:4-9

오늘날 미디어만큼이나 우리의 일상생활에 영향을 미치는 것도 드물다. 신문과 잡지, 영화, 텔레비전, 아이팟, 인터넷, 스마트폰 같은 장치 등은 한결같이 우리의 가치 체계들과 견해 및 말과 행동과 취미 등을 형성할 정도로 우리에게 엄청나게 큰 영향을 미쳐 왔다. 어떤 사람들에게는 텔레비전이 가장 큰 영향을 미치는 것으로 보인다. 왜냐하면 종종 인용되는 1980년의 한 보고서에 따르면, "대부분의 미국 아이들이 고등학교를 졸업할 무렵이면 (거의) 1만1천 시간을 학교에서 보내는 반면에 1만5천 시간을 텔레비전 앞에서 보낼 것"이기 때문이다.[1]

매스 미디어는 인공위성과 인터넷을 매개로 하여 왕실 결혼식이나 대통령 취임식, 슈퍼볼 경기, 올림픽 등과 같은 행사들을 방영함으로써 지구촌 사람들을 하나로 묶어주는 거대한 잠재력을 가지고 있는 반면에, 그 내용의 특성상 사회에 악하고 부정적인 영향을 미칠 수 있는 힘도 똑같이 가지고 있다.

텔레비전은 계속적인 폭력 사용과 선정적인 성性 묘사로 인하여 지속적으로 비난의 대상이 되고 있다. 성과 폭력은 흔히 텔레비전 프로그램 시청료를 지불하는 사람들에게 더 큰 매력을 제공하기 때문에, 그것이 텔레비전 시청자들의 도덕성과 행동에 미치는 부수적인 효과는 놀라울 정도이다. 그 결과 가정과 가족, 교회와 사회 등의 전통적인 가치 체계들이 종종 공격을 받으며, 시대에 뒤떨어진 것들로 묘사되거나, 질주하는 신경과민 세대에 속한 것들로 간주된다. 젊은 사람들의 정신은 새로운 도덕성과 새로운 윤리에 적응하지 않으면 안 되게끔 조종당하고 있다. 정신을 새롭게 하시는 하나님의 손길에 의하여 "변화"롬 12:1-2되기보다는 말이다.

포스트만Neil Postman은 큰 화제를 불러일으킨 자신의 책 『사라진 어린 시절』The Disappearance of Childhood에서 다음과 같은 점을 지적한 바가 있다.

> 어린 시절을 유지하는 일은 잘 통제된 정보와 계속적인 배움의 원리들에 의존한다. 그러나 통신 기술의 발달오늘날 이 기술은 텔레비전과 인터넷 및 실시간 대화 프로그램 등으로 계속 그 영역을 확장시키고 있다은 정보 통제의 과정을 가정과 학교로부터 빼앗아가기 시작했다. 그것은 아이들이 얻을 수 있는 정보의 종류, 정보의 질과 양, 정보의 순서, 정보를 경험하는 환경 등을 바꾸고 말았다.[2]

포스트만이 말하고자 하는 요점은 가치 체계들의 새로운 근원이 생겨났다는 점이요, 가정이나 학교 또는 교회가 이제는 더 이상 그러한 역할을 수행하지 못하고 있다는 점이다. 목사와 학교 교사, 어머니, 아버지 또는 조부모 등의 역할이 이제는 가치 체계들과 문화의 원천과 근원으로서의 자리를 빼앗기고 말았다는 얘기다.

새로운 음악

그러나 어떻게 보든지 간에 가장 영향력 있는 매체로서 음악만큼 젊은이들의 문화를 변화시키는 역할을 수행하는 것은 없다. 명성 있는 시카고 대학의 철학 교수인 블룸Allan Bloom은 이 점을 다음과 같이 인상적으로 진술한 바가 있다.

> 지금 우리가 사는 시대는 음악의 시대이다…10대와 20대 사이에 속한 대단히 많은 젊은이들이 음악을 위해 살고 있다. 그것은 그들의 열정에 해당하는 것이다. 다른 어떤 것도 음악만큼 그들을 흥분시키지 못한다. 그들은 다른 어떤 이질적인 것도 음악에 갖다 붙이지 못한다…록 음악은 학생들이 호흡하는 공기만큼이나 의심의 여지가 없는 것이요, 아무런 문제도 없는 것이다.[3]

그는 계속해서 다음과 같이 말한다.

> 그러나 록 음악은 단지 한 가지의 매력, 곧 성적인 욕구에 대한 매력만을 가지고 있을 뿐이다. 그것은 사랑도 에로스도 아니요, 절제되지 않고 다듬어지지도 않은 성적인 매력일 뿐이다…젊은이들은 록이 성관계를 암시하는 듯한 박자를 가지고 있음을 알고 있다.[4]

오늘날에는 부모도 학교도 교회도 아닌 음악이 젊은이들의 정신과 영혼을 사로잡은 채로 있다. 그것은 또한 그 결과로서 성에 관한 혁명적인 생각을 불러일으켰고, 대부분의 삶과 생활을 변화시켰다. 젊은 학생들이 조깅을 하건 공부를 하건 또는 빈둥거리건 간에, 현대 음악에 담긴 박자는 초기 난청의 수준에 해당하는 소리 크기로 그들의 뇌 안에 깊이 파고들어간다. 우리가 참으로 부정하기 어려운 것은 음악뿐만 아니라 유행가의 일부 가사들조차도 경건한 사회는 더 말할 것도 없고 문명화된 사회를 유지하는 데 필요한 경계선을 넘어서고 있다는 점이다.

뉴스 미디어

"미국신문편집인협회 편집원칙 보고서"에서 다섯 번째 항목은 다음과 같이 진술하고 있다.

> 그러나 건전한 편집 작업은 독자들을 위해서 새로운 보도들과 그에 관한 견해 사이를 분명하게 구별할 것을 요구한다. 특정 견해나 개인적인 해석을 담고 있는 기사들은 분명하게 구별될 필요가 있다.[5]

그러나 이러한 구별은 오늘날 대부분의 뉴스 기사에서 거의 전적으로 사라지고 없다. 일반적으로 뉴스 업무를 다루는 이들은 다른 부서에 속한 이들보다 더 세속적이고 더 개방적인 경향을 가지고 있다. 더 인도주의적이지는 않을지라도 말이다. 앤더슨Kerby Anderson은 이러한 편견이 드러나는 방식들을 다음과 같이 아주 정확하게 잘 정리한 바가 있다.[6] 그가 언급하는 "기사 편집의 온갖 수법들"은 다음의 것들을 포함한다.

1. **언어**. 낱말들과 분류표들은 강력한 도구가 될 수가 있다. 따라서 낙태시술자들은 "임신 중절 합법화를 지지하는 자들"pro-choice 이요, "가족계획을 도와주는 자들"이지만, 낙태를 반대하는 자

들은 "임신 중절 합법화에 반대하는 자들"pro-life이나 "태어나지 않은 생명들을 옹호하는 자들"이 아니라 "임신 중절을 반대하는 자들" 내지는 "공격적인 도덕주의자들"로 분류된다.

2. **수용과 거부.** 어느 한 사건에 할당된 보도의 양은 그것이 다른 사건들에 대하여 갖는 중요성을 증대시키기도 하고 감소시키기도 한다. 그 결과 임신 중절 합법화에 반대하는 집회는 환경운동가들이나 동성애자들의 시가행진에 대한 관심에 떠밀려 무시당하기 일쑤이다.

3. **위치.** 신문 기사를 작성하는 이들이나 방송 담당 기자들은 어떤 기사를 크게 다루거나 가장 먼저 다룸으로써 또는 그것을 신문이나 방송의 뒷전에 숨김으로써 일반 대중이 받을 느낌을 조절한다.

4. **대담.** 일반적으로 대담 내용은 단지 극히 일부만이 해당 기사에 나온다. 종종 전체 대담 내용 속에서 인용할 만한 미디어의 관점에서 볼 때 "괜찮은 내용"이 나올 때까지 동일한 질문이 수없이 되풀이되기도 한다.

5. **선택.** 대담자들은 종종 보도 기자들이 동의하는 이들로 구성된다. 기자들은 이 사람들을 정보원으로 활용하여 특정 기사를 신문이나 방송국 자신의 견해를 위한 근거로 바꾸어버린다.

6. **전문가 활용.** 아주 드물기는 해도 어떤 한 쟁점의 양면성이 부각될 경우에는 종종 많은 기사들이 "전문가"의 견해로 끝을 맺는바, 그 전문가의 개인적인 견해는 그 쟁점에 관한 "최선의" 생각이라는 최종적인 느낌을 갖게 해준다.

미디어에 관한 리히터Robert Richter 교수와 로트만Stanley Rothman 교수의 연구는 놀랍게도 미디어 종사자들의 50%가 종교를 가지고 소속되어 있는 반면, 그 중 86%가 종교 예식에 거의 참여하지 않거나 아예 참여하지 않는다는 사실을 보여 주었다.[7] 나중에 The Pew Research Center, The Freedom Forum, Roper Center 등 여러 조사기관들에 의하여 이루어진 여러 차례의 표본조사들과 여론조사들은 이러한 관찰을 한층 강화시켜 줄 뿐이었다.[8]

미디어에 나타나는 성과 폭력

우리가 조사해본 바에 의하면, 미국 사람들의 75%는 텔레비전이 시청자들에게 "성적으로 너무 노골적인 내용"을 보여 주고 있음을 느끼고 있다. 그러나 이러한 사실은 그러한 프로그램들을 후원하는 광고업자들에게 거의 아무런 영향도 주지 못한다. 그 예로서 여성들을 향한 화상畵像 폭력에 계속 노출되다 보면 그것을 보는 사람들은 여성 폭력에 점점 덜 민감해지게 되고 성폭행 희생자들을 향한 동정심을 점점 더 잃게 된다. 월 스트리트 저널Wall Street Journal 칼럼의 사회면 해설자인 크리스톨Irving Kristol은 다음과 같은 질문을 던진 바가 있다.

> 할리우드 영화들에 있는 소프트코어 포르노와 케이블 영화들에 있는 하드코어 포르노, 그리고 랩 뮤직에 있는 폭력적인 포르노 등이 사람들에게 아무런 영향도 미치지 않는다고 믿을 만한 사람이 과연 있을까? 우리는 그것들이 일반인들에게 광범위한 영향을 미치고 있다는 사실을 육안으로도 충분히 식별할 수 있다. 그리고 주변부 지역에서는 대단히 불법적인 성폭력의 효과들이 심각할 정도로 맹위를 떨치고 있다.[9]

폭력의 경우에도 상황은 전혀 다르지 않다. 텔레비전 뉴스의 사회자가 다루는 주요 내용은 두 건의 살인 사건과 세 건의 성폭력, 한 건의 강도 사건, 백 명의 목숨을 앗아가는 나이트클럽의 화재, 12세 소년이나 소녀의 유괴 등과 같은 것들로 이루어져 있다. 신문과 텔레비전 방송국의 소유자들은 이러한 뉴스에 30분이나 한 시간 정도 노출되는 것이 부모들의 귀가歸家 전에 5시 뉴스를 시청하는 젊은이들의 눈에 거의 영향을 미치지 않는다고 주장하려고 애쓴다. 그러면서도 다른 한편으로 그들은 30초간의 광고 방송이 사람들로 하여금 자기들이 생산한 물건들을 구입하도록 영향력을 행사한다고 주장한다. 그들은 어떠한 주장을 하고 싶어 하는 것일까? 텔레비전은 과연 사람들에게 주목할 만한 영향력을 행사하는 것일까 아니면 그렇지 않은 것일까?

여기에다가 영화와 텔레비전에서 보는 폭력을 추가해 보라. 이로부터 우리가 느끼는 경고의 메시지는 다소 믿기 어려울 정도이다. 성과 폭력이 그것을 보는 모든 세대의 사람들에게 미치는 영향에 관한 심리학적인 연구는 아무리 적게 말하더라도 그다지 고무적이지 않다.[10]

음란물

음란물pornography에 대한 정의를 내리자면, 그것은 성적인 지향성을 가진 내용을 글이나 동영상으로 표현함으로써 사람들에게 성적인 자극을 주려는 교묘한 의도를 가진 자료들을 가리킨다. 성경의 기준에 비추어볼 때 그것은 관능적인 욕구를 불러일으키려는 의도를 아주 강하게 가지고 있다. 그처럼 외설적인 자료들과의 대면은 그것을 보는 사람뿐만 아니라 궁극적으로는 그러한 것들을 만들어낸 사회 자체에게도 해로운 영향을 준다. 엄밀하게 말해서 사적인 차원에 속한 죄악이라는 것은 거의 없다. 그것은 그 나름의 열매를 맺어 그가 속한 사회의 나머지 구성원들에게까지 영향을 미친다.

논란을 불러일으켰던 1967년의 대통령 직속 음란물 위원회는 음란물을 보는 것이 청소년이나 성인에게 해로운 영향을 전혀 주지 않는다는 결론을 내린 바가 있다. 그리하여 그들은 음란물에 대한 모든 법적인 제약들을 걷어낼 것을 권고하였다. 그러나 1986년의 법무장관 직속 음란물 위원회에 속한 최고의 전문가 집단은 1967년 위원회의 거의 모든 결론을 뒤엎고 말았다. 더 나아가서 그들은 아주 자극적인 음란물과 미국이 직면하고 있는 많은 형태의 범죄들과 사회적인 해악들이 서로 연결되어 있음을 입증하는 상세한 보고서를 제출하기까지 하였다. 그 위원회는 또한 "아동 포르노"를 만들어내는 자들이 그런 식으로 돈을 벌지 못하게 됨으로써 미국 헌법의 첫 번째 수정 조항에 기록되어 있는 권리를 침해받았다는 점을 인정하지 않았다.

어린이를 등장시키는 형태의 일부 음란물에 대해서 세속 사회가 종종 선택적으로 침묵을 지키고 있는 반면에, 아주 흥미롭게도 인도적인 사회 덴마크에서는 교회의 오랜 침묵은 말할 것도 없고 웹과 같은 곳에서 수간獸姦을 묘사함에 있어서 동물을 사용하는 행동을 크게 비난한 바가 있다! 과연 동물의 권익을 위해 행동하는 자들의 그러한 행동이 여성들과 아이들을 학대하는 서구 문화권 사람들을 제정신이 들게 해줄까?

자신의 이름이 우리가 사용하는, 개인적인 즐거움을 위하여 타인에게 고통을 안겨주는 행동이라는 의미의 "가학성加虐性 변태 성욕" sadism라는 낱말에 들어가 있는 사드Marquis de Sade, 1740-1814는 모든 여성이 남성들의 욕구를 충족시켜줄 수 있는 적법한 대상이라고 보았다. 그는 섬뜩한 말로써 다음과 같이 선언한 바가 있다.

우리가 모든 여성을 향한 우리의 욕망을 마음껏 표현할 권리를 자연으로부터 받았다는 점에는 의심의 여지가 없다…우리가 여성들로 하여금 그들을 소유하고자 하는 남성의 욕구에 복종하도록 강제하는 법을 공포할 권리를 가지고 있다는 점도 부정하기 어렵다. 폭력 자체가 그러한 권리로 부터 생겨나는 결과들 중의 하나이기 때문에 우리는 그것을 합법적으로 사용할 수 있다. 정말로 그렇다! 여성들을 우리 자신의 뜻에 굴복시키는 데 필요한 힘을 우리에게 줌으로써, 자연은 우리가 그러한 권리를 가지고 있음을 입증하지 않았던가? 거듭 말하거니와 여성의 행복에 관한 문제는 우리의 논의와 전혀 무관한 것이다.[11]

러쉬두니Rousas J. Rushdoony는 1974년에 출판된 『음란물의 정치학』Politics of Pornography이라는 제목의 책에서 1950년대와 1960년대 사이에 연방 대법원이 내린 판결들에 의하여 허용된 음란물의 홍수가 최근 20년보다 두 세기나 앞선 시대의 사드가 묘사한 상황과 너무도 흡사하다고 주장하였다. 만일에 더 이상의 증거가 필요하다면, 우리는 범죄 조직이 우리 시대의 포르노 산업을 지배하고 있다는 점을 주목하지 않으면 안 된다.

완전히 새로운 사고방식

성욕과 폭력, 특히 아이들과 여성들을 향한 성적 학대 등으로 가득 찬 세상 속에서는 빌립보서 4:4-9에 있는 사도 바울의 가르침이 가장 적절할 것이다.

본문 빌립보서 4:4-9

주제 "완전히 새로운 사고방식"

요절 8절, "…이것들을 생각하라"

설교의 핵심어 좋은 것들

질문 나는 우리 시대의 오락 산업이 가지고 있는 왜곡된 표상들 대신에 어떤 좋은 것들로 나의 마음을 채워야 할까?

개요

I. 우리는 주 안에서 기뻐해야 한다4:4-7

    A. 네 가지 권고들

        1. 기뻐하라

        2. 절제와 관용의 미덕을 활용하라

        3. 염려하지 말라

        4. 너희 구할 것을 하나님께 아뢰라

    B. 적용

II. 우리의 마음과 행동을 좋은 것들로 가득 채워야 한다4:8-9

    A. 여섯 가지의 윤리적인 덕목들과 두 개의 가르침

        1. 무엇에든지 참되며

        2. 무엇에든지 경건하며

        3. 무엇에든지 옳으며

        4. 무엇에든지 정결하며

        5. 무엇에든지 사랑 받을 만하며

        6. 무엇에든지 칭찬 받을 만하며

          a. 탁월한 점들

          b. 기릴 만한 점들

B. 네 가지의 실천

    1. 너희가 배운 것

    2. 너희가 받은 것

    3. 너희가 들은 것

    4. 너희가 본 것

I. 우리는 주 안에서 기뻐해야 한다 빌 4:4-7

빌립보서의 요점은 "주 안에서 기뻐하라"라는 가르침에 있다1:18, 2:17, 18. 따라서 이와 동일한 명령이 반복되어 나타난다는 것은 전혀 놀라운 일이 아니다. 주 안에서 기뻐한다는 것은 어떤 틀에 박힌 영적 표현들에 의하여 초래된 영적인 고양 상태의 변덕스런 순간들을 요청하지 않으며, "내게 좋은 것이니 네게도 좋은 것이다"라는 경우를 가리키지도 않는다. 바울의 문화와 우리의 문화 사이에 다소간의 불일치가 있음에도 불구하고, 사람들은 모두 주 안에서 기뻐해야 한다.

바울의 두 번째 권고는 신자들이 모든 사람들에게 분명하게 드러나는 절제와 관용의 행동을 특징으로 가지고 있어야 함을 강조한다. 이것은 산들바람에 갈대처럼 흔들거릴 수도 있는 연약함과 유순함을 주장하려는 것이 아니다. 도리어 그것은 마음과 정신의 관대함, 곧 화를 내는 데에는 느리고 우리를 불쾌하게 만드는 타인들을 용서하는 데에는 빠른 태도를 포함한다. 사람들이 일반적으로 보복을 예상하는 바로 그 지점에서 바울은 친절함과 관대함의 태도를 강조하고 있는 셈이다.

천성이 열성적이고 진취적이며 순수하고 올곧은 사람들에게조차이 권고는 개인적으로 명랑하고 또 다른 사람들에게 대하여 개방적인 정신으로 주님의 기쁨을 표현해야 한다고 말한다. 그것은 우리가 뉴스 업무에 종사하는 이들을 다루는 방식에 영향을 미치며, 우리가 자신의 일을 하는 방식에서 결함을 발견하는 데에도 영향을 미친다. 설령 우리가 미디어의 많은 단점들을 인정하지 않는다 할지라도, 우리는 그 단점들과 그것들이 대변하는 것들을 절제와 관용의 미덕을 가지고서 대할 수 있다. 우리는 자신이 신자들로서 또는 신문이나 미디어가 천하게 여기는 지위들 중의 일부를 가진 이들로서 어떻게 대우받았는지에 대하여 같은 방식으로 응답할 것이 아니라 올바르고도 정당하게 응답해야 한다.

세 번째 권고는 오락의 세계나 우리 시대의 미디어 방송국 안에서 이루어지는 일들을 염려하거나 지나치게 걱정하기를 거부하라는 요청을 의미한다. 그렇다. 그것들은 깊은 관심을 기울이고 때로는 그에 상응하는 적절한 행동을 필요로 하는 문제들임에 틀림이 없다. 그러나 우리는 항상 삶 속에서 잘못된 일이 벌어진다거나 하나님의 사람들이 거의 또는 전혀 영향력을 미치지 못할 것처럼 초조해할 필요가 없다. 하나님에 대한 이처럼 편협한 시각은 즉각적이고도 확고하게 제거되지 않으면 안 된다. 우리는 포기해서도 안 되고 무관심한 태도를 취해서도 안 되며, 일상생활 속에서 이루어지는 일들에 관하여 불안감에 사로잡혀서도 안 된다시 37:1.

네 번째의 마지막 권고는 우리가 주께 간구하는 태도를 견지해야 함을 강조한다. 우리의 모든 염려를 주께 맡김으로써 생겨나는 하나님의 평화는 온갖 종류의 자가 치료법을 넘어서는 것이다. 그것은 자신의 마음과 정신에 파수꾼을 세우는 것이나 다름이 없다. 그처럼 파수꾼을 세우는 일은 오로지 우리 주 예수 그리스도 안에서만 가능하다.

이상에서 언급한 권고들을 적용하는 일은 너무도 당연한 것이라 할 수 있다. 왜냐하면 그 권고들을 하나씩 살피는 동안에 우리는 충분히 오랫동안 멈추어 서서 우리의 현대적인 삶을 옛 그림 안으로 집어넣었고, 그와 동일한 많은 행동들을 우리의 문화로부터 생겨나는 다양한 도전들에 적용하려고 노력했기 때문이다.

II. 우리의 마음과 행동을 좋은 것들로 가득 채워야 한다 빌 4:8-9

여섯 개 내지는 여덟 개의 덕목들로 이루어진 이 목록은 우리에게 몇 가지 생각할 것들을 제공한다. 그것들은 우리가 그 목록을 어떻게 읽느냐에 달려 있다. 바울은 부정不定형용사헬라어로 호사를 사용하여 여섯 개의 윤리적인 덕목들을 소개한다. 확실히 이 목록은 기독교적인 특징을 가진 덕목들의 목록이 아니다. 그것은 특정 시대나 특정 공간을 대표하는 것이 아니다. 왜냐하면 그러한 목록들은 고대 문헌들에서 자주 나타나는 것들이기 때문이다. 그 예로서 틸만Frank Thielman 교수는 스토아 철학자인 클레안테스Cleanthes, 주전 331-231가 "좋은 것"을 "질서정연한, 올바른, 거룩한, 경건한, 절제하는, 유용한, 명예로운, 마땅한, 엄격한, 솔직한, 항상 안전한, 친절한, 소중한…일관성 있는, 평판이 좋은, 허세부리지 않는, 배려하는, 온화한, 예리한, 잘 견디는, 흠 없는, 항구적인 것"으로 규정하였음을 지적한 바가 있다.[12] 이 목록은 나쁜 목록이 아니다. 특히 세속주의자에게서 비롯된 목록이 아니다. 이와 비슷한 목록들은 우리의 세속적인 문화와 세속적인 시대에서도 얼마든지 찾아볼 수 있을 것이다.

덕목virtue이라는 용어는 "강한"이라는 뜻을 가진 어근 비르vir에서 비롯된 낱말이다. 따라서 이 용어는 힘을 가진 사람에게 가장 어울리는 것, 곧 용기가 "덕목"과 겹치는 것임을 의미한다. 로마 사람들이 덕목을 군인다운 용기에서 찾았다면, 이탈리아 사람들은 그것을 옛 것들에 대한 지식에서 찾았으며, 영국 사람들은 그것을 정숙함에서 찾았고, 스코틀랜드 사람들은 그것을 검소함과 근면함에서 찾았다.

그러나 창조주이신 우리 주님은 우리의 마음과 정신이 우리 시대의 미디어가 제공하고자 하는 것들보다 훨씬 더 좋은 것들로 가득 채워지기를 원하신다. 바울이 소개한 목록은 우리의 정신을 잡동사니들로 채우거나 하나님의 형상으로 만들어진 우리를 쇠약하게 만드는 것들로 채우기보다는 맨 먼저 진리로 시작하는 바, 이것은 결코 우연한 일이 아니다. "참된" 모든 것들은 우리의 생각과 존재가 최상의 상태에 있기를 원한다. 우리는 하나님과 인간, 교회, 세상, 예술, 아름다움 등에 관하여 참된 모든 것들을 출발점으로 삼아야 한다. 많은 경우들에 있어서 쉽고도 신속하게 분별없는 오락에 빠져드는 것은 이러한 진리의 기준에 도달하지 못한다. 진리는 우리가 자신의 생각과 행동의 유형을 결정짓는 출발점이 되어야 한다.

이와 마찬가지 방식으로 우리는 "경건"하거나 "정직한" 것 또는 "공평한" 것에 초점을 맞추어야 한다. 이러한 것들의 맞은편에는 속 다르고 겉 다른 말, 중상모략, 탐욕, 부적절한 행동 등이 있다. 명예롭고 경건한 것들은 위엄을 가지고 있으며, 경솔하고 버릇없는 것들과 대조를 이룬다. 바로 그 때문에 사람들은 그것들을 올바른 생각과 반성의 대상으로 적극 추천한다.

그 다음에 소개되는 덕목은 모든 "옳은" 것을 일컫는다. 그것들은 불변하고 영속적인 올바름을 기본으로 가지고 있으며, 경건한 것들 다음으로 우리가 생각하고 고려해야 할 가치가 있는 것들로 여겨진다. 어떤 것들은 삶 속에서 참으로 불변의 것들로 계속 남아 있다는 점에서 올바른 것들이기도 하다.

"정결한" 것들은 우리가 생각해야 할 가장 좋은 것들의 목록에서 그 다음에 이어지는 것으로 나타난다. 여기서 그것들은 흠이 없거나 부패함이 없으면서도 그 본질에 있어서 깨끗하고 그 목적이 투명하며, 양심이나 인격에 어떠한 흠도 얼룩도 남기지 않는 것들을 의미한다. 그러나 미디어의 세계에 있는 너무도 많은 것들이 그 반대의 경향을 가지고 있다. 그것들은 우리에게 불결하다는 느낌을 주며 우리의 인격에 얼룩과 흠을 남긴다. 그것들은 가치 있는 것들이 아니며, 우리들 중의 어느 누구도 도덕적으로 향상시켜주지 못한다.

이어서 바울은 우리에게 세상 안에서 "사랑할 만한" 것들에 초점을 맞출 것을 요청한다. 이 세상 안에는 사랑의 감정을 자극할 뿐만 아니라 자신의 존재 안에서 존경심이 솟아나오게 하는 것들이 있다. 이 세상에는 진정으로 사랑스러운 것들이 있다. 아름다움은 너무도 귀한 것이어서 무시할 수 없으며, 그것에 대하여 속물적인 태도를 취할 수도 없다.

사랑스러운 것들이라는 주제 다음으로는 "칭찬 받을 만한" 것들 내지는 "평판이 좋은" 것들이 소개된다. 미디어의 세계 중에서 주시하고 즐길 만한 가치가 있는 것은 그것을 바라보는 자들로 하여금 "대단한데!" 또는 "아주 좋아!"라는 감탄사를 발하게 하는 것을 의미한다. 바울이 여기서 염두에 두고 있는 것은 어느 정도의 숙성 기간이 지난 다음에 마음과 영혼의 판단과 승인을 통하여 입증을 받은 것들이요, 박수갈채를 받아야 하는 것들이다.

따라서 만일에 앞의 여섯 가지 것들이 "탁월한" 점들이나 "기릴 만한" 점들을 조금이라고 드러내고 있다면, 그것들은 하나님의 영광에 이르도록 우리의 일상생활과 우리의 생각을 가득 채워야만 하는 것들이다. 바로 이 지점에서 도덕적인 탁월함은 우리의 일상생활 속에서 참으로 훌륭한 사람들에게 무엇이 최선의 것인지를 구체적으로 보여 준다. 그기에 만일에 누군가가 "기릴 만한" 요소들이 자신에게 부여되기를 원한다면, 앞의 목록에 언급된 여섯 가지의 덕목들을 진지하게 고려해야만 한다.

바울은 네 개의 동사들로 본 단락을 마무리한다. 빌립보 성도들과 지금의 우리가 사도에게서 배우고 받고 듣고 본 모든 것들을 우리는 실천하지 않으면 안 된다. 여기서 사용된 권고의 양식을 완전하게 표현하자면 그것은 "나(바울)를 본받으라"가 아니라 도리어 "내가 그리스도 예수를 본받는 것처럼 나를 본받으라"이다. 이 권고는 바울의 가르침과 우리가 그에게서 "배운" 것들로 시작한다. 그러나 그것은 또한 가르침의 결과, 곧 배운 지식을 자신의 것으로 받아들이는 것을 강조하기도 한다고전 15:1, 갈 1:12, 살전 2:13. 그것은 또한 바울의 인격에 관하여 교회 안에 널리 퍼져 있던 소문, 곧 사람들이 "듣기도" 하고 "보기도" 한 것들과 연결되기도 한다.

요컨대, 이제까지 말한 네 가지의 "것들"을 우리는 "실천" 해야만 한다. 바울은 우리가 자신의 가르침들과 모범을 우리 자신의 것으로 체화하길 원한다.

결론

오늘날의 오락 산업이 어떠한지 보여주는 다양한 형태의 미디어들은 인간의 창조 목적인 탁월함을 약화시키고 손상시키는 것들을 제공하고 있다. 반면에 우리가 이제까지 살핀 본문은 우리의 정신을 참되고 가치 있는 모든 것들로 가득 채워 준다. 그 까닭에 우리는 자신이 복음으로부터 배우는 한편, 자신의 것으로 받아들임과 아울러 계속해서 하나님의 메시지로 들었던 모든 것들에 대해서 숙고하지 않으면 안 된다. 왜냐하면 그것들은 일상생활 속에서 사람들을 세워주고 또 그들에게 진정한 기쁨을 주는 훌륭한 것들이기 때문이다.

이상의 모든 것들을 외설스러운 것들과 사람을 흥분시키는 성적인 장면들 또는 대규모로 이루어지는 폭력 등으로 바꾼다는 것은 곧 자신의 영혼을 축소시키는 한편, 참되고 경건하며 옳으며 정결하며 사랑 받을 만하며 칭찬 받을 만한 모든 것들을 쓰레기와 오물로 바꾸는 것이나 다름이 없다.

5

간음

- 잠언 5:15-23

맥퀼킨Robertson McQuilkin은 간음에 대한 반대 입장을 다음과 같이 매우 간결하고도 정확하게 잘 정리하여 가르친 바가 있다.

인간의 성에 관한 하나님의 기준들은 성경 안에서 사람들 사이의 관계에 대한 모든 규칙들 중에서 가장 중요한 것으로 다루어지고 있다. 구약성경에서 간음에 반대하는 가르침은 우상숭배에 반대하는 가르침 다음으로 강조된다…성적인 정절은 율법의 목적, 곧 인간의 복지를 대부분의 덕목들보다 더 분명하게 보여 준다. 인간의 성은 하나님이 인간에게 주신 가장 유쾌한 선물들 중의 하나이다. 그러나 인간의 역사에 관한 추한 기록과 개인적인 경험에 담긴 고통은 이러한 즐거움이 "조물주의 가르침들을 따르는" 자들을 위하여 예비된 것이라는 기본적인 현실을 강조한다.[1]

간음에 관한 정의

간음은 결혼한 사람과 그 또는 그녀의 결혼 상대자가 아닌 다른 누군 가와의 사이에 이루어지는 자발적인 성행위이거나 그러한 행동에 관 한 자발적인 생각들을 의미한다.[2] 간음 행동에 관해서는 새로울 것이 전혀 없다. 그 까닭은 간음이 오랜 세월에 걸쳐서 행해져 온 것이기 때 문이다. 그렇지만 그것이 오늘날에 와서는 한층 더 빠른 속도로 사람 들 사이에 퍼져가면서 행해지고 있다. 과거에는 간음 행위가 발견되 었을 경우 부끄러움을 느꼈고 일반 대중에게는 웃음거리가 되었지만, 오늘날에는 텔레비전과 장편 영화 및 많은 소설 작품들이 간음을 거 의 경축해야 할 행동으로 묘사하고 있다.

간음이 어느 정도로 널리 퍼져 있는지는 확정하기 어렵지만, 그와 관련된 통계 숫자들은 어느 하나도 우리에게 위로와 희망을 주지 못한 다. 성행위에 관한 제이너스 보고서The Janus Report on Sexual Behavior는 미 국에서 기혼 남성의 3분의 1과 기혼 여성의 4분의 1이 적어도 한 번쯤 은 혼외정사를 가진 적이 있다고 진술한 바가 있다.[3] 시카고 대학의 국 민여론 연구센터The National Opinion Research Center는 이보다 더 낮은 수치 를 제공하였지만기혼 남성의 25%와 기혼 여성의 17%, "남성들의 이처럼 낮은 비율 을 현재의 미국 사람들 전체에게 적용할 때조차도 그것은 1천9백만 명 의 남편들과 1천2백만 명의 아내들이 혼외정사를 가진 것이 된다."[4] 여기서 분명하게 드러나는 것은 간음이 점점 더 일상적인 것으로 바뀌 고 사회 안에서 너무도 당연한 것으로 받아들여지고 있다는 점이다.

지금 당장 미국이 간음자들을 차꼬에 채워서 공개적으로 모욕을 준다거나 나다니엘 호손Nathaniel Hawthorne의 소설 『주홍글씨』Scarlet Letter, 『범우사』 역간에서처럼 경솔하게도 그러한 죄에 빠진 자에게 수치를 안겨 주는 한 수단으로 커다란 알파벳 대문자 "A"가 적힌 옷을 입도록 강요할 정도로 후퇴할 것 같지는 않다. 그런데 한 가지 서글픈 소식은 간음 행동이 너무나 일상화된 나머지 미국 사회가 더 이상 간음에 관한 규제를 대규모로 실시하지 못할 것으로 보인다는 점이다.

간음에 관한 통계 자료들

혼외정사가 해마다 증가하고 있다는 여론 조사자들의 연구 결과는 거의 의심의 여지가 없다. 10년 전의 통계 자료는 간음이 지난 30년 동안 10년마다 5% 이상의 비율로 증가하고 있음을 보여 준 바가 있다. 가장 큰 증가율은 집 밖에서 전임 직장인으로 일하는 여성들에게서 발견된다. 그러나 여성들이 인터넷의 대화방에 들어가서 한 친구를 만나 처음에는 위로를 받다가 나중에는 서로 간에 시시덕거리다가 갑자기 성적인 질문들을 가지고서 토론을 하게 되고 종종 결혼 관계에 관하여 서로 깊은 이야기들을 나누게 될 경우에는 그러한 증가율이 변할 수도 있을 것이다. 온라인상에서 이루어지는 이러한 가상 불륜관계는 현실 세계 안에서 이루어지는 접촉과 마찬가지로 상당히 매력적인 것이 아닐 수 없다. 왜냐하면 그러한 불륜관계는 알코올처럼 중독성을 가지고 있기 때문이다. 가상공간에서의 불륜관계는 눈에 보이지 않는 상대방으로부터 멀리 떨어져 있다는 사실로 인하여 안전거리라는 보호막을 제공하는 것으로 보이면서도, 실제적인 불륜관계와 마찬가지로 상대방을 강하게 사로잡을 수도 있다.[5]

혼인관계에 충실하지 못한 간음 행위는 가정과 결혼을 크게 깨뜨리는 요인이기도 하다. 우리에게 있는 통계자료는 간음에 빠져드는 사람들의 65%가 결국에는 이혼에 이른다는 사실을 보여 준다. 그러한 간음의 상처를 경험한 부부의 35%만이 부부관계를 계속 유지하는 셈이다. 그러나 왜 그처럼 파괴적인 사건들의 결과로서 이혼이 이루어져야 하는지를 밝혀주는 뚜렷한 이유는 없다. 어떤 상담자는 자신의 고객들 중 98%가 상담을 통하여 부부관계를 계속 유지한다고 주장한 바가 있다.[6]

놀라운 사실은 미국 사람들 중 대략 80% 정도가 간음을 찬성하지 않는다는 점이다. 그럼에도 그들은 간음이 나쁜 행동으로서 결혼의 열매인 자녀들과 심지어는 결혼 자체에까지 부정적인 영향을 줄 수도 있다는 사실을 알고 있으면서도, 여전히 불길 속으로 뛰어드는 나방과도 같이 그러한 간음 행위에 빠져들게 된다.

만일에 간음이 그것을 시작한 사람을 제외한 어느 누구에게도 상처를 남기지 않는 지극히 사적인 일에 지나지 않는다면, 그것은 간음의 폐해에 대한 한층 완화된 평가에 이르게 될 것이다. 그러나 애석하게도 부모들 중의 어느 한쪽이나 양쪽에 의해 이루어지는 간음 행위는 그 자녀들이 어른이 될 때까지 그들에게 지속적인 영향을 미칠 수도 있음이 분명한 것으로 보인다. 만일에 이혼한 가정에 속한 자녀들 역시 이혼의 경향을 보인다면, 부모들 중 어느 한쪽의 간음 행위는 그들의 자녀들에게도 그와 비슷한 간음 행위를 유발할 수 있음이 분명해 보인다. 아버지와 어머니의 죄악은 다음 세대들에게도 영향을 미치게 마련인 것이다!

간음을 예방하여 가정을 지키는 방법

간음은 결코 치료제가 아니다. 일부 잡지들과 심리학 서적들이 그러한 암시를 주고 있기는 하지만 말이다. 불륜관계는 활기 없고 지루한 결혼생활을 되살려내지 못한다. 도리어 그로 인하여 결혼생활이 비밀스러워지게 되고 이미 진행 중인 간음 행위를 감추기 위하여 서로에게 계속해서 거짓말을 하게 된다. 피트만Frank Pittman이 지적한 바와 같이, "간음이 반드시 성관계에만 있는 것은 아니다. 도리어 그것은 은밀함에 있다. 간음은 같이 거짓말하는 자에게 피해를 주는 것이 아니라 거짓말을 해대는 상대방에게 피해를 준다."[7] 그가 지적한 마지막 내용은 맞는 것이다. 그러나 내가 보기에 간음은 성관계에도 있는 것이다.

결혼생활을 유지하기 위해서는 어느 정도의 노력이 필요하다. 간음을 예방하는 최선의 길은 부부관계가 깨지기 전에 예방 조치를 취하는 데 있다. 피트만은 지난 40년 동안 1만 쌍 이상의 부부를 상담하였는데 그 중에 7천 쌍 정도가 간음을 경험하였다고 주장한다. 그는 간음을 예방하는 데 도움을 줄 열아홉 가지 원칙들을 제안한다. 내가 제안하는 목록은 그의 영향을 어느 정도 받기는 했지만 그보다는 짧다. 그 목록은 다음과 같다.

1. 욥과 마찬가지로욥 31:1, "욕정을 가지고서 여자나 남자에게 주목하지 않도록 (당신의) 눈과 약속"하라. 성적인 공상들이 실재가 되기 전에 자신의 마음이나 생각과 눈의 차원에서 그것들을 잘 정리하지 않으면 안 된다.
2. 당신의 배우자가 아닌 이성異性 상대방 앞에서 결코 혼자 있지 않도록 하라. 그러한 사람과 같이 일하거나 상담을 할 때에는 항상 문을 열어놓도록 하라.
3. 집을 멀리 떠나 있을 때에는 날마다 정해진 시간에 집으로 전화함으로써, 혼자만의 삶이 되지 않도록 하라. 또는 당신의 외로움을 경감시키기 위해 처음에는 다른 사람과 허물없는 대화를 나누다가 나중에 은밀한 대화로 갑자기 발전할 수도 있는 상황에

자신을 내버려두지 말라.

4. 당신의 결혼이 날마다 모든 측면에서 당신을 행복하게 만들어 줄 것이라고 기대하지 말라. 당신의 배우자가 당신을 항상 행복하게 만들어주기를 요구하기보다는 그로 하여금 당신에게 위로의 근원이 되게 하라.

5. 기독교인의 결혼은 남편과 아내 사이의 언약일 뿐만 아니라 두 사람과 하나님 사이의 언약이기도 하다잠 2:17, 말 2:14. 그 자체로서 볼 때 결혼은 어느 한쪽이 그것을 깨뜨리기를 원하면 얼마든지 무효화시킬 수 있는 식의 사회 계약이 아니다. 결혼에는 여전히 하나님을 그 약속으로부터 어떻게 이끌어낼 것인지를 고려해야만 하는 요소가 있다. 물론 하나님은 그것을 지극히 싫어하신다!

6. 성경의 가르침으로 하여금 당신을 교훈하게 하라. 그리고 당신의 결혼생활에서 어떻게 행동해야 하는지에 대해서 조금 더 지혜롭게 판단하라. 하나님의 말씀을 함께 공부하고 함께 기도하는 그리스도인 부부는 더불어 지내는 기회를 더 많이 갖게 마련이다.

부부 간의 사랑을 타협의 대상으로 삼지 말라

이제 하나님의 말씀으로부터 바로 그러한 도움을 받기 위하여 잠언 5:15-23에서 발견되는 긍정적인 가르침으로 시선을 돌려보자. 비록 그것이 알레고리의 형태로 되어 있기는 하지만, 그 가르침의 의미는 참으로 대단한 것이다. 또한 우리는 종종 기독교 공동체가 혼인관계 안에 있는 성에 대하여 지나치게 얌전빼면서도 부정적인 태도를 가지고 있다고 보는 세속 공동체의 비난에 주목하지 않으면 안 된다. 세속 주의자들은 기독교인들이 너무 청교도적인데다가 인간 본성의 성적 인 측면에 관하여 어떻게 행동해야 하는지를 설명할 줄 모른다고 조롱하기를 즐겨한다. 그러나 그것만큼 진리와 동떨어진 것도 없다. 왜냐하면 성경은 바로 이러한 주제에 관하여 상당히 많은 자료들을 가지고 있기 때문이다.

하나님이 아담과 하와를 창조하셨을 때 성경이 맨 먼저 보여주는 것은 그들에게 성에 관하여 가르치는 것이었다. 이를테면 남자와 여자가 집을 "떠난" 후에 서로 "굳게 결합"해야 한다는 가르침이 그렇다. 여기서 놀라운 것은 맨 먼저 주어진 복음이 바로 이러한 가르침에 있지 않고 도리어 두 사람이 "한 몸"이 되었다는 가르침에 있었다는 사실이다. 이에 더하여 예수께서 자신의 분주한 삶 속에서 시간을 내어 가나의 혼인 잔치에 참석하셨다는 사실을 주목할 필요가 있다. 자신의 제자들이 예수께서 그들을 떠난 후에 알아야 할 필요가 있는 모든 것을 단지 3년 동안에 다 가르치셔야 했던 그 분주한 삶 속에서 말이다요 2장. 그리고 살아 있는 말씀이신 예수께서 가나의 결혼 제도를 용납하신 것과 마찬가지로 솔로몬의 노래인 아가서 역시 결혼생활의 황홀함이 가져다주는 즐거움에 대해서 가르침으로써 결혼 제도를 용납한 바가 있다. 사실 우리가 지금 살피려고 하는 잠언 5:15-23 본문은 동일한 저자인 솔로몬에 의하여 기록된 것이다. 그는 남자와 여자 사이의 그러한 관계를 다루는 노래를 지었는데, 그 노래의 제목은 "가장 좋은 노래"이다 히브리어는 최상급을 표현하기 위하여 '만왕의 왕'이나 '만주의 주'와 같은 표현처럼 속격 관계를 사용하는 바, 그 대표적인 예가 바로 아가서의 제목인 "노래들 중의 노래"[Song of Songs] 이다. 우리가 살펴보려고 하는 알레고리는 사실 솔로몬의 아가서 전체를 맛볼 수 있도록 돕는 훌륭한 전주곡에 해당하는 것이다.

본문 잠언 5:15-23

주제 "부부 간의 사랑을 타협의 대상으로 삼지 말라"

요절 18절, "네 샘으로 복되게 하라. 네가 젊어서 취한 아내를 즐거워하라"

설교의 핵심어 이유들

질문 우리가 왜 젊어서 취한 아내를 즐거워해야 하는지를 설명해 주는 이유들에는 어떠한 것들이 있는가?

개요

I. 배우자는 기쁨의 원천이다 5:15

    A. 결혼의 기쁨은 그것을 맛보는 데 있다

    B. 결혼의 아름다움은 신실하고도 배타적인 태도로 부부관계를 유지하는 데 있다

II. 배우자와의 관계는 우리 자신이 지키지 않으면 안 된다 5:16-17

    A. 우리의 친밀한 삶은 사적이면서도 배타적인 것이어야 한다

    B. 부부 간의 특별한 나눔의 행동은 서로를 위하는 것이어야 한다

III. 우리의 배우자는 우리의 즐거움이어야 한다 5:18-20

    A. 젊어서 취한 배우자를 특별하게 자랑하고 즐거워해야 한다

    B. 항상 배우자의 사랑에 넋을 잃을 정도가 되어야 한다

IV. 배우자와의 관계는 하나님의 눈에 다 드러나 있다 5:21-23

    A. 하나님은 우리의 모든 길들을 다 들여다보신다

    B. 악한 행동들은 단지 우리를 함정에 빠뜨릴 뿐이다

이 본문은 구약성경의 지혜 문학에서 가장 유쾌한 단락들 중 하나이다.[8] 음녀와의 교제를 비난하는 잠언 5:1-14의 경고와는 대조적으로 잠언 5:15-23에 있는 가르침은 부부 간의 진정한 사랑이 가져다주는

위로와 기쁨을 찬미한다. 잠언은 우리를 결혼생활 밖의 성적인 결합으로부터 초래된 "완전한 파멸"14절에 직면케 하는 대신에, 독자인 우리로 하여금 하나님이 의도하신 부부 간의 사랑이 가져다주는 순전한 기쁨에 대해서 깊이 생각하게 해준다.

잠언 5장은 지혜자료들의 특징을 이루는 가르침의 범주에 아주 잘 들어맞는다. 본장은 "내 아들아"라는 친숙한 부름말로 시작한다1절. 본문에 언급되는 학생은 "주의하며" 또 "귀를 기울이라"라는 경고를 받는다1절. 왜냐하면 그에게 주어지는 가르침이 "근신을 지킴"과 아울러 "지식을 지키기" 위한 목적을 가지고 있기 때문이다 2절. 이러한 경고가 주어지는 이유는 3-6절에 잘 설명되어 있다. 간음은 달콤하고 매끄러운 것으로 보일 수도 있지만, 종국에는 "쑥 같이 쓴 것"이요 4절, 모든 면에서 치명적인 것이다 5-6절.

7-8절은 이와 동일한 경고를 조금 더 확대된 형태로 제시한다. 7절의 "그런즉"이라는 도입부가 이를 잘 보여 준다. 그것을 다시금 간략하게 정리하면 이렇다. "네 길을 그에게서 멀리 하라. 그의 집 문에도 가까이 가지 말라"8절. 9-14절은 이보다 더 긴 동기를 제공하지만, 다시금 이를 간략하게 정리하면 이렇다. "두렵건대 네 존영이 남에게 잃어버리게 되며 네 수한이 잔인한 자에게 빼앗기게 될까 하노라"9절.

그러나 1-14절에 있는 경고는 단지 우리가 무엇을 해서는 안 되는지를 말해줄 뿐이다. 정작 필요한 것은 우리가 무엇을 해야 하는지에 관하여 긍정적인 측면에서 장려하는 내용이다. 잠언 5:15-23에 있는 알레고리가 우리에게 제공하는 것이 바로 그것이다. 애석하게도 일부 성경학자들은 본장의 정확한 통일성과 의도를 제대로 보는 데 실패하였다. 그들은 도리어 본장의 후반부를 전반부로부터 분리시키는 경향을 보였다.

I. 배우자는 기쁨의 원천이다 잠 5:15

지혜 교사인 솔로몬은 결혼관계 안에서 우리가 해서는 안 되는 일을 부정적으로 묘사하는 방식을 택하기보다는 성도덕의 주제에 관하여 긍정적으로 교훈하는 방식을 택한다. 그는 뜨거운 특성을 갖는 땅을 시적인 은유의 대상으로 삼는다. 그곳의 기후는 항상 사람들의 갈증을 더해줄 뿐이다. 땅의 은유는 배우자에게서 즐거움을 맛보는 은유를 그에게 제공한다. 그는 배우자가 주는 즐거움을 무덥고 뜨거운 날의 갈증을 가라앉혀 주고 원기를 회복시켜 주는 데 도움을 주는 시원한 물에 비교한다. 여기서 "우물"과 "샘"의 단수 형태들이 아내를 상징하는 것들임은 분명하다. 왜냐하면 여기서 말하는 즐거움은 관능적인 것이요 상쾌한 것이기 때문이다. 그는 우물이나 샘을 여체女體의 해부학적인 구조와 비교하려고 시도하지 않고, 단지 결혼 상황에서 부부가 서로 간에 느끼는 즐거움과 애정을 상징적으로 표현하고자 할 뿐이다. 이로써 그 은유는 자신의 배우자에게 충실할 것을 우리에게 요청한다. 모든 은밀한 불륜 행동이나 유혹은 매우 분명하게 드러나는 하나님의 계획을 깨뜨리는 것이다. 왜냐하면 하나님은 본래 우리가 한 명의 배우자만을 갖게 하려는 계획을 가지고 계셨기 때문이다. 달리 인정되지 않는 구약성경의 일부다처제 한복판에서조차도 말이다.[9] 이러한 은유의 기초는 이사야 36:16에서 발견된다. "너희가 각각 자기의 포도와 자기의 무화과를 먹을 것이며 각각 자기의 우물물을 마실 것이요." 이 주제는 너무도 미묘한 것이어서, 만일에 그것을 문자적으로 읽는다면 그러한 해석은 그것이 묘사하고자 하는 아름다운 관계를 짓밟고 깨뜨릴 수도 있을 것이다. 그러나 은유를 사용하게 되면, 거칠거나 투박한 것이 없는 본문의 깊은 의미를 깨달을 수 있을 것이다.

II. 배우자와의 관계는 우리 자신이 지키지 않으면 안 된다 잠 5:16-17

본문의 은유는 갑작스럽게 "우물"cistern과 "샘"well을 칭하는 단수 형태로부터 "샘물"springs과 "도랑물"streams of water을 칭하는 복수 형태로 바뀐다16절. 일부 학자들은 이곳의 주제가 바뀌었다고 생각하지만, 그 반대로 우물들과 샘들은 너무도 기다리던 시원한 물의 선물이 낭비되고 헛되이 버려지는 상황을 상징하고 있다. 그것은 곧 그 선물이 내버려지고 소중한 물이 길거리와 광장으로 흘러나가도록 방치되어 있음을 의미한다. 언뜻 보기에 그것은 물을 절약하고 물이 길거리로 흘러가지 못하도록 막는 것과도 같이 어느 정도 녹색 신학의 경향을 보이는 듯하지만, 그러한 느낌은 18절에 있는 실질적인 주제에 의하여 불시에 차단당하고 만다. 그러나 그 의도가 충분히 분명하게 드러나 보임에도 불구하고 본문의 은유가 어떠한 기능을 하는지에 관해서는 약간의 논의가 있었다. 한편으로 보면 그것은 이렇게 말할 수도 있다. 만일 남편이 자신의 집에 공급되는 물을 사용하지 않는다면, 그 우물은 금방 말라서 쓸모없는 것이 되고 만다. 달리 말해서 그의 아내가 남편의 무관심으로 인하여 불성실한 사람으로 바뀜으로써 쇠약함과 수치스러움이 뒤따를 수도 있다는 얘기다. 그러나 본문의 은유를 약간 다르게 해석할 수도 있다. "샘물"과 "도랑물"은 가정의 배경 밖에서 이루어지는 혼외정사의 즐거움을 가리킨다. 가정의 평온함이 깨지고 배우자가 다른 연인을 찾아 돌아다니게 됨으로써 소중한 물 샘물이 길거리와 광장으로 빠져나가는 상황이 벌어질 것이라는 얘기다.

이렇게 본다면, 17절은 16절의 명령을 되풀이한 것이나 다름없다. "그 물이 네게만 있게 하고 타인과 더불어 그것을 나누지 말라." 이렇듯이 15-16절과 18절이 언급하는 물의 근원들은 독점적인 것이어야 하며, 다른 사람들과 공유하거나 사방으로 흘러가는 물처럼 널리 퍼뜨려야 하는 것이 아니다.

Ⅲ. 우리의 배우자는 우리의 즐거움이어야 한다 잠 5:18-20

알레고리 전체의 의미가 분명하게 드러나는 것은 18절에서이다. 이 구절은 우리의 "샘"을 향하여 복을 선포한다. 그 샘에서 우리는 "[우리가] 젊어서 취한 아내를 즐거워해야" 한다. 이 본문의 핵심적인 주장이 바로 여기에 있다. 왜냐하면 이 진술은 우리가 다루는 격언 전체의 목적을 잘 표현해 주고 있기 때문이다.

젊은 사람의 아내는 관능적인 차원에서 "사랑스러운 암사슴"과 "아름다운 암노루"에 비교된다19절. 이처럼 민첩함과 우아함과 얌전함과 아름다움 등을 나타내는 상징들은 일정한 의도를 가지고 있다. 그것들은 자기 아내의 젖가슴에 대한 만족감과 관련되어 있다. 사실 "젖가슴"을 가리키는 히브리어 낱말다드에는 절묘한 말놀이wordplay가 감추어져 있다. 그 까닭은 이 낱말이 "사랑"을 뜻하는 히브리어 낱말도드과 비슷한 음을 가지고 있기 때문이다. 심지어는 "만족하다"를 뜻하는 히브리어 낱말라봐은 "실컷 마시다"라는 의미를 가지고 있기도 하다. 이는 15-16절과 18a절샘에 있는 다섯 개의 물 은유들을 암시하는 것일 수도 있다.

남편의 회망은 그가 "그녀의 사랑에 사로잡히는[또는 '원기를 회복하는']"19c절 데 있다. 이 문맥에 나오는 "사로잡히다"라는 낱말히브리어 사가은 "술에 취하다"라는 뜻으로 번역하는 것이 가장 좋다. 그렇다면 남편은 자기 아내에게 얼이 빠져서 마치 술에 취한 것과도 같은 열정으로 그녀를 사랑해야만 한다! 19-20절과 23절에 있는 이 동사의 세 가지 형태들은 모두가 같은 의미를 가지고 있다. 그 동사는 세 번에 걸쳐 반복됨으로써 부부 간의 사랑과 불륜 관계의 사랑을 크게 대립시

킴과 아울러19-20절, 상궤를 벗어난 사랑과 어리석음 사이에 있는 평행 관계를 강화시킨다23절. 따라서 남편은 자기 아내가 주는 즐거움과 평안함에 취하여 비틀거리는 쪽을 택할 수도 있고19절, 아니면 다른 여인의 가슴을 껴안고서 죽음 자체의 팔 안에서 비틀거리는 쪽을 택할 수도 있다23a절.

IV. 배우자와의 관계는 하나님의 눈에 다 드러나 있다 잠 5:21-23

우리가 왜 하나님이 주신 배우자, 곧 "젊어서 취한 아내"에게 충실해야 하는지에 관한 이유들에 더하여 두 가지의 주장을 추가할 필요가 있다. 첫째로 하나님은 모든 것을 보시는 분이다. 그 까닭에 하나님의 시선을 피해서 또는 모든 것을 보시는 그분의 눈21a절으로부터 벗어나서 몰래 만날 수 있는 안전한 장소는 없다. 하나님은 우리의 모든 길들을 감찰하시며, 그것들을 면밀하게 살피시고 판단하심으로써, 우리를 공정하고도 확실하게 심판하실 것이다21b절. 20절의 수사학적인 질문이 중요한 의미를 갖는 것은 바로 이 때문이다. "내 아들아 어찌하여 음녀를 연모하겠으며 어찌하여 이방 계집의 가슴을 안겠느냐?" 하나님은 인간의 성을 선물로 주시는 분이다. 따라서 그는 우리가 그것을 "조물주의 가르침"에 따라 사용할 것을 기대할 수 있는 권리를 가지고 있다.

우리가 자신의 배우자에게 충실해야 할 두 번째의 이유는, 혼외정사를 선택한 남편이 결국에는 자기 죄의 사슬에 얽히고 묶이는 신세가 될 것임을 알게 될 것이요, 그 결과 하나님과 공동체 앞에서 그 죄가 적발되고 드러나는 길 외에는 달리 그 함정으로부터 빠져나올 길이 없을 것이기 때문이다. 그처럼 남을 속인 채로 행동하는 경향은 어리석음의 극치에 해당하는 것이다23절.

부부 간의 사랑을 나타내는 다섯 가지 은유들이 물의 근원을 나타
내는 다섯 낱말들에서 발견되는 것은 바로 이 때문이다. 이 은유들은
본장의 전반부에서 발견되는 표상들, 곧 똑똑 떨어지는 꿀과 미끄러
운 기름이라는 표상들3절에 맞서는 것들이다. 참으로 이 표상들은 지
혜문학에서 종종 발견되는 것들이 아니지만, 부부 간의 정절이라는
주제가 복잡하면서도 생기 있는 것임을 잘 보여 준다. 다섯 가지 물의
표상들은 욕구들이 충족되는 모습을 잘 반영하고 있으며, 그것들이
결혼을 유지하고 강화시키기 위하여 제공하는 생명력도 아울러 잘 반
영하고 있다. 육체적인 갈증을 해결함으로써 생겨나는 기쁨과 생명력
을 안겨주는 물의 특징은 이 은유의 가치를 한층 더 높여주는 역할을
수행한다.

대부분의 해석자들은 잠언 5:15-23을 알레고리로 해석한다. 나는
테리Milton Terry의 뛰어난 저술인 『성경 해석학』Biblical Hermeneutics10을
읽었을 때, 이 성경 본문이 알레고리임을 첫눈에 알아보았다. 물론 알
레고리는 일종의 은유이다. 달리 말해서 그것은 하나의 이야기로 확
대되거나 순전히 은유적인 본문을 넘어서는 주제를 전달하는 직유나 비유
와는 달리 "…같이"나 "…처럼"이라는 낱말들을 사용하지 않는 암묵적인 비교법에 해당하는
것이다. 이 본문이 알레고리 장르에 속한다는 견해를 참으로 뒷받침
하는 것은, 은유적인 언어로 표현되던 것을 갑자기 문자적인 의미로
표현하고 있는 18절이 아니라 간음의 변덕스러움과 "음녀"의 유혹에
대하여 경고하는 앞 단락, 곧 1-14절이다.

이러한 단서들에 더하여 고대 근동 지역에서도 아내에 관하여 표
현할 때 자연에서 비롯된 은유들을 사용하는 경우가 드물지 않다는
것을 알 수 있다. 그 예로서 "프타-호텝Ptah-hotep의 가르침"이라는 이
집트 문헌의 저자는 아내를 일컬어 "그녀는 남편에게 대하여 생산성
이 높은 밭이다"라고 선언한다. 역시 이집트에서 발견된 아마르나

Amarna 토판의 경우에는 "나의 밭은 남편 없는 여인과도 같다"라는 표현을 사용한다. 한 이집트 소녀는 이집트의 사랑 노래에서 "나는 밭처럼 당신에게 속해 있다"라고 노래한다. 이에 더하여 솔로몬의 아가서에 있는 비유적인 표현들은 "포도원"이나 "동산"이라는 낱말들아 1:6, 2:15, 4:12-16, 6:2-3, 8:11-12과 더불어 "사랑스런 암사슴"이나 "아름다운 수사슴"이라는 호칭을 사용함으로써 결국에는 멋진 알레고리를 이루고 있다.

결론

토플러Alvin Toffler, 1928-는 자신의 유명한 책 『미래의 충격』범우사 역간[11]에서 미래의 결혼이 남편들과 아내들로 하여금 서로를 수용할 수 없을 정도로 "커졌을" 때 상대방을 버리게 할 것이라고 예견하였다. 오늘날의 쉽게 쓰고 버리는throwaway 사회에서 그가 지난 50년 동안 혼인제도 안에서 어떠한 일이 벌어질지를 정확하게 파악하고 있었다는 것은 놀라운 일이 아닐 수 없다. 주께 순종하려고 노력하는 기독교인들의 결혼을 지탱하시고 그 결혼에 힘을 더하여 주시는 우리 주님의 은총을 제외하고는 말이다. 라이히Charles A. Reich의 『녹색의 미국』[12] 역시 그에 못지않게 인상적인 내용을 담고 있다. 라이히는 이 책에서 오늘날의 젊은이들이 결혼에 수반되는 모든 복잡한 관계들을 좋아하지 않는다는 점을 지적한 바가 있다. 그들은 자유롭게 사랑하기를 좋아한다. 그러나 내가 보기에 그것은 진정한 자유를 가리키기보다는 도리어 자유로운 활용처럼 들린다.

이와는 달리 결혼 관계 안에 있는 성적인 친밀함은 견뎌내야 할 악이나 골칫거리가 아니라, 창조주요 구속주이신 하나님이 주신 선물이다. 뿐만 아니라 부부 관계가 없는 죽은 결혼은 성경적인 결혼이 아니다. 왜냐하면 그들은 결혼을 허락하신 하나님께 영광을 돌리지 못하기 때문이요, 마땅히 하나님의 가정이 어떠해야 하는지를 보여 주지 못하기 때문이다.

따라서 결혼으로 맺어진 부부는 결혼생활을 하는 중에 날마다 새로워지고 진정으로 성장하기 위하여 모질게 싸우지 않으면 안 된다. 만일에 어떤 결혼이 참으로 하나님으로부터 비롯된 것임을 제대로 반영하고 있다면, 그 결혼은 기쁨과 배타성, 세심함, 신비로움, 아름다움, 생명력, 하나님의 임재에 대한 의식 등을 드러내는 것이 되지 않으면 안 된다. 만일에 당신이 결혼한 사람이라면, 당신의 사랑이나 하나님이 당신에게 주고자 하셨던 기쁨과 평안의 선물을 타협의 대상으로 삼지 않도록 하라. 그리고 만일 아직 결혼하지 않았고 하나님이 당신에게 독신의 은사를 주지 않으셨다면, 이미 신앙생활을 하고 있는 사람과 당신의 삶 전체를 함께 나눌 수 있는 사람을 주의 깊게 잘 선택하도록 하라. 일부일처제를 믿으며 그러한 가족 전통을 가지고 있을 뿐만 아니라 하나님이 자신의 삶을 당신의 삶과 연결되도록 이끄실 것임을 강하게 확신하는 사람을 선택하도록 하라.

6

동거생활과 음행

- 데살로니가전서 4:1-8

미혼 남녀의 동거생활

현대 사회의 많은 사람들은 결혼 대신에 부부로서 같이 동거하는 방식을 선호하는 것으로 보인다. 어떤 경우에는 장차 결혼할 생각을 전혀 하지 않은 채로 동거생활을 즐기기도 할 것이다. 종종 "죄 안에서 산다"거나 "불법적인 관계 속에서 함께 산다"라고 불리던 것이 이제는 완곡하게 "함께 산다"거나 "짝으로 지내다" 또는 "동거하다"라는 의미로 쓰이고 있다. 그러나 사랑이 많으신 하나님은 하나님이 우리로 하여금 그처럼 살게 하지 않으셨을 뿐만 아니라, 우리가 낙담한 채로 살지 않도록 성을 선물로 주셨다는 것을 우리가 알기를 원하신다. 왜냐하면 "함께 사는 것"은 한눈에 봐도 마땅히 그리해야 하는 삶이 아니기 때문이다.

이러한 삶의 유형이 점차 증가하고 있다는 점에는 거의 의심의 여지가 없다. 1960년과 1970년 사이에 50만 쌍 정도의 사람들이 결혼의 이점을 포기한 채로 함께 사는 길을 선택하였다. 1990년에는 그 50만 쌍이 거의 3백만 쌍으로 증가하였고, 2000년에는 그것이 거의 5백만 쌍으로 늘어났다.[1] 이러한 통계 자료는 21세기로 들어선 후로도 동거자들의 수가 줄어들지 않고 있음을 보여 준다. 도리어 동거생활은 계속해서 그 수가 늘어나고 있다.

우리가 여기서 직면하고 있는 문제는 친족이 아닌 두 남녀가 교회나 주 정부로부터 아무런 승인이나 재가도 받지 않은 채로 성적으로 친밀한 관계를 맺으면서 같이 살기로 결정한 것이 대체 어디에서 이루어진 일인가 하는 데 있다. 그것은 흔히 결혼에 수반되는 책임 의식이나 의무감 없이 성적인 관계를 맺으면서 동거행활을 하는 젊은이들의 행동과 관련하여 마치 국가가 기존의 사회적 관행이나 윤리를 갑자기 바꾸기로 결정한 것 같은 느낌을 준다. 보통은 죄로 불리곤 하던 것이 이제는 당연한 것으로 받아들여지고 있다는 얘기다. 이러한 사회적 대변동은 우리 시대의 다른 많은 변화들과 마찬가지로 보통은 1960년을 전후한 시기에 시작된 사회 변혁으로 소급될 수 있다. 사회와 교회가 종종 정죄나 도덕적인 지도를 배제한 채로 다른 방법을 찾기로 결정함에 따라서, 다수의 남녀 커플들은 "경구 피임약"의 보급과 성적인 혁명, 불법적인 출생에 대한 사회적 낙인의 실종, 어머니들의 노동 인구 합류 가능성, 무과실 이혼 가정들의 희생자들로서 사회를 공격하는 많은 청년층 등의 요인들에 의하여 동거생활을 하는 데 용기를 얻기 시작했다.

세상 물정에 밝은 자들의 지혜는 너무도 자주 "그것을 사기 전에 맛보도록 하라"라고 가르친다. 이 유비는 자동차를 구입하기 전에 시운전을 해보는 것과도 같은 것이다. 자동차에 대해서는 그렇게 할 필요가 있다. 왜냐하면 그것은 하나님의 형상을 따라 만들어진 생명체가 아니기 때문이다. 그러나 인간은 자동차처럼 강철과 플라스틱으로 만들어진 존재가 아니다. 그리고 우리가 잘 아는 바와 같이 그런 식의 논리는 보통 시운전을 하는 사람에게만 타당함이 분명하다. 그의 상대방은 마치 그가 기계의 일부인 것처럼 다루어지는 경향이 있다. 달리 말해서 시운전의 대상이 되는 자동차처럼 말이다. 시운전을 하는 사람이 자동차를 거부한다고 해도, 그 자동차에게는 어떠한 심리적인 후유증도 남지 않는다. 그러나 인간에게 대해서는 같은 얘기를 할 수가 없다. 왜냐하면 그러한 경우에 인간은 훨씬 더 큰 거부의 상처를 받기 때문이다.

"동거생활"의 주된 위험들

이 문제의 해악은 일반적으로 동거생활을 시작한 남녀 커플들이 일단 결혼을 하게 되면 거의 50% 정도의 높은 이혼율을 보이게 된다는 것을 일련의 연구결과들이 끊임없이 확증하고 있다는 데 있다.[2] 어떤 이들은 도리어 그와 동일한 유형의 사람들이 어쨌든 더 인습에 매이지 않는 사람들이요, 자신이 속한 사회의 관습이나 도덕에 크게 구애받지 않는 사람들이기 때문에, 그러한 수치에 결함이 있다는 것을 강조함으로써 이러한 상관관계를 부정하고 싶어 한다. 설령 이러한 요인을 관련 연구에서 고려한다고 해도, 결혼 이전의 성관계를 통하여 결혼의 즐거움을 미리 경험하는 일의 심각성은 그러한 관계 속에서 더 높은 이혼율이 발생한다는 경고가 여전히 유효하다는 것을 보여준다.

물론 성경은 전혀 다른 견해를 취한다. 왜냐하면 하나님은 자신의 피조물들과 그 문화들로부터 거룩함을 요구하시기 때문이다. 따라서 남자가 여자와 성적으로 결합할 경우에, 그는 바로 그러한 행동을 통하여 그녀를 자신의 아내로 맞이하는 것이 된다. 모세는 만일에 결혼할 의사가 없다면 성관계도 있어서는 안 된다고 가르친 바가 있다. 만일에 둘 사이에 성관계가 이루어졌다면 두 사람은 이미 "한 몸"이 된 것이다창 2:24, 출 22:16. 이와 마찬가지로 예루살렘 공의회에서 이방인들은 무엇보다도 "음행"을 멀리하라는 경고를 받은 바가 있다행 15:20. 신약성경에서 음행을 가리키는 헬라어 낱말은 **포르네이아**porneia인데, 이 낱말은 포르노그래피pornography라는 영어 낱말의 뿌리에 해당하는 것이다. 이 헬라어 낱말은 모든 형태의 불법적인 성관계를 망라하는 표현이다. 바울은 회개 또는 그러한 습관을 바꾸고 중단하려는 생각도 없이 "음행"하는 자들은 하나님 나라를 유업으로 받지 못한다고 경고한 바가 있다고전 6:9. 왜냐하면 "인간의 몸은 음행을 위하여 만들어진 것이 아니기"6:13 때문이다. 따라서 우리는 "음행을 피하지"6:18 않으면 안 된다. 이와 동일한 가르침은 갈라디아서 5:10, 에베소서 5:3, 골로새서 3:5 등에서도 발견된다. 우리 주께서 결혼 이전에 성이라는 특권을 남용하는 행동에 대하여 이토록 엄한 경고의 메시지를 주시는 이유는 그것이 결혼을 위하여 하나님이 세우신 목적들을 크게 해치기 때문이다.

결혼을 매개하지 않은 채로 성을 경험하게 되면 하나됨, 상호관계, 배타적인 충성과 친밀함 등이 깨어지게 되고 능욕 당하게 된다창 2:18, 24, 엡 5:21-32. 트로비치Walter Trobisch는 이러한 원리를 자신의 책 『나는 한 여자를 사랑하였다』I Loved a Girl, 컨콜디아사 역간에서 다음과 같이 강조한 바가 있다.

목사인 나는 결혼관계에서 발생한 위기에 관하여 상담을 요청 받을 때, 거의 항상 그러한 위기의 뿌리가 결혼하기 전에 남편과 아내가 경험했던 삶에 있다는 것을 찾아낼 수 있다. 결혼 전에 자제력에 관하여 배운 바가 없는 청년은 결혼생활 중에도 자제력을 보이지 못하게 마련이다…어떤 의미에서 보면 당신은 장차 자신의 아내가 될 사람에게서 무엇인가를 빼앗고 있다. 설령 당신이 그녀를 아직 알지 못한다 할지라도 말이다. 그리고 당신은 장차 자신이 맛볼 행복을 송두리째 위험에 빠뜨리고 있다.[3]

결혼 이전의 성경험은 나중에 결혼생활을 하면서 불성실한 모습을 보일 확률을 크게 높이며, 이혼 위험을 증대시킨다.

물론 어떤 사회에서는 남녀 커플들이 사춘기 직후에 결혼을 한다는 것은 사실이다. 그러기에 그러한 상황에서는 자제력 문제가 그렇게 자주 발생하지 않는다. 그러나 서구 사회에서는 젊은이들이 사춘기 이후로도 대략 10년이나 그 이상의 기간 동안 결혼을 미루는 경향이 있다. 그런데 그 때는 그들이 신체적인 성욕을 최고조로 경험할 수 있는 때이다. 이러한 사실과 서구 문화가 혼전 성관계를 대단히 자유롭게 생각한다는 사실을 결합시켜 보면, 지금의 상황은 우리가 하나님의 백성으로서 성경의 가르침과 조언을 통하여 제공할 수 있는 최선의 것을 바라는 때요, 우리가 일종의 예방 조치와 회복을 위한 행동양식을 통하여 책임 집단으로서의 역할을 충실하게 감당할 것을 요청하는 때이다.

자유방임의 철학

신자들은 신문의 특별 기고가들 일부가 "어느 누구도 해를 입지 않는 한, 서로 동의하는 두 명의 성인들 사이에서는 어떠한 일이든 가능하다. 그 두 사람이 서로 간에 합의를 보았다는 점을 전제한다면 말이다!"라고 경박하게 조언하는 내용에 쉽게 동의하지 못한다. 그러한 조언은 남녀를 창조하신 조물주를 무시하는 것이나 다름이 없다. 우리 주님도 그러한 조언에는 동의하지 않으시기 때문이다. 그것은 또한 둘 사이의 자유로운 합의 관계로부터 "어떠한 피해도 발생하지 않을 것"임을 전제하기도 한다. 그러나 거기에는 감추어진 중요한 문제가 하나 있다. 일반적으로 여성들은 남자가 결국에는 자신과 결혼할 것이라는 희망을 가지고서 혼전 성관계를 기꺼이 받아들인다여성들 중의 80%가 그렇게 생각하고 있음이 밝혀졌다. 반면에 이 동일한 연구는 남자들 중에 단지 12%만이 결혼할 기대감을 가지고서 그러한 관계를 시작했다는 점을 보여 주었다.[4]

결혼은 인간의 생애 전체에 걸쳐서 친밀한 교제가 이루어지도록 안배하신 하나님의 계획이다창 2:18. 그러한 관계 안에서 인간은 출산과 자녀 양육의 과제를 부여받는다. 하나님의 선물은 또한 우리의 성적인 욕구들을 적절하게 사용할 수 있도록 예비하시는 그분의 손길을 포함하고 있다고전 7:2.

이와 마찬가지 방식으로, 만일에 어떤 사람이 창기와 결합하게 되면 그는 육체적으로 그녀와 하나가 된다. 우리의 몸은 "음란을 위하여 있지 않고 오직 주를 위하여 있으며…창녀와 합하는 자는 그와 한 몸인 줄을 알지 못하느냐?"고전 6:13, 16. 그러나 하나님은 남자와 여자의 하나 됨이 오로지 결혼을 통해서만 이루어지도록 계획하셨다창 2:24, 엡 5:31.

결혼에 이르게 하시는 하나님을 어떻게 기쁘게 할 것인지를 배우라

음행과 동거생활이라는 주제에 관하여 내가 알고 있는 가장 훌륭한 가르침과 설교 본문은 데살로니가전서 4:1-8이다. 이제 성에 미치고 때로는 하나님 앞에서 양심조차도 잃어버린 오늘의 세상 속에서 우리의 온전한 삶을 위해 하나님이 준비하신 전략에 관하여 가르치는 이 본문을 구체적으로 살펴보도록 하자.

본문 데살로니가전서 4:1-8

주제 "결혼에 이르게 하시는 하나님을 어떻게 기쁘게 할 것인지를 배우라"

요절 3절, "하나님의 뜻은 이것이니 너희의 거룩함이라. 곧 음란을 버리고"

설교의 핵심어 길들

질문 우리가 성적인 순결함의 영역에서 하나님을 기쁘시게 해야만 하는 길들에는 어떠한 것들이 있는가?

개요

서론 4:1-2

I. 모든 음란을 피해야 한다 4:3

II. 기독교적인 연애는 어떻게 하는 것인지를 알아야 한다 4:4-5

III. 그리스도 안에서 형제나 자매를 속여서는 안 된다 4:6-8

    A. 하나님은 부당하게 취급 받은 사람을 신원하여 주실 것이다.

    B. 하나님은 우리를 거룩하게 부르셨다.

    C. 그러한 행동은 성령을 저버리는 것이다.

사도 바울은 마케도니아의 데살로니가에 있는 교회로 보내는 이 편지의 바로 앞부분에서 주의 재림과 그 사건에 대한 우리의 준비를 감동적인 필체로 정리한 바가 있었다 살전 1-3장. 레키 William Lecky, 1838-1903는 로마 제국의 시대에 그리스와 마케도니아, 소아시아, 로마, 이집트 등지의 도시들에서 널리 행해지던 성적인 방종함을 다소 어두운 필체로 묘사한 바가 있다. 그는 다음과 같이 묘사하였다.

> [이 도시들은] 가장 심각한 타락의 중심지들이 되었다…[로마 황제들이 다스리던 때보다] 악행이 더 심하고 통제되지 못한 시기는 아마도 결코 없었을 것이다.[5]

그런데 놀랍게도 바울은 데살로니가전서 4:1-8에서 이 진리를 실제적으로 적용함에 있어서 필요한 첫 번째 단계 쪽으로 방향을 돌리고 있다. 왜냐하면 임박한 주의 재림에 비추어볼 때 그의 첫 번째 관심사는 용감한 데살로니가 소년들을 겨냥하여 성적인 순결함에 관해 말하는 데 있었기 때문이다. 물론 당시에 많은 사람들은 결혼한 남녀 커플들이 간음을 멀리해야 한다는 것을 당연하게 생각하였다. 그렇다면 아직 결혼하지 않은 어린 소년들의 경우에는 어떨까? 많은 사람들은 아직 애들인데 얘기할 게 뭐 있냐고 말한다! 그러나 하나님의 시각에서는 그렇지 않다. 아직 설명이 필요한 것들이 아주 많다. 그리하여 바울은 그리스도를 구주로 고백하는 자들을 향하여 바로 그러한 상황에 처해 있는 모든 신자들, 특히 아직 결혼하지 않은 신자들에게 주께서 원하시는 것이 무엇인지를 솔직하면서도 부드럽게 설명하고 있다.

바울은 이 단락을 "그러므로 형제들아"라는 말로 시작한다. 이 말은 종종 대부분의 강론들이 마무리될 때가 가까웠음을 의미한다. 그러나 이 경우에는 그렇지 않다. 사실 그는 지금 우리 주님의 재림과도 같은 놀라운 사건에 비추어 반드시 말할 필요가 있는 참으로 중요한 것들에 대해서 언급하려는 중에 있다.

그러나 바울이 지금 제기하는 문제는 이중적으로 중요한 의미를 갖는 것이다. 그리하여 그는 "너희에게 구하고 권면하노니"1d절라는 말로 간청한다. 이 이중적인 간청은 그가 지금 말하고자 하는 것이, 그리스도 예수 안에 있는 우리가 어떠한 존재인지에 비추어볼 때, 대단히 중요한 의미를 갖는 것이라는 점에 우리가 관심 갖기를 강하게 요청함과 아울러, 그 점을 우리에게 경고하고 있기까지 하다. 그리고 이러한 이중적인 간청이 "주 예수" 자신의 권위에 의지하여 이루어지고 있다는 점1d, 2절을 주목하는 것 역시 중요한 의미를 갖는다. 바울은, 우리들 중에 어느 누구도 그렇게 하지 않듯이, 자신을 최고 권위의 자리에 놓거나 자신을 그러한 권고의 근원으로 내세우지 않는다. 또한 그는 두려워하거나 주저하는 모습을 보이지도 않는다. 우리의 주님이야말로 우리의 대장이시다. 그는 또한 창조주로서의 사역을 통하여, 그리고 우리의 죄와 우리의 구속을 위하여 십자가 위에서 죽으심으로써, 우리가 어떻게 행동해야 하는지에 관하여 말씀하실 수 있는 권리를 갖게 되신 분이기도 하다. 우리는 참으로 그의 큰 은혜에 힘입어 그가 어떤 분인지를 알게 되고, 그가 우리를 위하여 무슨 일을 행하셨는지를 알게 된다.

우리는 바울이 여기서 말하고자 하는 것이 그리스도 안에 있는 "형제들"을 겨냥하고 있다는 점을 주목할 필요도 있다. 설령 그의 권고가 신앙 공동체 밖에 있는 사람들에게도 적합한 것이라 할지라도, 그것은 근본적으로 신앙 공동체와 관련된 문제이다. 왜냐하면 바울은 그들을 평등한 자들로 대우하고 있기 때문이다. 확실히 당시의 교회에 속한 성도들 중의 일부는 그들 자신의 신앙고백에 어울리지 않는 느슨하고 자유로운 생활양식을 즐겼다. 이와 동일한 상황은 오늘날 그리스도의 이름을 부르는 많은 사람들에게서도 발견되는 바, 그들의 생활양식은 그들이 우리 시대의 이교 문화가 가지고 있는 규범들에 대하여 전혀 다른 모습으로 충성하고 있음을 암시한다. 그러니 형제들과 자매들이여, 일어나 귀를 기울이라!

이제 바울의 진지한 간청의 요점이 무엇인지를 살펴보도록 하자. 그것은 곧 하나님을 기쁘시게 하기 위해서는 우리가 어떻게 살아야 하는가 하는 것이다1b절. 우리가 새롭게 사용하고 있는 "생활양식"이라는 낱말의 옛 은유는 사람들이 어떻게 살아야 하는지를 가리키는 히브리어 표현 "행하다"walk에서 찾아볼 수 있다. 기독교인들은 주께서 명하신 바를 따라 행하고 사는 것에 너무도 민감했기에 그들의 종교는 맨 처음에 "도"道, the Way로 불렸다행 9:2, 19:23. 그들은 "도"의 추종자들이었다. 그러기에 우리 역시 그 동일한 "도"를 따라서 살아야 한다.

그러나 바울이 말하고자 하는 요점은 우리 삶의 전체적인 목표가 주님을 기쁘시게 하는 데 있다는 점이다. 아울러 바울은 신자들이 여러 가지 방식으로 그렇게 행하고 있음을 신속하게 덧붙여 말한다. 사도 바울은 자신이 부분적으로 책망하는 청중을 격려하지도 않은 채로 무조건 요구하거나 비난하지만은 않는다. 그리하여 그는 "곧 너희가 행하는 바라"1c절라는 점을 분명하게 밝힌다. 우리 역시 책망이나 권고를 칭찬이나 격려와 결합시키지 않으면 안 된다. 신자들의 삶에는 참으로 좋지 않은 요소들도 있겠지만 좋게 볼 수 있고 또 마땅히 그렇게 해야만 하는 약간의 긍정적인 요소들도 있다.

그렇다면 바울은 이 부분에서 왜 그토록 변화에 큰 관심을 기울이고 있는가? 그는 그 이유를 신자들이 그들의 삶 속에서 더욱 많이 힘쓰기를 자신이 원하기 때문이라고 밝힌다. 만일에 우리가 당시의 교회 안에서 이루어졌고 우리 시대에도 똑같이 이루어질 수 있는 것들과 같은 관행들에 참여하고 있다면, 열매 맺는 진정한 기독교인들이 된다는 것은 불가능하지는 않지만 힘든 일이다. 그러한 죄악은 고백되어야만 한다. 그것은 사역에 장애가 된다. 그리고 우리가 보다시피 그러한 사람들의 모임은 그들 자신의 문화에 어떠한 중요한 영향력도 행사하지 못하며 그렇게 되는 것을 보지도 못한다. 우리가 혼전 성관계라고 부르는 일에 참여한 자들에게는 그것이 그들 자신의 원하는 바를 따라 행할 수도 있고 그렇지 않을 수도 있는 선택의 문제가 아니다. 주 예수께서는 그들에게서 훨씬 더 많은 것들을 요구하신다. 그들이 그리스도께서 지시하신 바를 따라 사는 것이야말로 그들의 행복을 위하여 꼭 필요한 것이요, 신자들의 연합으로 이루어진 신앙 공동체의 행복을 위하여 꼭 필요한 것이다.

I. 모든 음란을 피해야 한다 살전 4:3

앞서 살핀 바와 같이 **포르네이아**라는 헬라어 낱말은 모든 형태의 불법적인 성관계를 가리킨다. 이방인들의 이교 세계는 일반적으로 간음과 근친상간이 나쁘다는 점에 동의하겠지만, 그들 자신의 시각에서 본다면 결혼하지 않은 두 남녀 사이의 혼전 성관계가 왜 그토록 나쁜지 모르겠다고 불평할 수도 있을 것이다. 그러나 우리 주 예수를 위하여 말하는 바울은 결혼하지 않은 사람들 사이의 성행위에 관계하지 말 것을 그들에게 경고한다. "피하다"라는 낱말은 "삼가다"로 번역하는 것이 더 좋다. 그것은 매우 강한 의미를 가지고 있는 동사로서, 결혼할 때까지는 모든 성관계를 철저히 멀리하는 등의 확실한 중단 확실한 단절을 요구하는 강한 전치사 헬라어로 에크, "…로부터"에 의하여 그 의미가 한층 강화되고 있다.

그것은 단순한 충고로 제시되기보다는 처음부터 "하나님의 뜻"으로 묘사된다. 자기들의 삶을 위한 주님의 뜻이 무엇인지를 그들이 알지 못한다는 것은 너무도 서글픈 일이다. 바로 여기에 새롭게 출발할 수 있는 근거가 있다. 그것은 불합리한 요구가 아니다. 왜냐하면 불법적인 성관계를 절제하고 삼가는 것은 우리에게 맨 먼저 새로운 생명을 주신 동일하신 하나님의 권능을 구체적으로 보여 주는 또 다른 중거가 되기 때문이다.

II. 기독교적인 연애는 어떻게 하는 것인지를 알아야 한다 살전 4:4-5

4절은 우리가 다루는 전체 단락에서 가장 어려운 구절이지만, 전체 단락의 의미를 가장 분명하게 결정짓는 구절이기도 하다. 이 구절의 핵심구는 NIV에서 "각각 자기 몸을 절제할 줄 알고"로 번역되어 있는 반면에, RSV는 "자신을 위하여 아내를 구할 줄을 알고"라는 번역을 선호한다. 그런가 하면 NASB는 "자신의 그릇을 소유할 줄을 알고"로 번역하며, NJB는 "자신에게 속한 몸을 사용할 줄을 알고"로 번역하되, 각주에 "남자 자신의 몸 또는 자기 아내의 몸"이라는 번역을 소개한다. 그렇다면 어떤 번역이 옳은 것인가? 자기 몸을 절제하는 것으로 번역해야 하는가 아니면 자신을 위하여 아내를 구하는 것으로 번역해야 하는가? 초기의 헬라 주석가들은 이 구절이 자신의 "그릇"을 가리킨다고 봄으로써, 그것이 우리 자신의 몸을 어떻게 사용해야 하는지를 뜻한다고 해석하였다.[6] 그런가 하면 어떤 사람들은 결혼에 대한 매우 긍정적인 견해를 가르치는 이 구절에서 자신의 아내를 "그릇"으로 해석한다는 것이 적절치 않아 보인다고 말한다. 왜냐하면 그렇게 해석할 경우 그의 아내는 단순히 남편의 성적인 욕구를 충족시키기 위한 그릇으로만 다루어질 것이기 때문이다. 그러나 이러한 반대 견해 역시 따를 필요가 없다.

보다 나은 견해는 몹수에스티아의 테오도루스 Theodorus of Mopsuestia 와 어거스틴 Augustine, 아퀴나스 Aquinas, 츠빙글리 Zwingli, 알포드 Alford 등과 같은 초기 주석가들에게서 발견된다. 그들은 이곳에 사용된 명사와 동사가 구약성경의 헬라어 번역본인 70인역과 크세노폰 Xenophon의 번역본에서도 똑같이 사용되고 있으며, 그것이 "결혼하여"라는 뜻을 가지고 있다는 점을 올바로 지적하였다.

헬라어 낱말들의 위치나 순서에 주목해보는 것도 중요한 의미를 갖는다. "그 자신의 그릇"the his own vessel. 정관사 the와 "그릇" 사이에 "그 자신의" his own라는 낱말들이 있다는 것은 이 구절이 연애 중이거나 결혼 준비 중에 있는 젊은이에게 말하고 있다는 사실을 강조하는 효과를 갖는다.

헬라어 동사 크타오마이 얻다는 70인역에서 그에 상응하는 히브리어 낱말이 "아내를 얻다"라는 의미로 사용되는 동사이다. 따라서 우리는 이 구절을 "너희 모두가 제각기 거룩함과 존귀함으로 자신의 그릇[아내] 구하는 법을 알고"로 번역할 수 있을 것이다. 헬라어 스큐오스"그릇"의 의미에 관해서는 적지 않은 논란이 있었지만, 이 낱말은 단지 다른 한 군데인 베드로전서 3:7연약한 그릇에서만 누군가의 아내를 가리키는 것으로 사용되고 있을 뿐이다.

이어서 바울은 청중들에게 연애하면서 결혼을 준비하던 때와는 전혀 다른 방식으로 행동할 것을 촉구한다. 그것은 "거룩함과 존귀함"으로 행해져야 한다. 그는 데살로니가의 남자들이 미래의 아내에게 구애할 때 거룩함을 드러내기를 원했다. 그것은 "존귀함"으로 행해져야 한다. 달리 말해서 그들은 그 일을 위엄을 가지고서 행하면서 최고의 공손함을 보임으로써, 그들 스스로 어느 정도 모범적인 예절을 갖추어야 한다는 얘기다. 영적인 측면과 문화적인 측면은 한 개의 전치사 "안에서", 헬라어 엔, 한글번역에서는 "…으로"를 통하여 서로 연결됨으로써, 거룩한 것과 세속적인 것이 어떻게 하나님의 뜻 안에서 서로 간에 뗄 수 없을 정도로 긴밀하게 관련되는지를 보여 준다.

III. 그리스도 안에서 형제나 자매를 속여서는 안 된다 살전 4:6-8

바울은 "어느 누구도 자신의 형제를 괴롭히거나 이용하려고 해서는 안 되는" 것에 관심을 가지고 있다. "형제"라는 낱말은 남자나 여자 모두를 포함하는 동료 신자를 가리킨다. 바울이 논하는 "일"matter, 6절은 3절에서 언급한 것과 동일한 "음란"을 뜻한다. 만일에 누군가가 나중에 다른 기독교인과 결혼하게 될 사람과 성관계를 갖는다면, 나중의 그 새로운 상대자는 속임 당한 것이 될 것이요, 자신의 결혼 상대자가 결혼 전에 이미 다른 상대자와 "한 몸"으로 결합했다는 사실로 인하여 불이익을 당하게 될 것이다. 그러한 행동 역시 우리 주님의 은혜로운 손길에 의하여 용서를 받을 수 있겠지만, 그럼에도 불구하고 그것은 그 후유증으로 해결과 치유의 필요가 있는 상처를 남기게 될 것이다. 왜 그러한 행동이 심각한 문제인지를 설명하는 이유들에는 세 가지가 있다.

A. 하나님이 해로움 당한 사람을 신원하여 주실 것이기 때문이다.
두 사람이 결혼 전에 범한 죄는 그들 중의 한 사람이 다른 사람과 혼전 성관계를 갖고 난 후에 마침내 그와 결혼하게 될 세 번째 사람에게 피해를 준다. 그것은 하나님을 향한 범죄이기도 하다. 그것이 잘못된 행동인지를 몰랐다고 말할 수는 없는 노릇이다. 그들이 잠언 24:12에서 그렇게 하려고 노력하는 것처럼 말이다. 다시 말하지만, 하나님의 법을 몰랐다고 해서 그 법에 불순종한 행동이 용서되는 것은 아니다.
그럼에도 불구하고 하나님은 이 경우에 변호인으로 행동하실 것이다. 그는 "복수자"헬라어 에크디코스가 되실 바, 이 용어는 헬라어 파피루스 사본들에서 법적인 대표자, 곧 변호인이나 재판관을 가리키는 표준 용어로 사용된다.

B. 하나님이 우리를 거룩함으로 부르셨기 때문이다.

하나님의 부르심은 우리가 부정한 삶에 만족하기보다는 자신의 주변 문화로부터 구별되고 달라질 것을 요청한다. 하나님의 부르심은 우리의 삶에 대한 다른 어떤 주장들보다도 우선순위를 갖는 것이다. 주를 향한 거룩함은 우리가 숨 쉬는 공기가 되어야 한다. 우리는 자신이 인간으로서 갖는 모든 자연적인 본능들과 충동들을 우리가 가야 할 올바른 길을 보여 주시는 유일하신 분, 곧 살아 계신 하나님께 굴복시키지 않으면 안 된다.

C. 그러한 행동은 성령을 저버리는 행동이기 때문이다.

이러한 가르침을 거부하는 것은 가볍게 볼 문제가 아니다. 왜냐하면 그것은 하나님을 직접 거부하는 것이나 다름이 없기 때문이다. 만일에 혼전 성관계에 관여한 두 사람 중 어느 한쪽 또는 두 사람 모두가 신자들이요, 따라서 그들 안에 성령이 거하고 있다면, 그들의 성관계는 더 이상 서로 동의하는 두 성인들의 문제일 수가 없다. 그 까닭은 그것에 동의하지 않는 성령이 그 일에 연루되어 있기 때문이다. 그들의 성관계는 단순히 사람들을 분노케 할 뿐만 아니라 살아 계신 하나님을 분노케 하는 것이기도 하다. 그는 그 순간에도 우리에게 성령을 "계속해서 주고자" _{헬라어의 현재 분사 형태는 계속되는 행동을 나타낸다} 하시기 때문이다.

결론

1. 혼전 성관계가 너무도 심각한 문제이기에 바울은 본문의 가르침 서두에서 이중적인 간청을 하고 있다. 우리는 촉구하고 권면한다.

우리는 당신이 하나님의 은총과 사유하심에 의지하여 자신의 생활 방식을 바꿀 것을 주 예수의 이름으로 구하고 간청한다.

2. 바울은 자신의 청중 위에 군림하려는 태도를 버리고서 자신이 "형제들"이라고 부르는 자들에게 이 메시지를 전하고 있다.

3. 혼전 동거 상황을 멈추는 일은 자기 마음대로 선택할 수 있는 좋은 조언의 일부가 아니다. 그것은 우리의 주님이시요 머리이신 구세주의 명령이다.

4. 당신의 삶 속에서 성적인 부도덕함과도 같이 널리 알려진 죄를 계속함으로써 은총의 성장을 방해하는 일을 중단하라. 고백될 필요가 있는 것들을 고백하고 이어서 하나님의 도우심을 구하라. 음행을 피하기 위하여 제각기 자신의 아내를 얻도록 하라 고전 7:2. 만일에 하나님이 독신의 은사를 주신다면, 결혼뿐만 아니라 독신도 선물이요 소명임을 알라 고전 7:7. 그러나 이러한 선물들과 힘들을 당연한 것으로 받아들이지 말라. 두 사람 사이의 친밀한 관계는 하나님의 은혜에 의하여 이루어져야 하며, 결혼 후에야 비로소 상대방과 함께 나누는 것이 되어야 한다.

7

이혼

- 말라기 2:10-16

오늘날의 이혼율

종종 사람들은 결혼한 두 쌍 중의 한 쌍이 결국에는 이혼 법정에 서게 된다고 말한다. 이혼과 관련된 실제 숫자들이 너무도 놀라운 것이요 비극으로 가득 찬 것임에는 틀림이 없지만, 이혼율이 50%에 이른다는 주장은 사실이 아니다. 그러한 수치를 인용하는 사람들은 사실상 두 개의 상당히 믿을 만한 통계자료를 비교하고 있다. 매년 발표되는 결혼 허가증의 발급 숫자와 이혼 판결문의 발급 숫자가 그렇다. 그러나 전체적인 상황을 대표하는 것으로 이 두 수치를 비교하는 것은 사과와 오렌지를 비교하는 것이나 마찬가지이다. 왜냐하면 결혼하는 사람들의 전체 숫자는 각 해에 결혼한 사람들의 숫자보다 많은 것이 분명하기 때문이다.

해마다 대략 2백만 개 정도의 결혼 허가증이 발급되는 반면에 같은 해에 1백만 개 정도의 이혼 판결문이 전달되는 것은 사실이다.

그러나 이혼 판결문을 받아든 사람들 중에서 두 배나 많은 사람들이 같은 해에 다시금 결혼을 하는 것도 사실이다.

이혼율을 산정하는 또 다른 방법은 "당시의 전체 성인 인구 내지는 결혼한 적이 없는 전체 성인 인구 72%를 당시에 이혼한 사람들 9%과 비교함으로써 13%의 이혼율을 얻어내는" 식으로 이루어질 수도 있다.[1]

만일에 50%의 신화가 잘못된 것임이 판명된다면, 미국 내의 어디에선가 결혼한 사람들의 거의 절반 내지는 그 이상이 결국에는 이혼 법정에 서게 된다는 신화 역시 마찬가지이다. 미국에는 5천만 이상의 안정된 결혼 가정들이 있다. 참으로 감사한 일이다!

그럼에도 불구하고 이혼율은 1960년대 이후로 크게 증가해 왔다. 이처럼 증가하는 유행병에 대하여 놀라움을 표시하는 이들은 기독교인들만이 아니다. 자신의 삶 속에서 이러한 전환기에 직면한 부부들을 돕기 위하여 책을 쓰고자 하는 한 비기독교인 임상 심리학자의 고백을 예로 들어보자. 그녀는 다음과 같은 충격적인 내용과 더불어 자신의 책을 시작한다.

나는 다음과 같은 고백으로 이 책을 시작할 수밖에 없다. 이 책은 내가 쓰고자 했던 책이 아니다. 본래 나는 사람들이 어떤 결정을 내리고자 할 때 도움을 주는 이전의 직업적인 경험과 일치하는 무엇인가를 쓰려고 계획했었다…그 예로서 나는 불행한 결혼생활로 인하여 오랜 기간 동안 고통을 겪는 사람들을 돕기 위하여 이 책을 쓰고자 한 것이다…나는 이혼에 관한 금기들을 깨뜨리는 일이 계속해서 여성들의 시민권을 신장시키는 일과 지난 25년 간 진행해온 인간 잠재력 계발 운동의 또 다른 측면에 해당하는 것이라고 생각했다…그런데 당혹스럽게도 이 책을 쓰기 위하여 시도한 광범위한 연구는 나로 하여금 피할 수 없고 반박할 수도 없는 결론에 이르게 하였

다. 내가 잘못되었다는 점이 바로 그것이다.[2]

이혼이 특히 교회 안에서는 거의 들어보지 못한 일이었던 시절이 있기는 했다. 그러나 그러한 시절이 지나간 지는 오래이다. 그 까닭은 이혼 판결문의 수가 1962년의 40만으로부터 1981년의 120만으로 불어났기 때문이다세 배의 증가율을 보였다. 옛 세대들은 자신의 결혼 서약에 충실하였지만, 60년대와 70년대에 결혼한 사람들 중 거의 50%에 가까운 사람들이 이혼하였다.[3]

이러한 결혼으로부터 생겨난 자녀들은 매우 큰 타격을 받을 것으로 보인다. 현재로서는 대략 1백만 명 정도의 자녀들이 해마다 이혼의 영향을 받고 있다. 이와 관련하여 1960년대 이전 세대들 사이에서 발생하던 일들과 그 이후에 발생한 일들 사이에 또 다른 뚜렷한 대조가 있음을 알 수 있다. 왜냐하면 이전 시기에 이혼한 부모 사이의 자녀들은 그렇게 많지 않았지만, 오늘날에는 가정에서 부모 중 한 명 없이 자라나는 이혼 부모의 자녀들이 상당한 수에 이르고 있기 때문이다.

성경과 이혼

성경은 결혼이 지상에서 살아가는 모든 날 동안에 이루어지는 두 남녀의 항구적인 관계를 목적으로 하여 만들어진 것임을 처음부터 매우 분명하게 밝히고 있다. 이를 뒷받침하는 핵심 본문은 창세기 2:24-25이다. 아담과 하와는 남편과 아내로 결합하게 되었을 때 "한 몸"의 관계로 합쳐진 것이라 할 수 있다.

어떤 이들은 신명기 24:1-4를 잘못 해석하여 사람들의 마음이 완악한 까닭에 모세가 굴복하고서 마침내 이혼을 허용한 것이라고 말한다. 이러한 해석은 옳지 않다. 모세는 이혼을 허용한 적이 없다. 도리어 약식 절차를 밟아 이혼 당하는 아내들을 보호하기 위하여 이 본문에 기록되어 있는 지침들을 제시한 것이다. 고대 근동 지역에서는 남편이 제멋대로 재판관 역할을 수행하는 경우가 매우 흔했다. "당신과는 이혼이야! 당신과는 이혼이야! 당신과는 이혼이야!" 모세는 바로 이 점을 염두에 두고 있었다. 남편이 혼외정사를 가진 다음날 자신의 마음을 바꾸거나 자신이 내린 결정을 번복하지 않는 한 아내는 쫓겨날 수밖에 없었다. 당시의 여인들이 과연 자신의 진정한 지위가 어떠한지를 알 수 있는 기회를 가지고 있었을까? 자신이 결혼 상태를 계속 유지할 수 있을지 아니면 죽을 때까지 이혼녀로 살아갈 것인지를 말이다. 바로 이 때문에 이혼을 밥 먹듯이 하는 남편은 다른 여인들에게 핑계를 대고자 할 때 자신이 당시에는 결혼하지 않은 상태에 있었다고 주장할 수 있었을 것이다. 모세는 그러한 행동에 종지부를 찍었다. 그는 사실상 다음과 같이 말한 것이나 다름이 없었다. "여보시오, 이혼 판결을 문서로 남기되 그것에 충실하시오." 그는 이혼 증서 히브리어 케리투트, 문자적으로는 "잘라내는 증서"를 써야만 했다. "이혼"이라는 낱말이 구약성경과 신약성경에서 모두 발견되기는 하지만, 예수의 시대와 마찬가지로 구약 시대에도 당연히 결혼의 항구성에 대한 두 개의 상반된 견해들이 항상 있었다고 가정해서는 안 된다.

　　KJV와 RV English Revised Version 및 ASV American Standard Version 등이 상황을 더 복잡하게 만드는 방향으로 신명기 24:1-4를 번역했다는 것은 참으로 안타까운 일이 아닐 수 없다. 이 번역들에 의하면 이혼은 남편에게 이혼 증서를 쓰도록 요구하는 것만으로는 통제가 되지 않는 것이요, 도리어 이혼의 조건을 조건문으로 표현하고 있는 이 본문의 조건절에 묘사되어 있는 어떤 "부정함"이 발생했을 때 요구되는 것이었다. 그러나 대부분의 주석가들은 24:1의 "그렇다면 그는 이혼 증서를 쓸 것이요"라는 구절을 조건문의 결과를 표현하고 있는 1절의 귀결절 서두로 삼는 번역을 택하기 보다는, 1-3절이 조건절에 해당하고 "만일에 어떤 사람이…" 귀결절은 4절에 가서야 나온다 "그렇다면 그녀의 첫 번째 남편은…그녀를 다시 아내로 맞이해서는 안 된다"는 데 동의한다. 1절을 시작하는 조건절의 "만일에"는 KJV, RV, ASV 등의 명령형 없이 3절까지 계속 이어진다. 그리하여 우리는 캠벨R. Campbell과 더불어 다음과 같은 결론을 내릴 수 있다. "만일에 24:1-4를 적절하게 번역한다면, 그것은 이혼의 관행을 가르치는 것으로 이해될 수 없다. 구약성경의 어떠한 신탁이나 율법도 이혼 제도에 대해서 규정하지 않는다."[4] 이혼의 관행이 구약성경에 상당히 자주 언급되고 있는 것은 사실이다 레 21:7, 14, 22:13, 민 30:9, 신 22:19, 29, 사 50:1, 렘 3:1, 8, 겔 44:22. 그러나 이것은 이혼을 어떤 권리나 하나님이 허락하신 것으로 제정하는 것과는 많이 다르다. 구약성경이나 신약성경은 어디에서도 이혼을 명하지 않으며, 장려하지도 않는다. 따라서 모세의 이 율법이 사람들에게 이혼하도록 명한 것이 아니라는 사실을 주목하라.

예수께서는 이 동일한 본문인 신명기 24:1-4에 대하여 설명하시면서, 이른바 이러한 "양보"가 마음의 완악함 때문에 주어진 것이라고 말씀하신 바가 있다 마 19:3-9. 그러기에 모세의 이 율법이 사람들에게 이혼할 것을 명한 것이 아니라는 사실을 주목하라. 그 율법이 명한 것은 자기 아내와 이혼하고서 다른 여자와 결혼한 남편이 첫 번째 아내에게 돌아가서는 안 된다는 것이었다.

마태복음은 이혼에 관한 예수의 가장 완전하고도 분명한 말씀을 제공하고 있다. 마태복음 5:31-32는 예수께서 다음과 같이 말씀하셨다고 보고한다. "나는 너희에게 이르노니 누구든지 음행한헬라어 포르네이아스 이유 없이 아내를 버리면 이는 그로 간음하게 함이요 또 누구든지 버림받은 여자에게 장가드는 자도 간음함이니라헬라어 모이카타이." 다시금 예수께서는 마태복음 19:9에서 이렇게 말씀하신다. "내가 너희에게 말하노니 누구든지 음행한 이유 외에 아내를 버리고 다른 데 장가드는 자는 간음함이니라."

이렇듯 예수께서는 결혼이 생명을 위한 것이라고 가르치셨다. 그렇게 말씀하심으로써 그는 경쟁 관계에 있는 유대교의 두 해석 학파에 이의를 제기하셨다. 더 엄격한 샴마이 학파는 "음란한 어떤 것"^{히브}리어 에르봐트 다바르이 간음에 못 미치는 성적인 부정함을 뜻한다고 본다. 그리고 더 자유로운 힐렐 학파는 "음란한 어떤 것"이 남편을 불쾌하게 만드는 어떤 것을 의미한다고 본다. 예수께서는 이를 모세가 가르치고자 했던 것이 무엇인지에 대한 오해를 바로잡기 위한 기회로 활용하셨다. 모세는 남편으로 하여금 그가 아내와 이혼할 때에 어떠한 의도를 가지고 있는지를 문서로 선포하게 하려고 노력하였다. 예수께서는 유대교 해석의 어느 한 학파를 편드는 함정에 빠지지 않으셨다.

학자들은 마태복음 5장과 19장에 있는 예외 규정의 의미와 적용 가능성에 관하여 많은 논쟁을 벌였다. 그들은 왜 마가복음10:1-12과 누가복음16:18이 이 규정을 포함하지 않았는지를 의아스럽게 생각한다. 사실 예수께서는 세 개의 복음서에서 똑같은 사실, 곧 이혼은 있어서는 안 된다는 점을 말씀하셨다. 마태복음은 바리새인들이 그 문제를 더 이상 추궁하지 않으려 한 것이 아니라 도리어 그를 더욱 압박하기까지 하였다고 기록한다. 바리새인들은 모세와 예수 사이를, 아니면 적어도 유대교의 두 해석 학파 사이를 이간시키고자 했다. 그러나 예수께서는 그러한 의도에 휘말리지 않으셨다. 그 까닭에 그는 그러한 만남에 관한 마태복음의 보고에 기록되어 있는 예외 규정을 추가하셨던 것이다.

어떤 이들은 이어서 예수가 자신의 이혼 반대 원리에 모순된 모습을 보이고 있음을 비난한다. 그러나 우리가 알기에 성경은 한 개 또는 그 이상의 본문들에서 이혼에 관한 기준들을 제시하고, 또 다른 본문에서 그에 관한 예외를 규정하고 있다. 그 예로서 "살인하지 말라"는 계명이 그러한 기준에 해당하는 것이라면, 동물을 죽이는 일이나 한밤중의 가택 침입에 맞서 자신의 가족을 지키기 위해 살인하는 일 또는 전쟁 시에 살인하는 일 등은 예외에 해당하는 것이다.

바울이 말하는 특권

또 하나의 예외는 때때로 "바울이 말하는 특권"이라 불리는 것에서 제시되고 있다. 고린도전서 7:15에 의하면 사람들은 영원히 상대방을 버린다는 이유로 이혼을 할 수도 있겠지만 그것이 반드시 요구되는 것은 아니다. 버림받은 사람은 "구애받지"헬라어 데둘로타이 않는다. 그는 이혼을 당할 수도 있지만 재혼할 수도 있다.

어떤 해석자들은 결혼 관계가 깨뜨려져서는 안 되는 것이라고 주장하면서, 성경 안에 언급되어 있는 예외적인 경우들에는 이혼을 허용할 수는 있지만 재혼의 특권은 인정할 수 없다는 입장을 보인다. 이러한 주장은 문법상으로 본다면 이혼을 허용해야 하겠지만 마태복음 19:9의 예외 규정이 그 다음에 나오는 구절"음행한 이유 외에…다른 데 장가드는 자는…"과 어울리지 않는다고 본다. 만일에 이 예외 규정이 그 다음 구절과 어울리지 않는다면, 누구든 간에 계속해서 음행을 즐기는 배우자와 이혼할 수 있겠지만, 재혼은 결코 불가능할 것이다. 그러나 이러한 해석은 소수의 문법학자들만이 지지할 뿐이다. 반면에 대부분의 학자들은 위의 예외 규정이 이혼과 재혼 모두와 잘 어울린다고 본다. 공교롭게도 유대교의 두 해석 학파, 곧 힐렐 학파와 샴마이 학파는 공히 재혼의 권리를 인정하였고, 예수께서는 그러한 견해를 논박하거나 교정하지 않으셨다.

마지막으로 한 가지 남은 문제가 있다. 어떤 이들은 마태복음 19장 8절과 9절에 있는 예수의 "이혼" 용어헬라어 아폴루오 사용이 "이혼"의 의미를 가지고 있지 않다고 주장한다. 그러나 **아폴루오**는 헬라어로 된 팔레스타인의 한 재혼 문서에서 정확하게 "이혼"을 의미하는 낱말임이 밝혀졌다.[5]

말라기 2:10-16

이혼에 관한 가장 중요하면서도 어려운 본문들 중의 하나가 바로 말라기 2:10-16이다. 이 본문에서 우리는 이혼에 관한 우리 주님의 태도에 관한 가장 간결한 진술들 중의 하나를 만나게 된다. 이 단락의 의미는 그것이 개개인의 가정생활에 관한 주제를 국가의 삶과 관련된 시각에서, 그리고 하나님 앞에서 체결된 언약의 측면에서 다루고 있다는 사실에서 찾아볼 수 있을 것이다. 이 본문은 자신이 해결하고자 했던 윤리적인 문제들, 곧 국가 단위의 가족의 영적인 통일성에 대한 불성실함2:10, 믿음의 가정에 대한 불성실함2:11-12, 하나님 앞에서 제각기 언약에 기초하여 성실함을 서약했던 결혼 상대자에 대한 불성실함2:13-16 등의 문제들에 정면으로 대처하고 있다. 이러한 불성실함의 증거들을 우리는 (1) 그들의 영적인 매음 행위, (2) 불신자들을 상대로 하는 그들의 혼합 결혼, (3) 그들의 간음, (4) 그들의 이혼 등에서 찾아볼 수 있다.

이 본문을 어렵게 만드는 것은 우리가 지금 가지고 있는 히브리어 본문의 상태에 있다. 거의 모든 주석가들은 말라기 2:10-16에서 발견되는 어려움들을 안타깝게 생각한다. 그 예로서 볼드윈Joyce G. Baldwin은 다음과 같이 불평한 바가 있다.

여기서 본문은 이해하기 힘든 상태에 접어든다. 아마도 본문의 가르침에 이의를 제기하던 서기관들의 손길에 의하여 손상을 입었을 것이다…현재의 히브리어 본문을 이해한다는 것은 불가능하다. 그러기에 초기의 판본들을 비롯한 모든 번역은 어찌할 수 없이 해석의 요소를 포함하고 있을 수밖에 없다.[6]

이와 마찬가지로 덴탄R. C. Dentan은 크게 실망한 나머지 이렇게 선언한 바가 있다. "히브리어 본문에서 이 구절[15절]은 구약성경에서 가장 난해한 구절들 중의 하나이다. 거의 모든 단어들이 문제를 제기한다."[7] 이제 그것들이 본문 안에서 일으키는 문제들을 검토해 보기로 하자.

말라기 2:10-16의 구조와 논지

말라기의 대부분은 예언적인 논쟁의 형태로 되어 있다. 바로 앞까지는 제사장들이 하나님을 향하여 논쟁을 벌이는 자들로 나타난다. 그러나 이제는 그 범위가 넓어지면서 모든 백성이 그 논쟁에 가담한다. 지도자들의 영적인 성취도가 낮다는 사실을 전제한다면, 일반 백성의 영적인 수준이 그보다 더 높을 것이라고 기대할 수는 없을 것이다.

이 단락은 이중 약속에 해당하는 이중 질문과 더불어 시작한다 이는 말라기 1:6에 있는 이중적인 주장의 격언적인 성격과 같은 역할을 수행한다. (1) 온 이스라엘은 한 아버지하나님를 가지고 있다. (2) 하나님이 이스라엘 민족을 창조하셨기에 그들 모두는 행복한 한 가족이 되어야 마땅하다. 그러나 서글픈 진실은 (3) 그들 모두가 하나님이 그들의 조상들과 더불어 맺으신 언약을 욕되게 하고 있다는 사실이다 10절.

이스라엘 백성이 이러한 비난을 논박할 새도 없이 또 다른 비난이 11-12절에 연이어 나타난다. 이스라엘은 이방 신들을 섬기는 여인들과 결혼하는 일에 공공연하게 빠져들어 있었다. 이러한 행동은 출애굽기 34:12-16, 민수기 25:1-3, 신명기 7:3-4, 열왕기상 11:1-33 등에 나타난 것과 마찬가지로 종교적으로 혼합 결혼에 대한 하나님의 경고들을 피하지 못한다.

그러나 또 다른 비난이 추가로 이어진다. "너희가 이런 일도 행하나니"13a절. "너희가 눈물과 울음과 탄식으로 여호와의 제단을 가리게 하는도다. 그러므로 여호와께서 다시는 너희의 봉헌물을 돌아보지도 아니하시며 그것을 너희 손에서 기꺼이 받지도 아니하시거늘"13b절.

이스라엘 백성이 "어찌 됨이니이까?"14절라고 묻자 하나님은 "너와 네가 어려서 맞이한 아내 사이에" 맺어진 언약에 대해서 언급하신다. 그 언약에 대하여 그는 제3의 증인으로 행동하시기도 하신다! 그는 또한 결혼한 남녀에게 자기가 그들을 "하나"로 만드셨다는 사실을 상기시키시는 바, 이것이 결혼의 맥락 안에서 창세기 2:24의 "한 몸"을 가리키고 있음에는 의심의 여지가 없다. 이제 가르치거나 설교하는 사역을 위하여 말라기 2:10-16 본문을 좀 더 자세하게 살펴보도록 하자.

거짓을 행하지 말라

> **본문** 말라기 2:10-16[8]
>
> **주제** "거짓을 행하지 말라"
>
> **요절** 16a, c절, "나는 이혼하는 것…을 미워하노라. 만군의 여호와의 말

이니라. 그러므로 너희 심령을 삼가 지켜 거짓을 행하지 말지니라"

설교의 핵심어 상황들

질문 우리 역시 거짓을 행할 수도 있는 상황들에는 어떠한 것들이 있는가?

개요

I. 우리가 서로에게 거짓을 행할 때 2:10

II. 우리가 불신자들과 결혼함으로써 거짓을 행할 때 2:11-12

II. 우리가 결혼 상대자에게 거짓을 행할 때 2:13-16

I. 우리가 서로에게 거짓을 행할 때 말 2:10

"거짓을 행하다" 영어 원서에는 "break faith with"으로 되어 있다. 역주라는 표현이 10, 11, 14, 15, 16절 등에서 다섯 번에 걸쳐서 나온다는 사실을 주목하라. 그것은 히브리어 **바가드** 동사로서, "불성실하다", "속임수를 쓰다", "믿을 수 없는", "배신하다" 등의 뜻을 가지고 있다. 이 다섯 가지 용례들의 특별한 의미는 한결같이 결혼생활의 부도덕함을 가리킨다. 이 관용구는 그와 관련된 명사 **베게드** "의복"을 뜻함를 반영하는 것일 수도 있다. 만일 그렇다면, 이것은 우리가 오늘날 "은폐 공작" 문자적으로는 수치스러운 곳을 옷으로 덮는 행동이라 부르는 전문 직업과 비슷한 것일 수도 있을까?

"하나"라는 낱말 역시 10절과 15절에서 제각기 두 번씩 네 번이나 사용되고 있다. 10절에 있는 "하나"의 의미는 이사야 51:2에 있는 것과도 같은 "너희의 조상 아브라함"을 가리키지 않으며, 히에로니무스나 칼빈이 생각하는 것처럼 열두 지파로 구성된 이스라엘 민족의 조상 야곱을 가리키지도 않는다. 도리어 10절의 "하나"는 이스라엘을 창조하신 "한 분"이신 하나님을 가리킨다 사 43:1. 따라서 그것은 동일한 창조주를 섬기는 사람들이 한 가족임을 의미한다. 그러나 그들은 방향을 돌이켜서 하나님을 향한 믿음을 저버리고 그들 자신의 가족 구성원들에게 대한 믿음을 저버림으로써 서로 간에 거짓을 행한다.

그러기에 하나님의 백성 전체를 향한 완전히 새로운 충성과 사랑을 요구할 필요가 있다. 그러나 이스라엘은 자기들을 향한 하나님의 요구를 깨닫지 못했으며 도리어 하나님이 그들의 조상들과 함께 맺으신 언약을 욕되게 하였다 10c절. 이 민족은 나무를 향해 "너는 나의 아버지이다" 렘 2:27라고 말할 정도로 매우 어리석게 될 것이다. 우상숭배가 유일하신 하나님이신 그들의 주님을 향한 사랑을 대신하게 되면서 모든 형제 우애가 무시될 것이요, 서로 간의 신뢰 관계가 깨뜨려질 것이다.

구약성경이나 신약성경에서 몸 전체에 상처를 입히는 것은 결코 사소한 범죄 행위가 아니다. 고린도전서 3:16-17 본문NRSV은 이렇게 묻는다. "너희 (모두)는 너희 (모두)가 하나님의 성전인 것과 하나님의 성령이 너희 (모두) 안에 계시는 것을 알지 못하느냐? 누구든지 하나님의 성전을 더럽히면 하나님이 그 사람을 멸하시리라. 하나님의 성전은 거룩하니 너희 (모두)도 그러하니라." 이 말씀은 하나님의 백성 전체를 혼란케 하고 뒤엎는 행동에 대한 엄한 경고의 메시지를 담고 있다. 그것은 우리의 삶에도 비슷한 하나님의 심판을 이끌어 들인다. 우리가 자신의 죄로 하나님의 백성 모두를 멸망의 길로 인도함으로써 하나님의 백성에게 그러한 종류의 파멸을 초래했을 때가 그렇다.

하나님은 이스라엘의 조상들과 언약을 맺으심으로써 그들을 다른 민족들로부터 구별하셨지만, 지금 이스라엘은 이교도 여성들과 결혼하는가 하면 이스라엘 혈통의 여성들과 이혼함으로써 그 언약을 욕되게 하였고 악하게 행동하였다.

II. 우리가 불신자들과 결혼함으로써 거짓을 행할 때 말 2:11-12

10절의 일반적인 비난이 이제는 종교적인 혼합 결혼에 대한 고발로 구체화된다. 그것은 비교문화적인 차원에서 이루어지는 결혼이나 인종 간의 혼합과 관련된 결혼의 문제가 아니었다. 도리어 그것은 불신자들과 멍에를 같이 해서는 안 된다는 사실을 잊어버린 결혼의 문제였다. "이방 신의 딸"11절이라는 표현은 야웨 아닌 다른 신을 의지하는 자를 가리킨다. 에스라 9:2-6, 10:18-19, 느헤미야 10:30, 13:23-27 등은 이스라엘 남자들이 경솔하게도 이방 신에게 충성하는 여인들과 결혼하였음을 구체적으로 보여 주는 바, 그것은 성경이 엄격하게 금지하는 행동이었다 출 34:11-16, 신 7:3, 왕상 11:1-2.

이스라엘은 주께 대하여 거룩한 자들이 되도록 부름 받았지만, 이제는 경솔하게도 주님을 향한 모든 배타적인 헌신을 포기한 채로 혼합주의적인 사고방식과 견해에 빠져들었다. 이스라엘이 이처럼 하나님의 언약을 깨뜨린 까닭에 하나님이 친히 그들의 가족들을 "송두리째"root and branch 파괴하실 것이다. 이 마지막 관용구는 번역하는 것이 거의 불가능하다. 그러나 그 일반적인 의미는 매우 분명하다. 이스라엘에서 범죄자의 가족을 "끊어버리는" 일에 그 가족들이 연루될 것이라는 의미가 그렇다.

이 본문이 레위 사람들을 가리키고 있음은 당연한 일이다. 왜냐하면 12절의 마지막 구절이 레위 사람들을 함축하고 있기 때문이다. 레위 자손은 희생 제물을 주께 드리는 역할을 수행하는 자들인 것이다 말 1:7, 3:3.

Ⅲ. 우리가 결혼 상대자에게 거짓을 행할 때 말 2:13-16

이스라엘 백성은 서로에게 거짓을 행하고 불신자들과 결혼하는 죄를 범했을 뿐만 아니라, 현재 같이 살고 있는 이스라엘 여인들과 이혼하는 죄를 범하기도 하였다. 이러한 범죄자들이 자기들이 범한 죄의 심각성을 인식하기 오래 전에 그들은 무엇인가 잘못되었다는 것을 깨닫게 되었다. 주께서는 자신에게 바쳐지는 그들의 희생 예물과 기도를 인정하거나 받아들이기를 거부하셨다. 죄를 범한 자들은 하나님의 진노를 누그러뜨리기 위하여 하나님의 은총을 되찾으려는 노력을 배가시켰다 13d절.

그러나 그렇게 되지 못하게 하는 장애물이 있었다. 주의 제단이 눈물로 가득했다는 점이 그렇다. 그 모든 눈물은 어디서 온 것일까? 그 눈물은 이혼한 아내들의 비통함으로부터 비롯되었을 가능성이 아주 높다. 그들의 눈물이 한없이 흘러나와 범죄자가 희생 제물을 바치는 제단을 안개처럼 덮을 정도가 되는 바람에, 그가 드리는 예물들과 기도들이 하나님의 시야로부터 완전히 가려지고 말았다. 여기서 여인들의 눈물은 하나님을 향한 그들의 부르짖음이 얼마나 심각한 것인지를 비유적으로 묘사하는 데 사용되고 있다. 다른 한편으로 그 눈물은 제사 드리는 남자들 자신에게서 비롯된 것일 수도 있다. 하나님의 제단에서 계속 증가하던 그들의 열심은 헤아릴 수 없이 많은 눈물을 가능케 했을 것이다. 왜냐하면 그들은 하나님이 자기들에게 진노하신 까닭에 어떠한 것도 하늘에 상달되지 않는다는 점을 알고 있었기 때문이다.

그러나 14절에 요점이 분명하게 드러나 있다. 왜 하나님은 우리의 예물에 더 이상 주의를 기울이지 않으시며 그것을 받지 않으시는가? 이 질문에 대해서는 분명한 대답이 준비되어 있다. "네가 그{네가 어려서 맞이한 아내]에게 거짓을 행하였도다." 그녀는 하나 밖에 없는 "네 짝이요 너와 서약한 아내"였다 14절. 주께서 친히 이 언약의 증인으로 행동하셨는데 14b절, 어찌하여 남자들은 그것이 단지 남편과 아내 사이에 맺어진 언약일 뿐이라고 생각하는 것일까? 결혼은 하나님과 두 당사자 사이에 이루어진 언약으로 간주된다. 이러한 사실은 이 본문과 잠언 2:16-17 "음녀…[와] 말로 호리는 이방 계집에게서 구원하리니 그는 젊은 시절의 짝을 버리며 그의 하나님의 언약을 잊어버린지라" 및 에스겔 16:8 "내가 네게 맹세하고 언약하여 너를 내게 속하게 하였느니라. 나 주 여호와의 말이니라" 등에서도 확인할 수 있다. 따라서 결혼 언약은 다른 사회적인 계약들에서 두 당사자 중의 한 사람이 염증을 느낀 나머지 그 계약을 중단시키고자 하는 경우처럼 자기 마음대로 가볍게 여기거나 쉽게 깨뜨릴 수 있는 것이 아니다. 그것은 언약covenant이지 계약contract이 아니요, 하나님을 세 언약 당사자들 중의 한 분으로 포함하고 있는 것이기도 하다.

말라기는 이혼 범죄를 나쁜 것으로 보게 하는 요인을 한층 더 실감나게 보여 주기 위하여 세 가지 표현법을 사용한다. "네가 어려서 맞이한 아내", "네 짝", "너와 서약한 아내". 무어T. V. Moore는 이 세 가지 표현들이 전달해 주는 부드러운 기억들과 회상들을 다음과 같이 잘 설명한 바 있다.

네가 이렇듯이 괴롭혔던 그녀는 네가 일찍이 즐거운 시절에 같이 지냈던 네 짝이었다. 그녀는 자신의 젊은 아름다움이 꽃피던 시절에 아버지의 집을 떠나 네가 젊었을 적에 겪었던 힘겨운 삶을 함께 나누었고 네가 나중에 성공했을 때에는 그 기쁨을 함께 나누었다. 그녀는 너와 함께 팔짱을 끼고서 삶의 순례 길을 함께 걸었으며, 시련의 시기를 지날 때에는 따뜻한 섬김으로 너를 즐겁게 해주었다. 그러다가 그녀의 아름다운 젊음이 시들고 젊은 시절의 친구들도 사라진 지금, 그리고 그녀가 너를 위하여 떠났던 아버지와 어머니도 무덤 속에 있는 지금, 잔인하게도 너는 닳아져서 쓸모없는 물건처럼 그녀를 내던지고서는 우상숭배자와 이교도를 그녀의 자리에 둠으로써 그녀를 욕되게 하는구나.[9]

솔로몬은 부부 간의 정절과 결혼생활의 성실함을 다루는 잠언 5:15-23의 뜻 깊은 알레고리에서 결혼한 부부들에게 평소와는 다르게 행동할 것을 명한 바가 있다. 그들은 "젊어서 취한 아내를 즐거워해야" 한다. 심지어는 "짝"이라는 낱말조차도 창세기 2:24의 "한 몸"을 반영하는 것일 수도 있다. 그것은 삶의 가장 위대한 목표들을 이루기 위하여 조화를 이루면서 함께 일하려는 것뿐만 아니라, 모든 고통과 시련과 기쁨 등도 함께 나누려는 태도를 함축하고 있다.

마지막 두 절인 15절과 16절은 특히 해석하기 어렵다. 어떤 이들은 부적절하게도 "하나"가 아브라함을 가리킨다고 번역하며 이 낱말을 주격으로 이해한다. 만일에 그렇다면 "하나(아브라함)가 그렇게 하지 않았느냐?"라고 번역해야 할 것인 바, 이는 아브라함이 이방 여인인 이집트 사람 하갈을 아내로 맞이한 행동을 가리킨다. 그러나 이러한 번역은 많은 반대들에 부닥친다. 아브라함은 결코 다른 곳에서 "하나"로 칭하여진 바가 없으며, 하갈을 "내쫓은" 그의 행동 역시 여기에서 논의되는 상황으로 여겨질 수가 없다. 왜냐하면 이혼한 아내들은 언약을 통하여 결혼한 아내들이지 하갈처럼 이방의 아내들이 아니기 때문이다. 뿐만 아니라 아브라함은 하갈을 아내로 맞이할 때 사라와 이혼하지 않았다. 도리어 하갈은 사라 자신의 조언에 의하여 아브라함의 아내가 된 사람이다!

그렇다면 15절의 주어는 하나님일 것이요, "하나"는 창세기 2:24의 "한 몸"에 상응하는 목적어일 것이다. 또한 그러한 의문문이 종종 히브리어에서 이 경우처럼 뚜렷하게 그 모습을 드러내는 것은 아니지만, 이 구절은 의문문으로 이해하는 것이 가장 적절하다 물론 반드시 그러한 경우를 의문문으로 봐야하는 것은 아니다. 이 경우에 본문을 다음과 같이 이해할 수 있을 것이다. 하나님은 아담을 위하여 많은 아내들을 만드시거나 하와를 위하여 많은 남편들을 만드실 힘과 능력과 권세를 분명하게 가지고 계신 분인데 "그에게는 영이 충만하였으나", 왜 아담과 하와를 단지 "한 몸"으로만 만드셨을까? 왜 하나여야 했던 것일까? 그 다음에 이어지는 구절은 "그에게 영이 충만하였음" 15b절을 인정하고 있다. 달리 말해서 하나님은 필요하고 또 올바른 일을 행하실 수 있는 힘과 권세를 가지고 계신 분이라는 얘기다. 바로 앞의 질문에 대한 답은 분명하다. "이는 경건한 자손을 얻고자 하심이라" 15c절. 확실히 이것은 많은 아내들을 거느리는 일부다처제 사회나 많은 남편들을 거느리는 일처다부제 사회에서 가능한 일이 아닐 것이다. 그러므로 주의하라. 왜냐하면 우리가 자신의 심령을 지키지 않으면 안 되고, 주께 거짓을 행해서는 안 될 뿐만 아니라 언약 관계 속에서 결혼한 자들에게 거짓을 행해서도 안 되기 때문이다.

　16절은 여기서 다루는 단락에서 가장 번역하기가 어려운 본문이다. 이 히브리어 본문을 가장 잘 이해하는 방법은 "미워하다"라는 동사가 분사로 쓰이는 동사적인 형용사 '미워하시는 분' 임을 이곳의 모음 부호들이 암시하고 있다는 사실을 주목하는 데 있다. 이 본문에서 인칭대명사 "나" 히브리어 아니는 분사 소나 '미워하시는 분' 의 어미와 유사하다는 점으로 인하여 생략되었음이 상당히 확실해 보인다. 이 점에서 본다면 이 본문은 이혼에 관한 가장 강력한 하나님의 명령이라 할 수 있다. 하나님은 "나는 이혼을 미워하노라"라고 선포하신 것이다. 그런데 여기서 이혼은 "남자가 옷으로 자신을 가릴 뿐만 아니라 폭력으로도 자신을 가리는 행동"으로 묘사되기도 한다. 이 표현은 룻기 3:9에 묘사되어 있는 옛 관습을 생각하지 않는다면 쉽게 이해되기 어려워 보이는 바, 룻기 본문에서 룻은 보아스에게 그의 의복/옷을 자기 위에 펼침으로써 자신을 아내로 맞이해 달라고 요청한다. 이와 비슷한 개념은 에스겔 16:8이나 신명기 23:1 문자적으로는 "그는 아버지의 덮어 가려진 데를 드러내게 하지 못할 것이다", 히브리어 본문으로는 신 23:1이지만 개역개정판으로는 신 22:30의 하반절과 같은 성경 본문들에서도 발견된다.

　이혼은 결혼 안에서 발견되는 시험이나 시련에 대한 응답이 아니다. 결혼을 제정하신 주께서는 자신이 모든 이혼을 미워하신다고 특별히 말씀하신다. 따라서 만일 우리가 "조물주의 가르침들"을 지키고자 한다면, 그리고 우리가 하나님과 더불어 맺은 언약과 어려서 취한 아내와 더불어 맺은 언약을 존중하고자 한다면, 이혼이 노상路上의 돌출된 부분들을 모두 제거하는 것이라고 생각하기보다는 이혼 대신에 그 걸림돌들을 반반하게 만들려고 계속해서 노력하는 것이 더 낫다. 대다수의 사람들이 이혼으로 결혼생활을 끝내면 모든 문제가 해결될 거라고 생각하지만 실제 그런 경우는 거의 없다. 그러나 안타깝게도 결혼을 둘러싼 온갖 분쟁은 저절로 사라지기보다는 종종 이혼한 이들로 하여금 재혼에 이르게 하거나 독신 상태로 지내게 하는 것으로 보인다.

결론

1. 어느 누구도 결혼이 항상 쉽다거나 결혼에는 결코 어떠한 어려움도 뒤따르지 않는다고 말하지 않는다. 너무도 많은 사람들이 어려움이 닥칠 때에는 쉽게 이혼할 수 있다고 생각하지만, 그 경우에 이혼한 사람들은 어찌될 것인가? 설령 우리가 이혼한 후에 재혼을 한다 할지라도, 종종 어떠한 문제점들이 남아서 우리의 뒤를 따라오는가?

2. 서로에게 거짓을 행하는 일은 종종 결혼 언약과 결혼 상대자 및 하나님께 거짓을 행하는 일로 이어지는 바, 이는 하나님의 즉각적인 심판을 초래한다. 이처럼 거짓을 행하는 일은 어떠한 의미들을 가지고 있는가? 이렇듯이 하나님의 책망을 초래하는 행동은 얼마나 심각한 일인가?

3. 하나님은 자신의 형상을 따라 창조된 다른 사람에게 종종 항구적인 폭력을 행사할 따름인 이혼, 곧 "은폐" 공작의 형태로서 행해지는 이혼을 미워하신다. 만일에 우리가 이 문제와 관련하여 하나님의 진노를 초래한다면, 우리는 우리 주님을 찾아야만 하며, 그의 은총에 의지하여 상처 입은 사람과 우리 주님의 용서를 간구해야만 한다. 이러한 간구 때문에 자녀들이나 이혼 당한 배우자 또는 우리 자신에게 미칠 나쁜 결과들이 없어지지는 않겠지만, 적어도 우리는 하나님의 용서를 깨달을 수 있고, 다른 사람들에게 우리 자신의 전철을 밟지 않도록 조언할 수 있다. 우리가 이러한 문제로 씨름하는 친구와 함께 나눌 수 있는 결과들과 조언들에는 어떠한 것들이 있는지 나열해 보도록 하자.

8

낙태와 줄기 세포 연구

- 시편 139:13-18, 출애굽기 21:22-25

낙태는 우리 시대에 가장 논쟁적이고 찬반양론이 분명하게 나누어지는 주제들 중의 하나이면서도, 미국 내의 성인들이 가장 자주 받는 외과 수술이기도 하다. 사람들은 미국에서 임신되는 아이들 세 명 중의 한 명이 고의로 낙태되고 있다고 주장한다.[1]

낙태의 역사

물론 낙태는 최근에 발생한 현상이 아니다. 왜냐하면 낙태나 낙태 거부는 고대 세계에서 오랜 역사를 가지고 있기 때문이다. 수메르 사람들과 바벨론 사람들, 앗수르 사람들, 힛타이트 사람들은 한결같이 낙태를 심각한 범죄 행위로 간주하였다. 의사들이 최근에 이르기까지 의과대학을 졸업하는 순간에 선포하는 그 유명한 히포크라테스 선서는 이 전통을 따라서 다음과 같은 내용을 포함하고 있다. "나는 낙태를 목적으로 여성에게 질좌약膣坐藥, 질 속에 삽입하는 용해 가능한 작은 덩어리 약을 제공하는 일을 하지 않겠습니다." 이처럼 강하게 낙태에 반대하는 옛 입장을 잘 보여 주는 또 하나의 사례는 주전 12세기의 중앙 앗수르 법전에서도 발견된다. 옛날의 앗수르 사람들은 솔직하게 다음과 같이 규정한 바가 있다.

> 만일에 어떤 여인이 자기 스스로 행동을 취해 유산을 했을 경우에는, 사람들이 그녀를 기소하여 유죄를 선고할 것이요, 그녀를 말뚝에 꿰찌르는 형에 처함으로써 그녀가 매장되지 못하게 해야 한다. 만일에 그녀가 유산[=낙태]하는 중에 죽게 되면, 그들은 그녀를 말뚝에 꿰찌르는 형에 처함으로써 그녀가 매장되지 못하게 해야 한다.[2]

그러나 헬라 문화는 낙태 행위를 너그럽게 봐주었다. 플라톤은 부도덕하게 임신한 태아를 낳아서는 안 된다고 주장하였으며, 아리스토텔레스는 기형으로 태어난 아이들을 그대로 죽게 내버려두어야 한다고 생각했다. 카틀리지Paul Cartledge는 주전 5세기의 헬라 도시인 스파르타의 이른바 계몽된 견해를 다음과 같은 방식으로 요약하여 설명한 바가 있다.

> 스파르타 사람들은…자기들의 인구를 늘리는 데 관심이 많았지만, 단순히 숫자만 늘리는 것으로는 충분하지 않았다. 그들에게는 질적인 문제가 중요했다. 그리하여 새로 태어난 아이들로 하여금 일종의 종교의식을 통한 검사를 받게 했고, 플루타르크가 언급한 "부족 집단의 장로들"이 시행하는 시험을 거치게 했다. 그들은 희석시키지 않은 듯한 포도주 목욕통에 갓 태어난 아이들을 집어넣음으로써 그들이 어떠한 반응을 보이는지를 살피고자 했다. 만일에 그들이 시험을 통과하지 못하면 그 결과는 치명적

인 것이었다. 그들은 그 아이들을 은밀하게 "매장소"라 불리는 곳으로 데리고 가서 그곳의 계곡에 던져버림으로써 그들을 확실하게 죽음에 이르게 했다. 불행하게도 심각하면서도 명백한 기형이나 불구를 가지고서 태어난 아이들 역시 마찬가지였다.[3]

이러한 초기 관습들과는 대조적으로 유대교 문화는 낙태를 금지하였다. 유대교 역사가인 요세푸스는 주후 1세기 말경의 한 저술에서 다음과 같이 선언하였다. "율법은 모든 아이들을 잘 양육하도록 명하였으며, 여인들이 낙태하거나 자식을 죽이는 행동을 금하였다. 그렇게 행하는 여인은 아이들을 살해한 자로 정죄 받을 것이다. 왜냐하면 그녀는 한 영혼을 잃게 만들었고 남자의 가문을 작아지게 만들었기 때문이다."[4] 이와 마찬가지로 종종 "초기 교회의 신앙 입문서"로 불리기도 하는 "열두 사도들의 가르침"으로 알려지기도 한 『디다케』Didache, 분도 역간는 낙태 금지 명령을 포함하는 간결한 금지 목록들을 다음과 같이 제시하고 있다. "살인하지 말라. 간음하지 말라. 아이들을 타락시키지 말라. 성적으로 부도덕한 일을 행하지 말라. 도둑질하지 말라. 주술을 행하지 말라. 마법에 관여하지 말라. 아이를 낙태시키거나 유아를 살해하는 일이 없도록 하라."[5]

교부들 중의 한 사람인 알렉산드리아누스 클레멘스Clement of Alexandria가 남겨 놓은 글 역시 낙태에 대한 입장이 분명하다. 그는 다음과 같이 조언한 바가 있다.

우리가 하나님의 섭리에 의하여 태어난 아이들을 완악하고 해로운 방식들로 죽이기보다는 도리어 처음부터 금욕을 행함으로써 자신의 욕망을 잘 다스릴 경우에만, 우리의 삶 전체는 하나님의 완전한 계획에 따라 앞으로 나아갈 수 있다. 자신의 음행을 감추기 위하여 낙태를 촉진시키는 약을 사용하는 자들은 태아를 곧바로 죽게 하는 자들일 뿐만 아니라 인류 전체를 죽이는 자들이기도 하다.[6]

난자의 발견

1820년대에 난자의 발견이 이루어짐으로써 낙태를 금지하는 현대적인 법들이 미국 안에서 생겨나기 시작했다. 그 법들은 1967년까지 효력을 유지하였으나, 그 이후로는 몇몇 주들이 그 법들을 완화시키기 시작하였다. 1970년에는 18개 주들이 몇몇 예외적인 상황들에서의 낙태를 허용하는 법들을 통과시켰다. 1973년 1월 22일에는 미국의 연방 대법원이 그 유명한 로 대 웨이드 판결Roe v. Wade을 언도하였다. 이 판결문은 그 때까지 미국의 주들이 통과시킨 어떤 유산 허용법보다도 훨씬 더 진일보한 것이었다.

복음주의 진영은 맨 처음에 놀라움에 사로잡혔다. 왜냐하면 성경에는 다른 많은 윤리적인 문제들과 마찬가지로 이 문제에 관한 가르침이 거의 없었기 때문이다. 많은 복음주의 목회자들은 처음에 연방 대법원의 이러한 행동을 공공연하게 환영하기까지 했다. 그러나 당시에 일어난 일들의 의미가 조금씩 신자들의 의식 속에 살아나기 시작하면서 비록 늦기는 했어도 강한 반발심이 서서히 나타나기 시작하였다.

그리하여 이 주제와 관련된 새로운 개념들과 논의들이 분명하게 그 모습을 드러냈는데, 이에는 성경에 언급되지 않는 "인간의 특질"이나 "삶의 질", 그리고 "사생활의 권리" 이 또한 성경이나 미국 헌법에 언급되지 않는다 등의 이념들이 포함되어 있었다. 그러는 중에 원치 않게 잉태되고 태어난 무수한 태아들과 아이들이 살해당하면서, 그 전의 어느 때보다도 낙태와 영아 살해가 심각한 사회 문제로 대두되었다.

배아 줄기 세포의 발견

이 문제를 충분히 처리할 수 있기도 전인 1998년 11월에 위스콘신 대학의 과학자들은 인간 배아 줄기 세포를 분리시켜 배양하는 데 성공하였다. "줄기 세포"stem cells라는 이름은 그것이 식물의 가지와 껍질 및 다른 구성 요소들을 생겨나게 하는 줄기stem와 유사하다는 점에 착안하여 만들어진 것이었다. 인간의 몸에는 210개의 서로 다른 세포 조직들이 있는 바, 그 조직들은 비슷한 유형의 줄기 세포들을 만들어 낼 수 있다. 인간의 배아가 배반포胚盤胞, 수정란이 일정한 세포 분열을 끝내고 속이 빈 단계의 배로 자라남에 따라서, 줄기 세포는 배반포로부터 분리되어[7] 배양 과정을 거친 다음에 자기 복제가 가능한 세포들로 자랄 수 있다. 그러나 여기서 생겨나는 도덕적인 문제는 줄기 세포가 제거된 후 배아가 파괴된다는 점이다. 파괴되는 배아는 (1) 배아들을 만들어내기 위한 시험관 수정으로부터, (2) 시험관 수정 단계를 거친 냉동 배아들로부터, (3) 인간 복제미수정란의 핵을 체세포의 핵으로 바꿔 놓아 유전적으로 똑같은 생물을 얻는 기술로부터 얻은 배아들로부터, (4) 아기 탄생 이후 남은 탯줄들로부터 생겨난다.

　　대부분의 배아 줄기 세포 연구에 대한 반대는 낙태에 대한 반대와 동일하다. 왜냐하면 사실 앞서 언급한 네 가지의 인간 배아 공급원들 중 세 가지의 경우에 배아는 필연적으로 파괴될 수밖에 없기 때문이다. 이보다 더 염려스러운 것은 이제까지 이러한 줄기 세포 공급원을 사용하는 자들이 기증자의 몸에서 얻은 기증 세포들을 제대로 관리하지 못했다는 사실에 있다. 그 예로서 중국에서 파킨슨병을 앓던 한 환자가 배아 줄기 세포 이식을 받았으나 결국에는 악성 종양이 생기는 바람에 목숨을 잃는 주목할 만한 사례가 있다.[8]

　　위에서 언급한 네 가지 배아 공급원들 중의 세 가지에 대한 반대는 성체 줄기 세포 연구에는 적용되지 않는다. 왜냐하면 이 연구에서는 성체 줄기 세포human adult stem cell를 받는 사람이 줄기 세포의 기증자도 될 수 있기 때문이다. 특히 성인의 골수 줄기 세포를 사용한 수술은 상당한 성공을 거두었다. 이 경우에 그 골수 줄기 세포는 인체의 순환 체계를 따라 온 몸을 돌아다니면서 상처를 치료하고 몸이 필요로 하는 조직에 해당하는 세포를 만들어낼 수도 있다. 성체 줄기 세포 연구는 그 동안 희망 중에 많은 발전을 이루어 왔다. 그러면서도 인간 배아 줄기 세포 연구를 둘러싼 도덕적인 문제들 중의 어느 것도 성체 줄기 세포 연구에는 적용되지 않는다.

하나님의 형상을 따라 창조된 인간

모든 신자들이 마땅히 그러해야 하듯이 우리가 이상의 문제들에 대한 답을 성경에서 찾고자 할 때, 많은 이들은 매우 즐거운 마음으로 아주 신속하게 성경이 낙태의 문제그리고 인간 배아 줄기 세포 연구를 직접적으로 다루지 않는다고 선언한다. 그러나 그러한 진술은 즉각 수정되어야 한다. 왜냐하면 그러한 사실이 하나님이 그 문제에 대하여 무관심하다는 것을 뜻한다고 보기 어렵기 때문이다.

확실히 성경은 코카인 사용이나 대량 학살, 자살, 안락사 등을 직접적으로 반대하지는 않는다. 그러나 이러한 일들의 전부 내지는 일부가 성경의 시각에서 볼 때 도덕적으로 중립적이라고 주장하는 사람은 거의 없을 것이다! 창세기 이외의 본문들이 이러한 일들에 대해서 전혀 언급하고 있지 않지만, 창세기의 일부 본문들이 인간을 하나님의 형상을 가진 자들로, 그리고 창조 질서에 속한 다른 모든 피조물들과 구별되는 존재로 묘사하고 있다.

하나님의 형상을 가진 인간과 관련된 핵심적인 히브리어 낱말들에는 "형상"이나 "닮음"을 뜻하는 **첼렘**과 "모양"이나 "형태" 또는 "닮음" 등을 뜻하는 **데무트**의 두 가지가 있다창 1:26, 27, 5:1, 9:6. 인간의 생명에 관하여 말한다는 것은 뚜렷하게 하나님을 닮은 점에 관하여 말하는 것이나 다름이 없다. 성경은 생명에 관한 진화론적인 모델들에서처럼 하나님의 형상을 인간의 창조 근거인 합리적이고 자의식을 가진 이성적인 존재에서만 찾지 않는다. 도리어 하나님의 형상은 언제 어디서나 생명이 있는 곳에서 출생이나 어떤 선행과도 같은 고려 사항들과는 무관하게 발견되는 것이다.

시편 기자는 인간이 하나님의 형상을 가지고 있다는 점에서 나머지 모든 피조물들로부터 구별되는 존재라고 설명한다. 인간이 "하나님보다 조금 못한"시 8:5 NRSV 존재이건 아니면 천사들과도 같은 "천상의 존재들보다 조금 못한"시 8:5의 70인역, 히 2:7, 9 존재이건 관계없이, 그가 말하고자 하는 요지는 어느 경우에나 동일하다. 창조 질서 전체에서 인간은 참으로 독특한 존재이며, 하나님의 명령과 권위에 힘입어 지상의 나머지 모든 피조물들을 다스릴 수 있는 권한을 부여받았다.

자녀들은 성경에서 골칫거리로 여겨지지 않는다. 도리어 그들은 주께서 주신 "선물들"이요, "여호와의 기업"이다시 127:3. 무자無子함은 좋은 것이 아니지만 하나님의 섭리에 의지하여 태가 열리기를 간구하는 것은 좋은 것이다. 왜냐하면 하나님은 임신까지도 주관하시는 분이기 때문이다창 29:31, 33, 30:22, 삼상 1:19-20.

우리의 몸을 만드시는 하나님의 위엄과 전능하심

성경 안에는 생명의 가치와 신성함을 깨달을 수 있도록 가르치는 두 개의 본문들이 있다. 시편 139:13-18과 출애굽기 21:22-25가 그렇다. 시편 139:13-18을 먼저 살펴보도록 하자.

본문 시편 139:13-18

주제 "우리의 몸을 만드시는 하나님의 위엄과 전능하심"

요절 17-18절, "하나님이여, 주의 생각이 내게 어찌 그리 보배로우신지요! 그 수가 어찌 그리 많은지요! 내가 세려고 할지라도 그 수가 모래보다 많도소이다. 내가 깰 때에도 여전히 주와 함께 있나이다"

설교의 핵심어 특징들

질문 내가 태어나기 전에 내 몸을 만드시고 조성하시는 하나님의 전능하심은 어떠한 특징들을 가지고 있는가?

개요

I. 하나님은 나의 내장을 창조하셨다 139:13a

II. 하나님은 나의 모태에서 나를 만드셨다 139:13b-14

III. 하나님은 나의 배아를 보시고 나를 사랑하셨다 139:15-16a

IV. 하나님은 내가 하루를 경험하기도 전에 나의 모든 날들을 정하셨다 139:16b-d

결론 139:17-18

시편 139편은 시편에서 하나님의 속성들에 대해서 설명하는 가장 훌륭한 시들 중 하나이다. 1-6절은 하나님의 "전지全知하심"을 추적한다. 그는 당신과 나에 관한 모든 것을 속속들이 아시는 분이다. 그런가 하면 7-12절은 하나님의 "편재遍在하심"에 초점을 맞춘다. 우리가 그의 시선이나 그의 도우심으로부터 피할 수 있는 곳은 어디에도 없다. 그러나 우리 주님이 자신의 "전능하심"을 드러내시는 단락은 우리가 여기서 살피고자 선택한 13-18절 단락이다. 물론 여기서 언급한 낱말들 전지, 편재, 전능은 그 어느 것도 성경 본문 자체에서 발견되지 않는다. 그렇지만 그것들은 성경 안에 숨어 있는 정서들을 잘 반영하고 있다.

I. 하나님은 나의 내장을 창조하셨다 시 139:13a

여기에서 "창조하다"를 뜻하는 히브리어 동사는 **카나** 어근에서 비롯된 것이다. 구약성경에는 이 동사가 "창조하다"라는 의미로 나오는 곳이 여섯 군데가 있다 시 139:13, 창 14:19, 22, 신 32:6, 시 74:2, 잠 8:22. 본래 이 낱말은 출산을 가리키는 은유로 사용되었지만, 나중에는 하나님의 창조 활동을 의미하는 것으로 바뀌었다. 이것은 인간이 그 존재의 맨 처음부터 하나님이 친히 아시고 눈여겨보신 존재라는 사실을 의미한다.

솔로몬이 전도서 11:5에서 가르친 바와 같이, "바람의 길이 어떠함과 아이 밴 자의 태에서 뼈가 어떻게 자라는지를 네가 알지 못함 같이 만사를 성취하시는 하나님의 일을 네가 알지 못하느니라." 그리하여 시편 139:13a에서 다시금 분명해지는 것은, 그처럼 놀라우신 주님의 활동이 우리가 상상할 수 있는 영역을 넘어서며, 심지어는 우리의 마음을 둘러싸고 있기까지 하다는 점이다. 바로 이 때문에 히브리어 본문은 이 시의 2절과 마찬가지로 "당신[주]께서"라는 강조 표현으로 시작한다.

II. 하나님은 나의 모태에서 나를 만드셨다 시 139:13b-14

창조주의 활동은 우리의 뼈와 근육과 혈관 등을 "엮고 짜고 짜넣는" 행동들 중의 하나로 생생하게 묘사되어 있다 13b절. 시인은 방향을 바꾸어 지극히 개인적인 언어로 "나"와 "나의"라는 표현을 사용한다. 피조물은 하나님 자신을 제외한 모든 생명체의 관찰하는 눈을 넘어서서 "기묘한" 방법과 "기이한" 방법으로 창조 사역을 완성하신 하나님을 일천 번씩이라도 찬미하지 않으면 안 된다. 남자와 여자는 창조 질서에 속한 다른 어떤 피조물들보다도 뛰어난 피조물이다. 하나님의 모든 창조 활동은 "기이한" 것이지만, 인간의 몸이 만들어진 과정에는 어떠한 말로도 표현할 수 없는 참으로 놀랍고도 신기한 무언가가 있다. 만일에 당신이 그렇게 생각하지 않는다면, 엄마의 태로부터 이제 막 나온 신생아를 당신 자신의 팔에 안아봄으로써 다시 한 번 놀라운 경험을 해보도록 하라. 당신은 신생아의 손가락과 발가락을 세어보면서, 모태의 어둠 속에서 9개월 동안 은밀하게 진행되던 매혹적인 인체 형성 과정에 경탄을 표할 수밖에 없을 것이다. 그 모든 것들이 어쩌면 그렇게 아름답고도 기이한 방식으로 서로 잘 조화를 이루게 된 것일까! 우리가 "잘" 알고 있는 유일한 것은 "[하나님의] 하시는 일이 기이하다"는 사실이다 14b절.

III. 하나님은 나의 배아를 보시고 나를 사랑하셨다 시 139:15-16a

15절은 "나의 형체"로 시작하는 바 개역개정판에서는 하반절에 나온다, 이 낱말은 주로 우리의 신체 골격과 우리의 뼈들을 가리키며, 인체의 모든 구성 요소들 전체를 포함한다. 그러나 새롭게 만들어진 형체의 모든 측면들 중 어느 것도 창조주의 시선과 보살핌과 다스리심 결코 벗어나지 못한다.

우리의 모태는 여기서 "은밀한 데" _{히브리어 세테르}로 묘사된다. 마치 그 것이 "땅의 깊은 곳" _{히브리어 베타크티욧 아레츠}에 있었던 것처럼 말이다. 저자 는 "땅의 가장 낮은 곳"이나 그곳의 "내부"라는 비유적인 표현을 사용 함으로써 땅에 뿌리를 둔 우리 몸이 비밀스런 실험실에서 만들어진 것과도 같은 느낌을 전달하고 있다. 물론 그러한 비유는 자연스러운 것이다. 그 까닭은 첫 번째 아담이 땅의 티끌로부터 만들어졌기 때문 이다. 델리취 Franz Delitzsch는 이를 다음과 같이 표현한다.

> 성경의 관점에 따르면, 아담의 창조 방식은 모든 인간의 형성 과정에서 그대로 되풀이된다욥 33:6, 4절도 참조. 땅이야말로 아담의 모태이며, 청년 아 담이 만들어진 모태는 그의 기원을 이루는 땅이다.[9]

이 본문은 한층 더 실감나게 "내 형질이 이루어지기 전에 주의 눈 이 보셨다"고 주장한다 16a절. "형질이 이루어지기 전의 몸"을 가리키 는 히브리어 낱말은 **골미**로서, "나의 배아"를 의미한다. 이 히브리어 낱말이 사용된 것은 배아가 계란의 형태로 되어 있기 때문이다. 이러 한 착상은 "배아"를 뜻하는 낱말의 히브리어 어근이 "동그래지다, 감 싸다"와 같은 의미를 가지고 있는 까닭에 생겨난 것이다. 라틴어 낱말 **글로무스**가 "공" ball을 뜻하는 것처럼 말이다. 확실히 우리 주님의 활 동과 보살핌은 모태에서 생겨난 우리 몸의 시초로 거슬러 올라가고 있다. 하나님은 배아가 "일종의 세포 조직"이지 살아있는 존재가 아 니라고 생각하지 않으셨음이 분명하다. 오히려 그의 사랑과 관심은 우리가 모태에서 생성되던 때의 단계에서부터 시작되고 있다.

Ⅳ. 하나님은 내가 하루를 경험하기도 전에 나의 모든 날들을 정하셨다

시 139:16b-d

마치 내 몸 전체가 모태에서 우주 전체의 위대한 창조자이신 하나님의 조심스러운 관리와 감독 하에 만들어진 것이 충분하지 않기나 한 듯이, 하나님은 이미 내 삶의 모든 날들을 자신의 책에 기록해 두셨다. 내가 그 날들의 첫 번째 날조차도 살아볼 기회를 갖기 전에 말이다. 모든 피조 세계에 대한 주님의 전지하심과 치밀하심은 참으로 얼마나 대단한 것인가!

여기서 언급되는 책은 시편 69:28에서도 언급되는 바, 이는 다시금 우리 모두를 위한 하나님의 준비하심과 우리 모두에 대한 그의 지식이 어떠한 것인지를 잘 보여 준다. 확실히 그것은 모든 사람들을 위한 진정한 목표가 정해져 있음을 보여 준다.

결론

이상의 모든 생각들은 시인이 보기에 너무도 기이하고 놀라운 것들이다17-18절. 그것들은 보배로울 뿐만 아니라 우리 인간이 헤아리기에는 너무도 많고 귀한 것들이다. 사실 우리 몸이 만들어지는 과정에서 이루어진 하나님의 모든 활동들을 다 세어보려고 애쓰는 것은 마치 바닷가의 모든 모래알들을 다 세어보려고 노력하는 것이나 마찬가지일 것이다.

태아는 한 인격체로 보아야 한다

그런데 낙태 문제와 배아 줄기 세포 연구와 관련하여 우리에게 도움을 줄 수 있는 두 번째 본문이 있다. 그것은 출애굽기 21:22-25이다. 이 본문 역시 낙태 논쟁과 관련된 가장 핵심적인 문제들 중의 하나인 '태아는 언제 하나님의 형상으로 만들어진 존재로 간주되어야 하는가?' 라는 문제를 다루고 있다.

본문 출애굽기 21:22-25

주제 "태아는 한 인격체로 보아야 한다"

요절 23절, "그러나 다른 해가 있으면 갚되 생명은 생명으로 갚을지니라"

설교의 핵심어 관심사

질문 우리가 태아를 진정한 인격체로 보아야 한다면 어떠한 관심사를 가져야만 할까?

개요

I. 상처로 인하여 조산아가 태어났을 때에는 어떻게 해야 하는가? 21:22

II. 조산아가 상처로 인하여 죽을 경우에는 어떻게 해야 하는가? 21:23-25

I. 상처로 인하여 조산아가 태어났을 때에는 어떻게 해야 하는가?

출 21:22

언약의 책 출 24:7은 몇몇 판례법들을 하나님이 모세에게 주신 민법의 중심 부분으로 소개한다. 개인적인 상해의 문제를 다루는 단락 출 21:12-36은 두 사람이 서로 싸우는 상황을 가정한다. 그 싸움의 과정에서 불시에 그 중 한 사람의 아내인 것으로 보이는 임산부가 싸움에 끼어들었다가 뜻하지 않게 상처를 입는다. 그 결과 그녀는 산고를 겪게 되고 "그녀의 아기가 밖으로 나오기에" 이른다 히브리어 본문 웨야체우 옐라데하를 문자 그대로 번역한 것이다. 이 경우의 행동은 중대한 범죄가 되지 않는다. "아기" 히브리어 옐레드가 살아 있기 때문이다.

RSV, NAB, NJB, NEB 등 일부 현대 번역본들은 22절이 "유산" 流産, miscarriage을 가리킨다고 본다. 그러나 이러한 해석은 적절하지 않아 보인다. 왜냐하면 이 본문은 통상 "유산"을 가리키는 데 사용되는 히브리어 낱말을 사용하지 않고 있기 때문이다. 그 명사는 보통 **메사켈렛**, **샤쿨**, **쉭켈** 등이나 그와 관련된 형태들로 창세기 31:38, 출애굽기 23:26, 열왕기하 2:19, 21, 욥기 21:10, 호세아 9:14, 말라기 3:11 등에 나온다. 확실히 이 상황에서는 산모나 태아/아기가 어떠한 해나 상처도 입지 않은 채로 있다.

이 경우에 유일하게 허용되는 보상의 법은, 비록 재판관의 인가와 승인을 받아야 하기는 하지만, 남편이 조산으로 인하여 자기 가정이 입은 피해에 대하여 벌금을 청구하는 것이다.

II. 조산아가 상처로 인하여 죽을 경우에는 어떻게 해야 하는가?

출 21:23-25

위의 경우와 짝이 되는 또 다른 상황 역시 예상이 가능하다. 실제로 피해가 발생한 경우가 그렇다. 본문은 그 "피해"나 "심한 상처"가 아기나 산모 둘 중 누구에게 발생했는지를 전혀 밝히지 않은 채로 양자 모두를 포함하는 총괄적인 규정을 소개한다. 이 경우에 그것은 중요한 범죄 행위가 되며, 즉시 "동해보복법" lex talionis의 적용을 받는다. 물론 이 법은 개인적인 피의 복수를 위한 법 내지는 개개인을 위한 법으로서의 의도를 가지고 있었던 것이 아니라 "재판관들"을 위한 행동 지침으로서의 의도를 가지고 있었다 출 21:22, 23:8, 9.

동해보복법은 오늘날 우리가 "동일한 범죄에는 동일한 처벌을 내린다" 또는 "각 범죄 행위에 대하여 그에 걸맞은 처벌을 내린다"라고 말할 법한 상투적인 표현 양식을 통하여 표현된다. 여기서 분명해지는 것은 만일에 아기나 산모가 두 남자의 싸움에서 얻은 상처로 인하여 죽을 경우 그것이 중대한 범죄 행위를 다루는 법의 적용을 받게 된다는 점이다.

결론

배아는 형성 초기부터 죽는 날까지 하나님의 큰 관심과 보살핌의 대상이 아닐 수 없다. 출생 전후에 속한 우리의 날들 중에 어느 한 날도 하나님께 중요하지 않은 것이 없다. 도리어 하나님은 자신의 형상을 따라 만들어진 각 사람이 자신의 창조 목적을 완성하는 것에 깊은 관심을 가지고 계신다.

바로 이 때문에 이제껏 중요한 의미를 가지고 있던 배아 줄기 세포 연구는, 동일한 목적을 이루기 위하여, 성체 줄기 세포 연구 내지는 아기의 생존출생으로부터 생겨난 탯줄의 사용에서 발견된 것과도 같은 다른 방식들을 찾아 나서지 않으면 안 된다. 생명은 너무도 소중한 것이기에 어떠한 이유로도 손상을 입어서는 안 된다.

9

동성애
- 로마서 1:24-27

우리 시대의 첨예한 쟁점

우리 시대의 가장 첨예한 윤리적인 쟁점은 아마도 동성애 문제일 것이다. 서구 사회에서나 주요 교파 교회들에서 그 문제를 둘러싼 팽팽한 긴장감은 최고조에 달해 있다. 그래서인지 1998년에 램버스 회의

<small>영국 런던에 있는 캔터베리 대주교의 집무실인 램버스관에서 10년마다 소집되는 전세계 성공회의 주교회의</small>

에 참석한 성공회 주교들은 526대 70의 표결로 동성애가 성경의 가르침과 양립할 수 없다고 선언하였다. 그 후 2002년 여름에는 뉴욕 주교의 요청에 따라 "읽는 자는 깨달은진저"라는 이름의 또 다른 문서가 발표되었다. 이 문서에서 아홉 명의 신학자들은 이 램버스 선언을 공격하였다. 성경 해석의 열세 가지 원리들을 소개하면서 동성애 주제에 관한 성경 본문들을 전혀 주석하지 않은 채로 말이다.

오늘날의 동성애자 운동

"동성애"라는 낱말을 사용한 맨 처음 사람은 벤커트K. M. Benkert라는 이름의 스위스 의사였던 것으로 보인다. 그는 1869년에 이 용어를 만들어냈다. 물론 고대 세계 역시 동성애 풍습을 잘 알고 있었다. 그러나 그것이 현대적인 흥미와 관심의 대상이 된 것은 경찰이 뉴욕의 스톤월Stonewall에 있는 동성애자 술집을 급습했던 1969년 6월 28일에 이르러서였다. 경찰이 보호라는 명목 아래 방어막을 쳐서 고객들을 술집 안에 가두자 밖으로 빠져나온 고객들은 자신들이 당한 그대로 경찰들에게 앙갚음을 했다. 역사적인 측면에서 볼 때 이 사건은 중요한 의미를 갖는다. 왜냐하면 1974년에 미국 심리학회가 동성애 집단의 압력에 떠밀려 "동성애" 조항을 다양한 "병리 상태"를 규정하는 목록에서 제거함과 아울러, 그것을 더 이상 심리적인 질환의 범주 안에서 정상적인 성관계를 왜곡시키는 것으로 간주하지 않기로 결정했기 때문이다.

동성애 또는 일반 대중에게 널리 알려진 표현인 "동성애자들의 권리를 보호하기 위한 운동"은 공적인 논란의 대상이 되었으며, 1969년 이후로 점점 확산되어 갔다. 그 이전에는 1966년에 영국교회협의회BCC 보고서가 다음과 같은 말로 기독교 세계를 뒤흔들었다. "우리는 동성애와 다른 변태주의 성향들이 우리가 평소에 생각하는 것보다 훨씬 더 일반적인 현상이라는 것을 지금 느끼고 있다." 이는 확실히 『로마제국 쇠망사』The Rise and Fall of the Roman Empire, 민음사 역간라는 기번 Edward Gibbon, 1734-94의 서사시가 씌어진 시대로부터 정말 많은 세월이 흘렀음을 잘 보여 준다. 왜냐하면 이 작품에서 그를 비롯하여 그 이후로 그가 속한 사회의 많은 구성원들은 동성애를 사회의 안전에 대한 심각한 위협으로 간주했기 때문이다. 심지어는 기번의 시대보다 훨씬 이전인

1290년에 통과된 영국의 한 법령은 유죄 선고를 받은 남색자男色者를 살아 있는 채로 매장할 것을 요구하였고, 헨리 8세는 1533년에 처형 방식을 바꿈으로써 그 법을 완화시켰다. 그러다가 마침내 1861년에는 그와 관련된 사형 처벌이 살아 있는 채로 감옥에 가두는 형벌로 대체되었다. 심지어는 1967년에 이르기까지 "수간獸姦"으로 유죄 선고를 받은 영국 사람은 자기 생애 남은 기간을 감옥 속에서 보내야만 하는 처벌을 받을 수도 있었다.

오늘날 동성애와 여성간의 동성애는 공중 질서와 공중도덕의 문제가 되었다. 동성애자들은 이성애자들과 동등한 권리들을 누릴 수 있게 해달라고 시가행진을 하기도 하고 의회를 향하여 압력을 가하기도 한다. 그들은 모든 고통과 비판과 법적인 장벽, 정죄 등으로부터 자유롭게끔 동성애적인 생활양식을 완전히 받아줄 것을 희망한다. 일반적인 평가에 따르면 그들이 단지 인구의 2% 아니면 많아야 5%를 차지할 뿐이지만, 그들이 제기하는 문제는 종종 민주주의 사회를 구성하는 98% 인구의 행동과 그들의 완전한 수용을 좌지우지할 때가 있다![1]

동성애 반대를 가르치는 열 개의 핵심 본문들

전통적으로 성경 해석자들은 동성애를 반대하는 경고의 메시지를 열 개의 본문들에서 찾았다. 창세기 19:1-8, 레위기 18:22, 20:13, 사사기 19:16-30, 에스겔 16:44-50, 로마서 1:26-27, 고린도전서 6:9-11, 디모데전서 1:8-10, 베드로후서 2:6-8, 유다서 6-8 등이 그렇다. 구약성경과 신약성경이 공히 남녀의 동성애 행위를 정죄함에 있어서 매우 분명한 태도를 보이고 있다.

인간의 성에 관한 모든 이해의 기초는 창세기 1장과 2장에 펼쳐져 있는 하나님의 계획에서 발견된다. 그곳에서 하나님은 성을 남성과 여성의 두 성별에만 한정시키셨지, 세 개나 네 개 또는 그 이상의 성별에까지 확장시키지 않으셨다. 하나님은 남자가 혼자 있는 것이 좋지 않다고 판단하시고서는창 2:18, 남자의 짝과 배우자로 하와를 "만드셨다."

남자는 자신의 부모를 "떠나" 자신의 아내와 "결합"함으로써 "한몸"을 이루라는 명을 받았다창 2:24. 부부 간의 사랑에 관한 이러한 이해의 특징들에는 다음과 같은 다섯 가지 요소들이 있다. 정절, 항구성, 조화, 건강과 온전함, 헌신.[2]

정절 fidelity은 "다른 모든 것들을 포기하겠다"라는 결혼 서약에서 약속된다. 왜냐하면 두 사람은 자기들의 성행위와 사랑을 서로에게 한정하기로 약속하기 때문이다. 동성애자들은 남자들 간의 성관계를 일부일처제에 한정시키려는 모든 시도를 노골적으로 비난한다. 그들이 펴내는 잡지 The Advocate에 의하면, 이 잡지를 구독하는 동성애 독자들 2천5백 명을 대상으로 한 1995년도의 한 연구에서 단지 2%만이 한 명의 남자 파트너하고만 교제하였고, 57%는 30명 이상의 파트너랑, 그리고 35%는 1백 명 이상의 파트너랑 교제했다는 사실이 드러났다. 뿐만 아니라 결혼한 부부는 하나님과 사람들이 모인 교회 앞에서 자기들의 결혼이 항구적인permanent 것이 될 것임을 약속한다. "죽음이 우리를 갈라놓을 때까지."

조화reconciliation 역시 결혼의 중요한 한 부분을 차지한다. 왜냐하면 신혼여행 이후로 우리는 겸손하게 상대방과 함께 서로의 유익을 위해 일하는 신비 안으로 들어가기 때문이다. 부부는 서로에게서 매력을 느끼지만, 그들은 또한 상대방을 통하여 서로의 삶이 완성됨을 발견하기도 한다. 동성애자들에게는 남성/여성의 차이에서 발견되는 도덕적인 중요성이 아무런 의미도 주지 못한다. 우리의 생물학적인 차이들은 동성애자들에게 거의 아무런 의미가 없다.

이성 간의 결혼은 서로에게 **건강**health과 **온전함**wholeness을 제공하기도 한다. 그 까닭은 우리가 동성애적인 삶을 살아가는 이들 사이에 널리 퍼져 있는 건강상의 위험들을 서로에게서 막아주기 때문이다. 동성애 부부는 서로를 심각한 건강상의 위험 요소들에 노출시킨다. 무어Peter Moore가 이에 대하여 다음과 같이 조심스럽게 지적한 바가 있다. "직장 내부는 튼튼하지 않아서 질 내부처럼 [바이러스가] 침투할 수 있다." 당장은 에이즈를 논의 대상에서 제외한다 할지라도, 무어는 다음과 같은 사실에 주의를 환기시킨다. "동성애 남성의 75%는 성적으로 유전되는 한 개 또는 그 이상의 병력病歷을 가지고 있으며, 어느 해이든 간에 그들 중의 40%는 병에 걸려 있다. '안전한 성관계'를 강조함에도 불구하고 콘돔 사용이 완전하게 안전한 것은 아니다."[3]

마지막으로 부부 간의 참된 사랑은 **헌신**적인sacrificial 것이다. 왜냐하면 부부는 결혼의 당연한 귀결로서 자녀 양육이라는 장기간의 목표에 기꺼이 동의하기 때문이다. 출산은 성관계의 유일한 이유가 아니며, 여러 가지 이유들로 인하여 그것이 모든 결혼에서 항상 가능한 것도 아니다. 그렇지만 성관계는 일반적으로 출산으로부터 분리되는 것으로 여겨지지 않는다. 그것은 또한 시간과 돈과 때로는 직업과 건강 및 이기적인 세상에서 있을 수 있는 무수한 가능성 등을 필요로 하는 헌신으로부터 분리되는 것으로 여겨지지도 않는다. 유대교와 기독교는 성적인 사랑과 결혼 및 출산 등을 한데 묶어서 생각한다. 동성애자들은 성을 어떤 형태나 모양으로든 헌신적인 것으로 보지 않는다. 도리어 그것은 그들에게 있어서 자기만족적인 것이요, 자기중심적인 것이다.

창세기 19:1-4에 대한 문제 제기. 베일리Derrick Sherwin Bailey의 1955년도 저작인 『동성애와 서구 기독교 전통』이라는 제목의 책은 성경에 대한 새로운 해석의 길을 열어준 책이다.[4] 이 책에서 베일리는 소돔의 남자들이 소돔에 있는 롯의 거주지를 방문한 나그네들천사들을 "알고" "성관계를 갖고", NIV 싶어 했다고 말하는 창세기 19:5의 진술에 도전하였다. 베일리는 히브리어 낱말 **야다**"알다"에 동성애를 칭하는 내용이 전혀 없다고 주장하였다. 그 까닭은 소돔 성의 남자들이 단순히 그 나그네들과 "친분 관계를 맺고자" 한 것이지 그들과 "성관계를 갖고자" 한 것은 아니기 때문이라는 것이다. 그러나 베일리의 주장은 동일한 사건에 대한 유다서 7절의 설명과 일치하지 않는다. 그는 또한 이러한 유형의 문맥에서 **야다**라는 낱말이 갖는 의미를 올바로 인식하지 못하고 있다.

사사기 19장에 대한 문제 제기. 베일리는 사사기 19장에 있는 기브아 이야기를 같은 방식으로 해석한다. 그러나 만일 이 경우에 그것이 단지 환대의 문제만을 다루고 있다면, 왜 그 도시에 있는 집의 주인은 동네 사람들에게 그러한 "악행"을 저지르지 말 것을 간청함과 아울러 삿 19:23 그들의 요구를 충족시키기 위해 놀랍게도 자신의 딸을 제공하고자 했던 것일까?

레위기 18:22와 20:13에 대한 문제 제기. 다른 이들은 레위기 18:22와 20:13의 두 본문이 제사장들과 그들의 의례적인 정결함에 적용되는 성결 법전에 속해 있다고 말함으로써, 이 두 본문을 동성애 관련 본문으로 인정하지 않으려고 노력한다. 그들은 만일에 사람들이 이 본문들을 성에 관한 본문들로 계속 고집한다면, 두 종류의 서로 다른 종자를 섞어 뿌리지 말 것이요레 19:19c, 두 재료로 직조한 옷을 입지 말고레 19:19d, 여인이 월경으로 부정한 동안에는 부부 관계를 갖지 말라고레 18:19 경고하는 같은 문맥의 다른 요구들은 어떻게 보아야 하겠느냐고 항변한다.

그러나 이러한 법들의 배후에 있는 공통의 원리는 "자연스러운 것"에 대한 관심이다. 즉 창조 질서를 "종류대로" 유지하고자 하는 것에 대한 관심이라는 얘기다. 이에는 도덕적인 측면 역시 포함되어 있다. 왜냐하면 종자가 서로 섞이게 되면, 일종의 잡종이 생겨날 것이요, 그것은 그 농작물의 연례적인 수확의 때에 맞추어 강하게 발아할 수 있는 잠재력을 그 농작물의 종자로부터 현저하게 제한할 것이기 때문이다. 이와 마찬가지로 여인들의 월경 주기는 남편이 아니라 오직 하나님만이 여인들에 대한 주권을 가지고 계신 분임을 상징적으로 보여준다.

따라서 레위기에 있는 이 본문들은 제사장들과 그들의 의례적인 준비 작업에만 국한되는 것들이라고 할 수 없다. 동물들과의 성관계레 18:23나 자기 딸과의 불법적인 성관계레 18:17가 일반 대중에게는 도덕적으로 아무 관련성이 없다고 주장한다는 것은 불가능한 일이다. 사실 레위기 18장이 요구하는 것은 이집트나 가나안 등과 같은 불경건한 나라들의 사회적인 풍습들을 하나님의 백성에게서 요구되는 도덕적인 행동과 대비시키려는 의도를 가지고 있다.

바울의 동성애 반대 입장에 대한 문제 제기. 인간의 성에 대한 성경의 표준적인 가르침에 반대하는 이들은 다시금 부정확하게도 세 개의 신약 본문들롬 1:26-27, 고전 6:9-11, 딤전 1:8-10이 단지 극기와 절제만을 요구할 뿐이지 동성애 반대 입장을 요구하는 것은 아니라고 설명한다. 바울이 고린도전서 본문과 디모데전서 본문에서 나열하고 있는 죄들의 목록은 "남자 창기들" 헬라어 말라코이, "다루기가 쉬운" 과 "동성애 범죄자들" 헬라어 아르세노코이타이, "침대 위의 남자들" 이 하나님의 나라를 유업으로 받지 못할 것이라고 경고한다.

순리대로 쓸 것을 역리로 쓰는 행동

이제 동성애에 관한 성경의 가르침을 잘 요약하고 있는 본문으로 로마서 1:24-27에 있는 바울의 가르침을 주목해 보도록 하자.

본문 로마서 1:24-27

주제 "순리대로 쓸 것을 역리로 쓰는 행동"

요절 26절, "[그들은] 순리대로 쓸 것을 역리로 쓰며"

설교의 핵심어 바꾸어 씀

질문 사람들은 하나님의 진리를 무엇으로 바꾸어 쓰는가?

개요

I. 성적인 정결함을 부정함으로 바꾸어 씀 1:24

II. 하나님의 진리를 거짓 것으로 바꾸어 씀 1:25

III. 순리대로 쓸 것을 역리로 씀: 여자들 1:26

IV. 순리대로 쓸 것을 역리로 씀: 남자들 1:27

I. 성적인 정결함을 부정함으로 바꾸어 씀 롬 1:24

신약 본문들 중에서 로마서 1:24-27보다 더 노골적인 공격을 받은 본문은 거의 없을 것이다. 그러한 모든 공격적인 논의의 핵심을 이루는 것은 26-27절에 있는 헬라어 낱말 **퓌시스**의 의미이다. 보스웰John Boswell과 스캔조니Letha Scanzoni 및 몰렌코트Virginia Mollenkott 등은 다른 많은 학자들과 마찬가지로 이 낱말을 "자연스러운 관계들"개역개정판은 '순리'로 번역로 번역하는 대신에, "자연스러운"이라는 용어를 "내가 보기에 자연스러운 것"으로 번역한다.[5] 그들의 견해에 의하면, 바울은 동성애를 정죄하고 있는 것이 아니라 도리어 우상숭배와 탐욕을 정죄하는 맥락 속에서 동성애자들"부끄러운 일"로 행동하는 이성애자들을 책망하고 있는 것이다. 그들은 "성욕 도착자"로 태어난 진정한 동성애자들이 자기 본성을 따라 행동하는 것을 바울이 정죄하고 있지 않다고 주장한다. 바로 이 점이야 말로 이 본문 전체를 일반적인 성경 해석 방식에 대한 오늘날의 문제 제기 측면에서 이해해야 할 필요가 있는 배경에 해당하는 것이다.

21-23절에 있는 이방인들의 배교 행위는 종교적이고 신학적인 영역들 안에서 시작되는 것으로서, 23절 말미의 대대적인 우상숭배에서 절정에 이른다. 이러한 종교적인 이탈 행동 때문에 하나님의 보응이 배교하는 자들에게 임할 수밖에 없다. 하나님의 보응은 오로지 심판 받아 마땅한 죄가 있기 때문에 이루어진다.

하나님이 이루시는 보응은 그러한 사람들을 더러움에 내버려두시는 것이다26, 27절. 매우 흥미롭게도 종교적인 영역에서 이루어지는 죄는 도덕적인 영역에서 심판을 받는다. 따라서 "마음의 정욕대로"24절라는 구절은 그들이 처해 있는 도덕적인 상태를 가리키는 표현이다. 그 까닭에 그들은 "더러움"에 내버려지지만, 그 더러움은 하나님의 심판 행동으로부터 비롯된 것이 아니라 그들 자신에게서 비롯된 것이다. 바울의 다른 본문들에서 "더러움"이라는 용어는 성적인 일탈과 관련된 것으로 나타난다 고후 12:21, 갈 5:19, 엡 5:3, 골 3:5, 살전 4:7.

그러한 이방인들은 지금 자기들이 처해 있는 도덕적인 상태에 그대로 내버려둠을 당한다. 그 결과 그들은 "그들의 몸을 서로 욕되게 한다"24b절. 머레이John Murray는 이러한 상황을 다음과 같이 잘 요약한 바가 있다.

하나님의 진노는 본문에 언급된 사람들을 한층 강화되고 증가된 마음의 정욕에 내버려둠으로써 그들 스스로가 그에 상응하는 더 큰 징벌과 보응을 받도록 하는 것에 잘 표현되어 있다.[6]

II. 하나님의 진리를 거짓 것으로 바꾸어 씀 롬 1:25

이 문맥에서 드러나는 하나님의 진리는 하나님이 가르치신 것을 가리키며, 자기 존재와 영광의 두려움 속에 계신 하나님이 어떤 분이신지를 가리키기도 한다. 하나님은 자신과 자신의 진리를 자신의 말씀과 자기 계시를 통하여 알게 하셨다. 그런데 보라! 이것이 뒤집어져서 이젠 남자들과 여자들이 모든 피조물들을 존재하게 하신 창조주보다는 피조물을 예배하며 섬기고 있다는 사실을!

이러한 뒤바뀜은 어리석은 것이다. 왜냐하면 그것은 하나님의 창조 활동의 결과물인 피조물을 그 모든 것들을 만드신 분보다 더 위대한 존재로, 그리고 더 큰 관심과 사랑과 예배와 섬김을 받기에 합당한 자로 여기기 때문이다. 오늘날 어떤 이들은 갓난아이를 구하거나 고래를 만드신 하나님께 감사하는 일보다는 고래를 구하는 일을 더 좋아한다.

25절은 하나님이 어떤 분이시며 어떤 일을 행하셨는지에 대한 자발적인 감격에서 비롯된 송영으로 끝을 맺는다. 바울은 이 송영에 자신의 "아멘"을 추가한다. 그 까닭은 사람들의 우둔함과 그들이 흔히 그릇되게 살아가는 방식이 너무도 믿어지지 않기 때문이다.

III. 순리대로 쓸 것을 역리로 씀: 여자들 롬 1:26

하나님이 이방인들을 위에서 언급한 심판에 넘기신 또 다른 이유는 그들의 "부끄러운 욕심" 때문이다. 이제 바울은 마침내 이처럼 수치스러운 정욕의 정체가 무엇인지를 밝힌다. 그것은 곧 여자들이 자연스러운 성의 사용을 순리에 어긋나는 것으로 바꾸고 있음을 의미한다. 여자들이 다른 여자들과 성관계를 가지고 있다는 것이 그렇다.

바울이 여기에서 염두에 두고 있는 것이 여자들 간에 이루어지는 성적인 왜곡임은 분명하다. 여자들이 자기들의 섬세한 특징을 드러내는 대신에 이제는 동성애적인 탈선에 탐닉하게 된 것이다. 그것이 여자들과 관련된 일이기에 바울은 남자들에 관해서 다루는 다음 절에서 하듯이 구체적인 설명을 하지는 않는다. 그러나 확실히 여자들은 "순리로 쓸 것을 버리고 역리로 썼다." 여자에게 있는 성 기능의 자연스러운 사용은 남자와의 결혼 관계를 통하여 해결될 것이다. 그러나 서글프게도 이곳의 강조점은 이러한 죄악의 "부자연스러운" _{개역개정판은 이를 "역리"로 번역} 성격에 있다. 하나님이 의도하신 성이 이제 다른 여자와 더불어 성관계를 맺는 것으로 변질된 것이 그렇다. 그것은 부자연스러운 것이요, 따라서 하나님이 의도하신 성을 왜곡시킨 것으로 여겨야 함에 틀림이 없다.

IV. 순리대로 쓸 것을 역리로 씀: 남자들 롬 1:27

이어지는 27절은 이제 남자의 동성애 죄악에 대해서 한층 상세하게 서술한다. 세 가지의 표현들이 특히 중요한 의미를 갖는다. (1) "남자들도 순리대로 여자 쓰기를 버리고", (2) "서로 향하여 음욕이 불 일 듯하매_{inflamed}", (3) "남자가 남자와 더불어 부끄러운 일을 행하여". 이 모든 것은 _{하나님이 세워 놓으신 자연스러운 창조 질서에 기초한} 이성 간의 결합이 갖는 존귀함에 어긋난다.

동성 간의 성행위에서 핵심을 이루는 죄악은 그것이 하나님이 인간의 성을 위하여 정하신 의도와 기능을 버림으로써 하나님을 직접적으로 멸시하고 있다는 데 있다. 누군가가 하나님과 그의 가르침을 버린다면, 그는 하나님을 대적하고 그의 법과 그의 길들을 무익하고 무의미한 것으로 거부하기로 결정한 것임이 분명하다. 그러나 하늘에 앉아 계신 분은 그처럼 무례한 행동을 쉽게 용납하지 않으실 것이다. 그것은 심판과 징벌을 포함하는 그의 공정한 판결을 초래할 것이다.

더 나아가서 성적인 욕망의 강렬함은 "불타오름" inflamed이라는 낱말에 잘 반영되어 있다. 이 낱말은 바울이 고린도전서 7:9에서 언급한 "불 같이 타는" burning이라는 낱말과 같은 종류의 것이 아니다. 왜냐하면 그곳에서는 정상적인 성적 욕망이 하나님이 의도하신 배출구를 찾아나서는 것이기 때문이다. 이곳에 언급된 불타오름은 하나님이 인간의 성을 위하여 의도하신 것을 넘어서서 왜곡되고 뒤틀린 욕망을 가리킨다. 그것은 불법적이면서 완전히 부자연스러운 욕망이다.

이 문제를 있는 그대로 솔직하게 표현하기 위하여 바울은 마지막으로 여기서 잘못된 것이 "남자가 남자와 더불어 부끄러운 일을 행하는 것" 이라고 말한다. 그 문제 전체는 "부끄러운 일" 참조, 엡 5:12이요, 교양 있는 이들에게는 그에 관하여 말하는 것조차도 거리끼는 일이다. 바울의 지적에 의하면, 사람들이 전적으로 하나님의 독특한 형상을 따라 창조된 피조물로서 위엄과 가치와 유용성 등을 소유한 자들처럼 행동하기보다는, 도리어 성적인 문제에 있어서 경계선이나 도덕을 전혀 갖지 못한 짐승들처럼 행동한다.

이 짧은 본문은 끝부분에서 24-26절을 돌아보면서 그들이 역리를 행함으로써 어떻게 공동체가 배교하게 되는가를 보여주고 있다. 이 단락은 "그들의 그릇됨에 상당한 보응을 그들 자신이 받았"다고 하는 새로운 생각을 추가한다. 이렇듯이 죄와 형벌 사이에는 밀접한 상응 관계가 있다. 한 분이시고 유일하게 참되신 하나님을 버리는 행동은 이처럼 정상적인 성관계를 동성 간의 부자연스럽고 부끄러운 행동들로 왜곡시킨 부자연스러운 죄악으로 연결될 수밖에 없다. 이렇게 남자들의 새로운 동성애로부터 생겨난 도덕적인 혼란상은 사회 안에, 그리고 동성 간에 거의 들어보지 못한 수준의 방탕함을 초래한다. 그야말로 하나님의 계시가 이루어지는 한복판에서 맹목적인 행동이 이루어지는 셈이다.

고린도전서 6:9-10의 심판 역시 그에 못지않게 가혹하다. 바울은 완전한 회개와 동성애적인 생활양식으로부터의 전환이 없을 경우에 대하여 다음과 같이 경고한다.

> 불의한 자가 하나님의 나라를 유업으로 받지 못할 줄을 알지 못하느냐? 미혹을 받지 말라. 음행하는 자나 우상숭배하는 자나 간음하는 자나 탐색하는 자나 남색하는 자나 도적이나 탐욕을 부리는 자나 술 취하는 자나 모욕하는 자나 속여 빼앗는 자들은 하나님의 나라를 유업으로 받지 못하리라

다행스럽게도 바울은 11절에서 "너희 중에 이와 같은 자들이 있더니"라는 말을 추가한다. 감사하게도 하나님은 십자가에서의 죽음을 통하여 이 모든 반역 행위들을 깨끗이 씻어주시고 용서하시고 치료하신다. 장차 믿을 사람들을 위해서 말이다.

결론

1. 설령 동성애적인 유혹의 직접적인 기원들 중의 일부가 아직은 불확실한 채로 남아 있다 할지라도, 궁극적으로 그러한 유혹 요소들은

우리의 타락성이나 하나님을 향한 반역과 관련되어 있음이 분명하다.

2. 신약성경은 한때 동성애적인 습관에 빠져들었다가 지금은 더 이상 동성애를 즐기지 않는 자들로 여겨지는 많은 사람들에 관해서 말한다.

3. 오늘날 많은 사람들은 과학이 개개인의 통제 능력을 넘어서서 동성 애적인 상태에 이르게 하는 생물학적인/유전학적인 요인을 규명했 다고 생각한다. 그러나 아직은 그러한 생각을 뒷받침할 만한 증거 가 발견된 적이 없다. 이제껏 가족 내부의 행동 유형들과 뇌의 차이 들이 어느 정도 동성애를 유발하는 요인들로 추정되기는 하지만, 설령 그것들의 정체가 완전히 규명된다 해도 기껏해야 단순히 진정 한 또는 궁극적인 원인들이 아니라 기여 원인들contributing causes일 뿐이다.

4. 복음의 권능은 동일한 성에 속한 다른 사람을 향한 어떠한 불타는 욕망보다도 위대한 것이다. 만일에 복음이 이 영역에서 아무런 힘 도 발휘하지 못한다면, 어떻게 그것이 마지막 날의 부활에서 힘을 발휘할 수 있는 것으로 신뢰의 대상이 될 수 있겠는가?

10

범죄와 사형

- 창세기 9:5-6, 요한복음 8:1-11

범죄에 대한 정의

"공법公法의 지배를 받는 사람들을 보호하거나 그 사람들의 전반적인 안녕을 위하여 필요하다 간주되는, 공법을 위반한 작위나 부작위를 범죄라 한다."[1] 따라서 강간, 모반, 살인, 강도 등과 같은 반사회적인 행동들은 사회가 정한 처벌을 필요로 한다. 범죄를 처벌하려는 욕구는 보복하는 데 일차적인 목적이 있는 것이 아니라 가능한 한 많은 사람들을 위한 정의를 세우는 데 일차적인 목적이 있다. 사람들은 각 정부들이 세운 법정을 통하여 이생에서 그러한 불의한 행동들이 가능한 한 많이 개선되기를 바라고 있다.

범죄 비용

1994년에 미국에서의 범죄는 거의 시계 바늘의 똑딱거리는 소리에 맞추어 계산할 수 있을 정도였다. 22초 간격으로 한 건의 살인이 발생하고, 5분마다 한 건의 강간 사건이 발생하며, 49초마다 한 건의 강도가 발생하니, 거의 헤아리기 어려울 정도로 엄청난 비용이 드는 셈이다. 미국 사람들은 범죄 비용을 위해 해마다 6천7백4십억 달러라는 엄청난 액수를 지불하고 있는 바, 그 중 7백8십억 달러는 사법 체계를 구축하는 데 사용되고, 6백4십억 달러는 개인 보호에 사용되며, 2천2십억 달러는 생명과 일자리 손실을 보충하는 데 사용된다. 그리고 1천2백억 달러는 상업 활동을 겨냥한 범죄들을 처리하는 데 사용되고, 6백억 달러는 도둑맞은 물건들을 보충하는 데 쓰이며, 4백억 달러는 약물 남용을 막는 데, 그리고 1천1백억 달러는 음주 단속에 사용된다.[2]

오늘날의 일반 대중과 기독교인들은 범죄와 더불어 살아가는 법을 배워가고 있으며, 문들과 창들 및 자동차 등을 잠그는 법도 배움과 아울러, 집과 자동차와 그 외의 모든 다른 것들에 경보기를 설치하는 법도 배운 바 있다. 그리고 때로는 보안이 철저한 주거 단지 안에 살고 있기도 하다. 범죄율이 점차 감소하고 있다는 소식이 이따금씩 전해지기도 하지만, 실제로는 1960년 이후로 범죄율은 전국적으로 꾸준히 300% 정도 올랐으며, 가장 크게 늘어난 폭력 범죄의 경우에는 550% 정도의 범죄율 증가를 보이고 있을 정도이다. 부끄럽게도 미국은 산업화된 나라들 중에서 최악의 폭력 범죄율을 보이고 있다.[3]

범죄가 증가하는 이유들

범죄율 증가의 원인은 주로 다음의 사실들에서 찾아볼 수 있다. (1) 범죄자들의 중심 연령층이 해매다 젊어지고 있다. (2) 10대 초반의 마약 사용이 범죄 가능성을 높인다. (3) 자동화 무기의 확산은 말할 것도 없이 총기 문화의 도입으로 인한 매춘과 마약 분야 폭력단들 간의 전쟁.

어떤 이들은 범죄를 불합리한 행동으로 보고 싶어 한다. 이러한 견해는 욕정에서 비롯된 일부 범죄들과 마약 관련 범죄들의 경우에는 타당할 것이다. 그러나 대부분의 범죄들은 종종 범죄 행위로부터 얻을 수 있는 이익과 체포될 가능성을 잘 저울질하여 내린 결정의 열매들이다. 일부 놀라운 통계 자료는 네 명의 기결수들 중 세 명이 감옥생활을 하지 않으며, 중범죄 열 가지 중 한 가지 범죄만이 감옥생활로 연결될 뿐이라고 말한다.[4] 레이널즈Morgan Reynolds가 수행한 또 다른 연구에서는 모든 강도의 98%가 결코 징역 선고로 연결된 적이 없고, 단지 2%만 복역을 마쳤으며, 평균 복역 기간은 단지 13개월뿐이었다![5]

이상의 통계 자료들 외에도, 현재 미국의 상습범 비율반복적인 범죄 재발율이 70-80%에 이르기에 이에 대한 사회와 교회의 대처가 점점 더 힘들어진다는 사실을 추가로 언급할 수 있다. 그러나 콜슨Charles Colson이 운영하는 교도소선교회Prison Fellowship의 후원을 받는 프로그램과 같은 그런 프로그램들을 운영하는 몇몇 경우들에는 상습범 비율이 한 자리 숫자로 떨어진다! 교회가 어떻게 복음의 힘을 보여 줄 수 있는지, 어떻게 하면 그리스도와 그의 말씀의 힘으로 사회에 영향을 주고 사회를 변화시킬 수 있는지를 보여줄 수 있는 가장 좋은 예가 바로 이것이다.[6]

범죄 교정과 사회 복귀를 위한 그러한 프로그램들과 더불어, 특히 사회의 가장 젊은 층을 대상으로 하는 범죄 예방 작업 역시 중요한 의미를 갖는다. 그 까닭은 종종 그들이 절망과 극심한 가난에 직면한 이들이거나 아버지 없는 가정에서는 흔히 찾기 어려운 강력한 남성 역할 모델을 추구하면서 폭력단의 지도자들이 되기를 갈망하는 십대들이기 때문이다. 교회의 각종 프로그램들은, 정상적인 혼인관계를 통해 태어나지 않은 아이들의 숫자가 늘어나고, 미혼모가 장시간 일하면서 가족을 이끌어 가려고 노력하는 중에 가족을 한데 모아야 하는 경제적인 타당성을 넘어서는 지경까지 압박을 받게 되는 바로 그곳을 목표로 삼아야 한다. 범죄 예방 문제에 어떻게든 영향력을 행사하고자 한다면 말이다.

성경은 범죄의 희생자와 범죄자 모두를 위하여 정의와 긍휼을 똑같이 실천할 것을 요청한다. 복음은 모든 죄악과 범죄를 언제든지 용서할 수 있음을 강조하지만, 그렇다고 해서 악이 일반인들에게 영향을 미친다는 사실까지 무시할 수는 없는 노릇이다. 그것 역시 당연히 해결해야 할 문제이기 때문이다.

범죄자를 수감하는 일은 많은 비용을 필요로 한다. 내가 가지고 있는 최근 자료에 따르면, 죄수 한 사람당 해마다 2만5천 달러 정도가 소요된다. 그러나 범죄자를 놓아주는 일은 훨씬 더 많은 비용을 필요로 한다. 어떤 평가 자료에 따르면, 그 비용은 수감 비용보다 17배나 더 많이 든다고 한다.[7]

사형과 제1급 살인

구약성경이 하나님이 사형 처벌을 명하시는 경우들을 많이 기록하고 있기는 해도, 16개 내지는 20개 정도의 그러한 구약 사례들 중 한 개를 제외한 나머지 모두는 "속전"贖錢을 통한 석방이 가능했다. 그러나 민수기 35:31이 가르친 바와 같이, 사전에 계획된 살인의 경우에는 그렇지 않다. 그 이유는 범죄자가 치밀하게 미리 계획을 꾸민 다음에 희생자를 죽이기 위해 "숨어서 기다린" 까닭이다. 많은 유대교 해석자들과 보수적인 해석자들은 민수기 35:31의 특이한 문구에 주목한다. 이 본문을 그대로 옮기면 이렇다. "고의로 살인죄를 범한 살인자는 생명의 속전을 받지 말고 반드시 죽일 것이며."

사형을 필요로 하는 20가지의 범죄들 중에서 오로지 고의 살인자 murderer의 경우에만 대속 내지는 속전이 드려지지 못하거나 받아들여지지 않는다. 하나님의 형상을 따라 창조된 다른 사람의 생명을 멸한 자는 행정 당국에 의하여 하나님께 바쳐져야만 한다. 그렇지 않을 경우, 그렇게 하는 데 실패한 죄는 주변 공동체의 모든 구성원들이 스스로 받아들일 수밖에 없으며, 그 희생자의 피는 하나님의 집으로, 그리고 그러한 죄를 범한 자의 생명을 하나님께 바치기를 거부한 성읍의 지도자들에게로 흘러 들어가게 되어 있다. 그 까닭은 사전에 계획된 살인의 경우를 대상으로 하는 하나님의 사형 처벌 명령을 이행하지 못한 공동체가 그 형벌 자체를 감당해야만 하기 때문이다.

그러나 사형에 해당하는 범죄가 어린이 유괴처럼 죄의 심각성을 드러낸다 할지라도, 제1급 살인을 제외한 모든 사형 범죄는 속전을 통하여 면제될 수 있으며 "속전"을 뜻하는 히브리어 낱말의 어근은 '대속물로 구원하다 또는 몸값을 치르다'는 뜻을 가지고 있다, 만일 그 공동체와 재판관들이 그것을 받아들인다면 그 대속물은 범죄자의 죄악을 속할 수 있다.

우리는 기독교회에서 사형이 오늘날의 우리에게는 적용되지 않는다는 얘기를 자주 듣는 편이다. 왜냐하면 예수께서 산상설교마 5:43-48에서 사형을 없애셨기 때문이다. 그러나 산상설교를 주의 깊게 연구해 보면, 예수께서 사적인 복수의 열망을 경고하셨음을 알 수 있다. 그는 정부의 권력이나 책임을 제한하지 않으셨다. 로마서 13:1-7에 그 점이 분명하게 드러나 있다.

다른 이들은 정부가 사형을 집행함으로써 살인에 관여하고 있다고 불평한다. 그 까닭은 십계명의 여섯 번째 계명이 살인자에 대한 국가의 사형 선고를 엄격하게 금하기 때문이라는 것이다. "살인하지 말라"출 20:13. 사실 히브리어는 "죽이다"라는 뜻을 가진 낱말을 일곱 개가지고 있다. 여섯 번째 계명에 사용되는 낱말인 **라차흐**는 구약성경에서 단지 47회만 나올 뿐이며, 그것을 사전에 계획된 살인에 한정시키고 있다는 증거가 분명하다. 그리고 어떤 경우들에는 그것이 살인죄를 범한 자의 피에 대하여 보복하는 자에게 적용되기도 한다.[8] **라차흐**는 전쟁터에서 적군을 죽이거나 희생제사용 동물을 죽이는 데에는 한 번도 사용되지 않는다. 따라서 그러기에 정부는 의심할 여지없이 사전에 계획된 살인임이 분명하게 입증된 경우에 하나님이 부여하신 사형 집행권을 가지고 있는 셈이다. 출애굽기 21:12-36은 로마서 13:4에서 "칼"이 의미하는 것과 마찬가지로 그러한 살인자들을 벌할 것을 정부에게 요구한다.

그러나 이제 성경으로 돌아가서 제1급 살인의 경우에 이루어질 사형 처벌에 대하여 가르치는 본문을 살펴볼 때가 되었다.

살인의 희생자들은 쓰레기가 아니다

본문 창세기 9:5-6

주제 "살인의 희생자들은 쓰레기가 아니다"

요절 6절, "이는 하나님이 자기 형상대로 사람을 지으셨음이니라"

설교의 핵심어 요구들

지난 수십 년 동안에 사형에 대한 혐오감이 점점 늘어났다. 그런데 오래 전인 1764년에 형법 개혁에 지대한 영향을 미친 베카리아 Cesare Beccaria, 1738-1794, 이탈리아의 형법학자는 다음과 같이 말한 바가 있다. "살인을 싫어하여 처벌을 명하는 법들이 살인을 막기 위하여 공적으로 살인을 집행한다는 것은 불합리하지 않은가?"[9] 그러나 이러한 반대 의견은 위에서 살핀 바와 같이 사형을 명하는 동일한 성경이 정부에게 그 일을 집행할 것을 명하고 있다는 사실을 인식하지 못하고 있다.

I. 하나님은 사회가 문제 해결에 대한 책임을 질 것을 요구하신다 창 9:5

우리는 하나님의 이 명령이 아주 단순한 형태로 되어 있다는 점을 주목하지 않으면 안 된다. 왜냐하면 이로써 하나님은 자신이 직접 정하신 것을 사람들에게 양도하신 것이기 때문이다. 그것은 사람들에게 제1급 살인 범죄를 저지른 다른 사람들을 벌하도록 정한 명령이다. 물론 이 명령이 본래 모세의 율법 때문에 만들어진 것이 아니다. 이 명령이 모세의 율법보다 시간적으로 수 세기나 앞서기 때문이다. 뿐만 아니라 6절을 모세의 율법으로 바꾸기를 원하는 자는 엄격한 채식보다는 고기 먹는 문제를 다루고 있는 4절과 5절도 똑같이 모세의 율법으로 바꾸어야 한다.

어떤 이들은 이전에 하나님이 자기 동생을 죽인 가인을 벌하셨던 것에 근거하여 이 명령에 이의를 제기한다. 말하자면 하나님은 가인이 자신의 악한 행동으로 인하여 죽을 것이라고 말씀하시는 대신에 두 번째 기회를 그에게 주지 않으셨던가? 창세기 4:13-16은 이렇게 말한다.

> 가인이 여호와께 아뢰되, "내 죄벌이 지기가 너무 무거우니이다. 주께서 오늘 이 지면에서 나를 쫓아내시온즉 내가 주의 낯을 뵈옵지 못하리니, 내가 땅에서 피하며 유리하는 자가 될지라. 무릇 나를 만나는 자마다 나를 죽이겠나이다." 여호와께서 그에게 이르시되, "그렇지 아니하다. 가인을 죽이는 자는 벌을 칠 배나 받으리라" 하시고, 가인에게 표를 주사 그를 만나는 모든 사람에게서 죽임을 면하게 하시니라. 가인이 여호와 앞을 떠나서 에덴 동쪽 놋 땅에 거주하더니

가인은 누구를 두려워하였는가? 그는 하나님을 두려워하였다. 왜 그런가? 하나님이 자신에게 사형을 내리실 것임이 두려워서였을 것이다. 그게 아니라면 다른 사람들이 자기를 보고서 비슷한 행동을 할까 두려워서였을 수도 있다. 그렇다면 자신의 뜻을 바꾸지 않으시는 하나님이, 뒷부분의 다른 성경 본문들과는 뚜렷하게 대조되게, 왜 가인을 죽임 당할 위협으로부터 보호하려고 마음을 바꾸신 것일까?

그러나 하나님의 의도는 가인을 보호하는 데 있지 않았다. 왜냐하면 그를 보호하는 일은 보다 중요한 의도, 곧 아담의 식구들을 보호하려는 의도의 부산물일 뿐이기 때문이었다. 만일에 그렇지 않았다면,

하나님은 아담의 식구들로 하여금 가인에 대하여 불리한 증인의 역할을 수행하게 하고, 이어서 가인을 정죄하려는 재판관과 배심원의 역할을 하게 한 다음에 마지막으로는 가인을 처벌하는 자들의 역할을 수행하도록 부르셔야만 했을 것이다. 그러나 이러한 일련의 변화들은 한결같이 하나님이 그토록 열심히 지키고자 하시던 가족 내부의 법질서를 깨뜨리는 결과를 초래했을 것이다. 따라서 하나님이 지키고자 하신 것은 가족 내부의 법질서였지 가인이 아니었다.[10] 아직까지는 그러한 역할을 수행할 다른 사람들이 없었기에, 하나님은 아담의 식구들이 그러한 역할을 수행함으로써 스스로를 해치거나 공격하는 것을 원치 않으셨다.

그러나 노아의 홍수 이후로 그러한 상황이 바뀐다. 하나님은 이제 사람들이 다른 사람들에 의하여 폭력적인 방식으로 사라진 생명에 대하여 스스로 문제 해결을 위해 나서기를 기대하신다. 물론 그것은 희생자 가족의 슬픔을 누그러뜨리기 위하여 그들에게 책임을 떠넘기는 것이 아니요, 살인의 확산을 늦추는 것과도 같은 일들을 하도록 사회 전체에게 책임을 떠넘기는 것도 아니다. 도리어 그것은 문제 해결을 위해 하나님께 직접 호소하는 것을 가리킨다. 바로 이 때문에 그 명령은 유별난 것이요, 대단히 중요한 것이다.

II. 하나님은 범죄자를 처벌할 것을 요구하신다 창 9:6a

사형 처벌의 필요성은 히브리어 동사 **이샤팍** "흘리게 할지니라"에 잘 압축되어 있다. 이것은 단순히 "흘리게 할지니라"를 뜻하는 암시일 뿐인가, 아니면 "흘리지 않으면 안 된다"라는 명령인가? 그것은 서술적인 표현인가 아니면 규범적인 표현인가? 5절에서 하나님이 "그에게서 그의 생명을 찾으실" 것이라고 말씀하는 것으로 보아, 이것은 단순히 하나님의 허락을 받았다는 암시일 수가 없다. 그것은 위로부터 내려오는 명령이다.

그러한 행동을 원하시는 분은 하나님 자신이다. 그러나 그것을 실행에 옮기는 자는 다른 사람들이어야 한다. "다른 사람의 피를 흘리면 그 사람의 피도 흘릴 것이니." 그 일은 어려울 것이다. 그러나 그 명령은 다른 사람에게 행한 매우 심각한 범죄 행위에 관하여 하나님이 사람들에게 주신 명령들 중 가장 거룩한 실행 명령이다.

III. 하나님은 선물로 주어진 하나님의 형상과 생명의 가치를 동급으로 볼 것을 요구하신다 창 9:6b

하나님이 이처럼 특별한 명령을 주신 이유는 이 법령의 뒷부분에 곧바로 이어져 나온다. "이는 하나님이 자기 형상대로 사람을 지으셨음이니라" 6b절. 이 설명은 범죄자가 하나님의 형상대로 만들어졌기에 그를 사형에 처해서는 안 된다는 것을 뜻하지 않는다. 도리어 그것은 희생자가 하나님의 형상대로 만들어졌기에 더할 수 없이 귀하고 소중한 존재임을 의미한다. 하나님의 형상대로 만들어진 사람들은 쓰레기나 잡동사니가 아니다.

이러한 인과율적인 이유에 의하여 인간의 소중함은 동물계의 소중함이나 다른 모든 생명체의 소중함을 훨씬 넘어선다. 따라서 살인은 하나님 자신의 형상을 내던지고 때리거나 부수는 행동이나 다름이 없다. 살인은 대단히 무거운 범죄이다. 왜냐하면 그것은 각 개인 안에 있는 하나님 형상의 위엄에 맞서는 죄악이기 때문이다. 어떤 사람이 아무리 수치스러워 보이고 타락해 보인다 할지라도, 그를 마음대로 버릴 수 있는 쓰레기나 완전히 비참해진 사람으로 여겨서는 안 된다. 왜냐하면 그는 하나님의 형상으로 만들어진 존재로서, 상당한 내적

잠재력과 중요성을 간직하고 있기 때문이다.

따라서 우리는 권력을 행사하고 정의를 집행할 때 창조주이신 하나님을 대변하지 않으면 안 된다. 사람들이 하나님의 이러한 명령을 이행하는 데 실패한다면, 그들은 살인자의 머리에 임해야 할 심판을 자신과 공동체의 머리에 두는 것이나 다름이 없다.

결론

하나님은 국가에게 살인자를 벌할 것을 명하시는 분이다. 이 점은 하나님이 살인자의 죄를 포함한 세상의 모든 죄를 위하여 자기 아들을 죽게 하셨다는 가르침 요 12:47에 어긋나지 않으며, 그것을 부정하지도 않는다. 신학적인 용서 개념에 비추어볼 때, 우리 주님은 모든 사람들의 죄짐을 대신 지심으로써 모든 이들을 용서하시는 분이다. 그러나 용서받는다고 해서 다른 누군가의 생명을 이른 시기에 빼앗아가는 행동으로부터 생겨나는 공적인 결과들까지 다 사라지는 것은 아니다. 따라서 살인자가 나중에 참으로 자신의 죄를 회개하고서 하나님의 용서를 받을 수도 있겠지만, 그가 저지른 범죄의 결과가 희생자의 생명에 항구적인 영향을 미칠 정도로 그의 죄는 과격한 것이다. 살인이 거듭되는 중에도 날마다 인간의 생명이 경시되도록 하지 않기 위해서는, 사전에 계획된 살인을 한 사람은 모세에게 율법이 주어지기 오래 전에 선포된 하나님의 명령을 따라 처벌받아야 한다.

어떤 이들은 "점진적인 계시"가 제1급 살인의 문제와 관련된 이 오래된 명령을 강조할 필요성을 사라지게 만든다고 주장한다. 만일에 민법과 예식법의 법적인 요구들이 사라졌다면, 동일한 추론에 비추어 볼 때, 왜 율법보다 먼저 주어진 이 명령 역시 사라지지 않은 것일까?

뿐만 아니라 신약성경에는 구약의 정의 요구를 대신할 자비와 용서에 대한 요구가 있지 않은가? 그리스도의 죽음은 우리가 범한 모든 죄의 대가를 지불함으로써 추가 속죄를 완전히 무의미한 것으로, 그리고 불신앙의 증거로 여기지 않았던가?

확실히 "점진적인 계시"는 신적인 계시 역사에서 하나님의 진리를 점진적으로 드러내는 것을 의미한다. 이로써 하나님은 우리에게 세상 모든 것들을 드러나게 하시는 시대의 흐름 속에서 계시의 비율을 맞추고 속도를 조절하셨다. 바로 앞에서 말한 모든 것들은 다 옳다. 그러나 계시의 진행 과정 속에서 하나님이 애초에 말씀하신 것이 폐기되었음을 보여 주는 원리를 성경 본문에서 찾아야 한다는 것도 옳다. 여기서 우리는 신약성경이 로마서 13:4에서 인간 정부에게 사형 집행의 권한을 주셨으며, 사형에 해당하는 범죄가 있다는 것을 사도 바울이 인식하고 있었다는 사실을 추가할 필요가 있다. 바울은 베스도 앞에서 자신을 변호하면서 다음과 같이 말한 바가 있다. "내가 만일 불의를 행하여 무슨 죽을 죄를 지었으면 죽기를 사양하지 아니할 것이나" 행 25:11. 이것 역시 성경이 사형에 관해 가르치고 있음을 보여 주는 증거 자료로 인정받은 바 있다.

음행 중에 사로잡힌 여인의 특별한 상황

비록 요한복음 8:1-11이 살인의 경우를 다루고 있는 것은 아니지만, 이 본문은 자주 예수께서 모세의 율법을 제쳐 놓으신 사례로 널리 인용된다.[11] 이 본문에 의하면, 서기관들과 바리새인들이 예수께 나아와서 "음행 중에 있던" 어떤 여인을 잡아왔다고 말한다.[12] 그들이 어떻게 "아침에"8:2 그런 일을 하는 한 여인을 알았는지는 흥미로운 문제이다. 그럼에도 불구하고 그들이 볼 때 그것은 예수를 잡기 위하여 그들이 설치한 지극히 현명한 함정이었다. 왜냐하면 예수께서 율법을 거슬러 율법의 제재 조치를 시행하지 않는 일종의 율법 폐기론자가 되거나 당시에는 시행되지 않던 제재 행위, 곧 그 여인을 돌로 칠 것을 요구해야만 하는 상황에 처해 있었기 때문이다. 그들은 이렇게 함으로써 예수를 평판이 나쁜 사람으로 만들고자 했다. 그것은 율법 교사들과 바리새인들이 볼 때 어느 쪽에나 유리한 상황이었다.

그들이 예수께 다가와 말을 걸던 때가 언제였는지를 주목하는 것은 여기서 매우 중요한 의미를 갖는다. 당시에 예수께서는 성전 안에 있었다2절. 그 여인을 고소하던 자들은 예수께 "선생이여, 이 여자가 간음하다가 현장에서 잡혔나이다" 4절라고 말한다. 그들은 계속해서 "모세는 율법에 이러한 여자를 돌로 치라 명하였거니와 선생은 어떻게 말하겠나이까?" 5절라고 말한다. 요한복음은 6절에서 "그들이 이렇게 말함은 고발할 조건을 얻고자 하여 예수를 시험함이러라"라고 말한다.

놀랍게도 우리 주님은 즉각적인 답을 주지 않으시고, 도리어 성전 경내에서 엎드려 손가락으로 땅에 무엇인가를 쓰기 시작했다. 그곳에는 예수께서 쓰신 것이 무슨 내용인지를 정확하게 아는 것으로 보이는 많은 사람들 그들은 대부분이 서로를 몰랐다이 있었지만, 본문은 예수께서 무슨 내용을 쓰셨는지 조금도 암시를 주지 않는다. 그들이 계속해서 예수께 질문을 던지자 그는 몸을 일으키시고서는 단지 이렇게 말씀하셨을 뿐이다. "너희 중에 죄 없는 자가 먼저 돌로 치라" 2b절. 그는 다시금 땅에 글 쓰는 일을 계속하셨다.

그를 고소하던 자들은 나이 많은 사람들을 필두로 천천히, 그러나 확실히 그곳을 슬그머니 빠져나가기 시작했고, 마침내는 예수와 그 여인만 남게 되었다. 그처럼 예수를 강하게 몰아붙이고 그를 함정에 빠뜨리려고 애쓰던 그들이 왜 갑자기 그처럼 무기력한 모습을 보이게 된 것일까? 그들로 하여금 바로 그 순간에 곁에서 꼼짝 않고 기다리면서 그 여인을 향한 정의가 실행되기를 기다리는 것보다 더 중요한 어떤 일이 있다고 갑자기 결정 내리게 한 것은 예수께서 말씀하신 것 때문이었을까, 아니면 그가 땅에 쓰신 글 때문이었을까, 그것도 아니면 그가 성전 바닥에 쓰신 내용으로 무엇인가를 암시하셨기 때문이었을까? 갑자기 종교적인 열정이 사그라지고 말았다. 그러나 왜 그토록 갑작스럽게 그런 일이 일어났으며, 왜 하필이면 그 순간에 그러했던 것일까?

예수께서 성전에서 몸을 굽혀 땅 위에 글을 쓰셨다는 사실은 그들의 마음과 정신 속에 구약성경에 있는 유일한 죄인 판별법을 불현 듯 떠올리게 했음에 틀림이 없다. 민수기 5:16-24에 의하면, 자기 아내의 간통을 의심하는 남편이 있다면, 그는 그녀를 야웨 앞 성막으로 데리고 가야 한다. 제사장은 토기에 거룩한 물을 담고 성막 바닥의 티끌을 취하여 물에 넣어야 한다. 바로 이것이 예수께서 사건 현장에서 다시금 재현하고자 하시던 것이었을까? 이어서 그는 자기 손에 그 물을 들고서 여인에게 맹세를 시킨 후, 그녀에게 죄인 판별법에 해당하는 그 쓴 물을 마시게 해야 한다. 만일에 그녀에게 죄가 있다면, 그녀의 몸이 부어오를 것이요, 만일에 그녀에게 죄가 없다면, 아무 일도 일어나지 않을 것이다. 이러한 의식의 요점은 죄가 정신과 신체에 영향을 준다는 심신 상관 원리 psychosomatic에 의하여 범죄한 자의 몸이 부어오를 것이라는 데 있는 것으로 보인다. 전통적인 믿음에 의하면, 이러한 시험 방법은 어떤 여인이 바로 앞의 경우처럼 어떤 남편이 자기 아내에게 혐의를 둔 것과 동일한 죄인 자기 남편의 간통을 의심하는 경우에도 똑같이 사용될 수 있었을 것이다.

그런데 요한복음의 사건 현장에서는 율법 교사들과 바리새인들이 질투심 많은 남편의 역할을 수행하고 있다. 언뜻 보기에, 예수께서 몸을 굽히고서 성전 땅바닥에 계속 무엇인가를 쓰거나 긁적거리는 것을 보는 순간, 훈련받은 그들의 정신은 민수기 5장으로 되돌아갔을 것이요, 사태가 자기들에게 불리하게 돌아가기 전에 그곳을 빠져나가는 것이 좋겠다는 결정을 내렸을 것이다.

예수께서는 그녀에게 이렇게 물으셨다. "여자여, 너를 고발하던 그들이 어디 있느냐? 너를 정죄한 자가 없느냐?"

이에 그녀는 "주여, 없나이다"라고 대답했다.

그러자 예수께서는 "나도 너를 정죄하지 아니하노니 가서 다시는 죄를 범하지 말라"라고 선언하셨다 10-11절.

예수께서는 이 여인이 죄를 범하였음을 알고 있었다. 그녀가 가서 더 이상 죄를 범해서는 안 되는 이유는 바로 그 때문이었다. 본문의 강조점은 고소자들이 예수를 함정에 빠뜨리기 위하여 신중하게 마련한 명분을 갑자기 버리기로 결정하는 순간 그녀를 고소하던 법적인 근거가 사라졌다는 데 있다. 어쩌면 그들 자신이 그 시험을 통과하지 못했을 수도 있다. 그 까닭에 그들로서는 그 일을 내버려둔 채로 예수를 고소할 계책을 꾸밀 수 있는 또 다른 기회를 찾아나서는 것이 더 나았을 것이다.

예수께서는 그 여인에게 종교적인 용서를 선물로 주셨지만, 민·형사 처벌의 면제는 불가능하였다. 그녀를 고소하던 법적인 근거가 사라졌기 때문이다. 만일 그녀의 남편이 낌새를 눈치 채고서 용서받은 아내와 증인들을 데리고서 되돌아왔다면, 그녀를 고소하던 법적인 근거가 되살아났을 수도 있다. 설령 그녀가 영적인 차원에서 용서를 받았다 할지라도 말이다. 그러나 예수께서는 누가복음 12:13-14의 부동산 논쟁에서 그러했던 것처럼 법적인 문제를 다루는 재판관이 되기를 거부했을 것으로 보인다. 민사적인 유죄 선고는 민법을 위반한 범죄 행위를 대상으로 하는 것이다. 민사 처벌 면제는 유죄 선고 받은 사람이 자신의 죄에 대한 벌금을 지불할 때에만 비로소 가능하다.

그러나 나처럼 이 이야기의 진정성을 믿는 입장에서 본다면, 예수께서 자비나 친절의 편에 서서 법적인 문제를 면제해 주셨다는 결론을 내려서는 안 된다. 그것은 이 이야기를 잘못 사용함으로써 생겨난 결과일 것이다.

11

자살, 영아 살해, 안락사

- 욥기 14:1-6

삶과 죽음의 윤리는 최근 몇 년 사이에 언론 매체에 의해 널리 알려진 다수의 사례들을 통하여 주요 관심의 대상으로 주목을 받기에 이르렀다. 그러나 평신도들과 목회자들 및 의사들을 한층 더 많이 괴롭히는 문제는 "생명 유지 장치를 언제 떼어낼 것이냐"의 문제이거나 "죽음"에 대한 올바른 정의는 무엇이며 죽음이 언제 이루어지느냐의 문제이다. 과학 기술의 발전은 이러한 문제들 중의 일부를 점점 대답하기 어려운 것들로 만들었다.

개념 정의

자살 suicide 이라는 낱말은 1651년에 찰턴 Walter Charleton 이 처음으로 만들어낸 것이다. 그의 주장은 다음과 같다. "자살 sui-cide, 하이픈은 찰턴의 연결을 통하여 자기 자신을 달리 해결할 길이 없는 극단적이고도 불가피한 재난으로부터 해방시키는 행동은 죄가 아니다." 하이픈으로 연결된 이 낱말은 라틴어가 아니다. 도리어 그것은 두 개의 라틴어 낱말들을 연결하고 있다. *sui*는 "자신"을 뜻하고, *cide*는 "죽이다"를 뜻한다.

일찍이 던John Donne은 그의 악명 높은 작품 『자살론』Biathanatos, "폭력에 의하여 죽다"는 뜻의 헬라어를 자의적으로 만든 표현[1]에서 "자기 살인"self-homicide을 보다 부드럽고 보다 중립적인 용어로 규정하였지만, 찰턴이 만들어낸 "자살"suicide이라는 용어가 판정승을 거두었다. 독일어에서는 *Selbstmord*"자기 살인"가 더 흔히 쓰이는 용어이지만, *Suizid*"자살"라는 용어가 더 전문적이고 임상학적으로 선호되는 용어이다. 그러나 자살은 더 이상 찰턴이 의도하던 것과도 같은 객관적이고 중립적인 용어가 아니다. 자신의 생명을 취하는 행동은 하나님이 주신 여섯 번째 계명을 위반하는 것이기 때문이다.

사실 자살은 마지막 수단으로 또는 약물 복용과도 같이 행동을 통해서나 음식물 섭취를 거부하는 것과도 같이 행동을 억제함으로써 견딜 수 없는 고통에 종지부를 찍기 위한 수단을 사용해 자신의 생명을 의도적으로 취하는 행동을 포함한다. 그러나 오로지 더 큰 비극을 피하기 위해서만 자신의 목숨을 의도적으로 취하는 경우들도 있다. 그 예로서 만일에 어떤 트럭 운전사가 다리 위에서 놀고 있는 아이들을 극적인 순간에 발견하고서는, 자신이 방어적인 행동을 취하지 않는다면 그들이 확실히 죽을 것임을 예견한 나머지, 그 아이들을 치지 않기 위하여 절벽 쪽으로 차를 운전했다면, 그의 죽음은 참으로 의도적인 것이다. 그러나 그것을 자살 행위와 같은 범주에 넣는다는 것은 적절치 않은 것으로 보인다. 이 경우 그러한 행동은 아이들을 살리기 위하여 자신을 희생한 것으로 보는 것이 더 나을 것이다.

안락사euthanasia라는 낱말 역시 자살의 경우와 마찬가지로 두 부분으로 이루어져 있다. 이 경우에는 "좋은" 또는 "쉬운"을 뜻하는 헬라어 접두사

*eu*와 ^{"죽음"을 뜻하는} *thanatos*가 그에 해당한다. 그러나 기독교의 시각에서 볼 때, 이 용어가 실제로 뜻하는 바는 "좋은" 것도 아니고 "쉬운" 것도 아니다.

안락사와 영아 살해 및 자살 등에 관한 논의의 역사

안락사와 영아 살해 및 자살 등에 관한 논쟁들은 최근 들어 이루어진 것들이 아니다. 그 예로서 그리스 사람들은 이 주제들에 대해서 계속해서 논쟁을 벌인 바가 있었다. 이를테면 피타고라스학파는 안락사에 반대하였지만, 스토아학파는 특히 불치병의 경우 안락사의 활용을 적극 주장하였다. 고대 그리스에서는 원치 않는 아이나 기형아를 버리는 일이 드물지 않았다. 사실 스파르타의 도시 국가에서는 그러한 아이들을 버리거나 지우는 것이 법적으로 요구되는 일이었다.

철학자 플라톤은 자신의 작품 『국가 · 정체政體』Republic, 서광사 역간에서 이상적인 국가라면 지체 장애를 가진 아이들을 약간 궁벽한 곳에 묻는 게 도리라고 제안한 바가 있다. 이와 마찬가지로 아리스토텔레스는 "불완전하거나 불구가 된 것은 그 어떤 것도" 이상적인 국가 안으로 들이지 않기를 원했다. 뿐만 아니라 국가는 모든 결혼한 부부가 가질 수 있는 자녀의 수를 규정해야 한다. 로마에서도 이와 비슷한 법규들이 제정되었다. 그 법규들은 국가에서 허용한 숫자를 넘어서는 아이는 무조건 유산시켜야 한다고 규정하고 있었다. 로마의 열두 토판Twelve Tablets은 기형아 양육을 금지하였다. 산업화 이전 시대의 일본에서는 영아 살해가 흔했으며, 논에서 벼 농작물을 솎을 때 하는 것처럼 "가늘게 만들다"를 뜻하는 낱말인 마비키mabiki로 칭하여졌다.[2] 이와 관련된 인도의 생명 파괴 현실을 살펴보면, 수티suttee라고 불리는 힌두교 관습은 과부에게 남편의 화장용 장작더미 위에서 이루어질 화장에 복종할 것을 요구한다.

다른 한편으로 정통 유대교에는 "키두쉬 하쉠" Kidush Ha-shem, 성호를 거룩하게 한다는 뜻라고 불리는 것이 있는 바, 이는 레위기 22:31-32에 기초하여 만들어진 것이다. 유대인이라면 누구나 하나님의 이름을 영화롭게 하기 위해 자신의 생명을 취하는 일을 포함하여 자기 힘으로 할 수 있는 모든 일을 다 해야만 한다. 그 까닭에 주후 70년에 마사다 Masada에서 9백6십 명이나 되는 남자들과 여자들 및 아이들이 로마 사람들이 자기들을 생포하는 것을 막기 위하여 스스로 목숨을 끊었던 것이다. 또한 탈무드 Talmud, Gittin 57b에 따르면, 4백 명의 소년들과 소녀들이 적군에 의하여 "부도덕한 목적"에 동원되었지만, 이교도들의 부도덕한 일에 연루되는 것을 피하기 위하여 그 아이들은 모두 바다에 몸을 던져 익사하고 말았다.

어거스틴은 자살이 살인보다 나쁘다고 가르쳤다. 왜냐하면 그것 역시 여섯 번째 계명을 위반한 행동이기 때문이라는 것이다. 그가 사용한 삼단 논법은 다음과 같다. 사람을 죽여서는 안 된다. 나는 사람이다. 따라서 나는 자신을 죽여서는 안 된다.

이와 마찬가지로, 아퀴나스 Thomas Aquinas, 1225-1274는 스스로 목숨을 끊는 자들에 대한 삼중적인 고발의 메시지를 다음과 같이 가르쳤다. 자살은 자신에게 지켜야 할 의무를 저버린 행동이다. 자살은 공동체에게 지켜야 할 의무를 저버린 행동이다. 자살은 하나님께 지켜야 할 의무를 저버린 것이다.

하나님의 형상을 따라 만들어진 인간의 소중함을 가르치는 기독교의 원리들은 이러한 자기 파괴의 개념들이 확산되는 것을 막는 일에 많은 기여를 하였다. 히포크라테스의 선서 역시 의사들로 하여금 정기적으로 다음과 같이 맹세하게 함으로써 그 나름의 역할을 수행하였다. "나는 누군가가 원한다 할지라도 독약을 그에게 주지 않을 것이며, 그러한 결과가 생겨나게 하는 제안을 하지도 않을 것입니다."

그럼에도 불구하고 1935년에 영국의 안락사 협회Euthanasia Society는 불치병에 걸린 환자들을 위한 "좋은 죽음"이라는 개념을 널리 확산시키기 시작하였다. 몇 년 후에는 미국에서도 이와 비슷한 협회가 생겨났다. 험프리Derek Humphry는 특히 미국 내에서 안락사를 확산시키기 위하여 "헴록 협회"Hemlock=독당근의 열매에서 채취한 독약를 결성하는 데 주도적인 역할을 수행하였다. 이는 베스트셀러가 된 그의 책『마지막 출구: 죽어가는 자들의 자기 구원과 자살을 돕기 위한 실제적인 지침들』 Final Exit: Practicalities of Self-Deliverance and Assisted Suicide for the Dying에 잘 설명되어 있다. 1975년에 그는 자기 아내의 죽음을 도와주었다. 이는 『내가 깨어나기 전에 죽게 해주세요』Let Me Die Before I Wake라는 책에 자세하게 설명되어 있다.

미국에서 굉장한 영향력을 행사하면서 특허 받은 자살 기계 "Mercitron"으로 불리며 "자비를 베푸는 작은 기계"라는 뜻로 상당히 많은 사람들에게 도움을 주었던 또 다른 사람이 있는데, 그는 곧 의사 케보키언Dr. Jack Kevorkian이다. 그의 책 제목은『처방약: 계획된 죽음의 아름다움』 Prescription-Medicine: The Goodness of Planned Death이다. 이 의사는 저녁 식사 때에 사람들을 만난 후에 그들의 최후를 돕기 위해 그가 만든 기계가 대기 중인 폴크스바겐 벤을 향해 운전하여 가곤 했다. 최근에 출소한 케보키언은 2008년에 미시간 주의 선출직에 출마한 적이 있다. 그가 사람들의 자살을 돕는 방법은 문서로 잘 정리되어 있다. 그는 환자의 팔에 정맥주사용 관을 집어넣은 다음, 환자가 자살 기계의 단추를 누를 때까지 그 관을 통하여 계속해서 생리식염수를 조금씩 집어넣는다. 환자가 그 기계의 단추를 누르면 그 기계는 환자를 무의식 상태에 빠뜨리는 약물을 조금씩 주입하고, 이어서 그를 죽음에 이르게 하는 독약을 주입한다.

1997년 6월 26일에는 미연방대법원이 안락사를 부결시켰으며, 의사 조력 자살physician assisted suicide이 헌법 정신에 합치된다고 주장하던 주들의 안락사 찬성 법안들을 폐기시켰다.

성경 안에는 자살에 관한 여섯 개의 사례들이 담겨 있다. 그 첫 번째는 기드온의 아들 아비멜렉이다. 그는 자신의 무기를 든 청년에게 칼로 자신을 찔러 죽임으로써, 맷돌 위짝을 머리 위에 던져 자신의 두개골을 깨뜨린 한 여인의 손에 자기가 죽임을 당했다고 사람들이 말하지 않게 해달라고 청한다 삿 9:50-56. 그의 무기를 든 청년은 아비멜렉의 명령에 순종하여 그를 죽인다.

두 번째 사례는 사울 왕에게서 발견된다. 그는 블레셋 사람들과의 전쟁에서 중상을 입는다. 그도 자신의 무기를 든 자에게 자신을 비참한 신세로부터 벗어나게 해달라고 명한다. 그러나 자신의 무기를 든 자가 그렇게 하기를 거부하자 사울은 자신의 칼 위에 엎드려 스스로 목숨을 끊는다 삼상 31:1-6.

자살의 세 번째 사례는 사사 삼손에게서 발견된다. 그는 블레셋 사람들에 의하여 시력을 잃게 된 것에 대한 마지막 보복 행위로 자신을 사로잡아 감옥에 가둔 블레셋 사람들이 잔치를 벌이던 2층 건물의 중심 기둥 두 개를 허물어뜨린다. 문자 그대로 그는 그 집이 자신과 3천 명 가량의 블레셋 사람들 위에 덮치게 했던 것이다 삿 16:23-31.

자살의 네 번째 사례는 지혜롭고 재주 많은 다윗의 모사 아히도벨에게서 찾아볼 수 있다. 다윗이 압살롬의 반란에 떠밀려 예루살렘을 벗어나게 되자, 아히도벨은 다윗의 편에 서지 않고 압살롬의 편에 선다. 그러나 다윗은 또 다른 모사인 후새를 예루살렘으로 보내어 아히도벨의 지혜로운 계략을 물리치게 만든다. 그리하여 결국 압살롬이 이끄는 반역의 무리는 극적이면서도 흥미로운, 그러나 적절치 않은 후새의 계략을 받아들인다. 그 모든 일들이 뜻하는 바를 깨달은 아히도벨은 고향으로 돌아가서 "집을 정리하고" 스스로 목매어 죽는다삼하 17:23.

자살의 다섯 번째 사례는 시므리 왕에게서 찾아볼 수 있다. 이스라엘에서 가장 짧은 기간 동안 7일 통치한 왕으로 기록되어 있는 그는 디르사에서 왕위 찬탈자인 오므리에게 포위당한다. 탈출할 방도가 없다는 것을 알게 된 시므리는 왕궁 요새로 들어가서 그곳에 불을 지른다. 그도 결국에는 스스로 목숨을 끊은 셈이다왕상 16:15-19.

예수의 제자인 유다는 성경 안에서 자살의 여섯 번째 사례에 해당하는 사람이다. 주님을 배반한 후에 자신이 무슨 일을 했는지를 깨달은 그는 유대인 당국자들에게서 받은 은전 서른 닢을 취하여 성전 마루에 던진 다음에 밖으로 나가서 스스로 목매어 죽는다마 27:3-10, 행 1:1-19.

안락사의 여러 형태들

윤리적이고 의학적인 논의의 차원에 비추어볼 때 안락사는 흔히 네 개의 범주들로 나누어진다.

1. **자발적이면서도 수동적인 안락사.** 이 형태는 의료진이 순전히 자연의 흐름을 따라 움직이는 경우를 가리킨다. 이때의 안락사는 환자의 요청이 반드시 있어야 한다. 의사는 환자의 죽음을 앞당기기 위한 어떠한 조치도 취하지 않고, 단지 환자를 보살피고 위로하며 상담해줄 뿐이다.
2. **자발적이면서 능동적인 안락사.** 이 경우에 환자는 의사에게 어떤 적극적인 수단을 사용하여 자신의 죽음을 앞당겨줄 것을 요청

한다. 배우자나 친구 또는 친척 등의 비의료진에게도 환자의 죽음을 돕도록 허용할 수 있는지에 대해서는 논란이 많다.

3. **강제적이면서 수동적인 안락사.** 이 상황에서는 환자가 자발적인 죽음의 의사를 밝히지 않으며 그렇게 할 수도 없다. 그 까닭에 의료진은 환자를 구하기 위한 특별한 조치를 취하지는 않지만, 종종 코에 연결된 튜브와 항생제 및 인공호흡기 같은 생명 유지 장치 등을 제거할 때가 있다.

4. **강제적이면서도 능동적인 안락사.** 이 경우에 의사는 환자의 희망과는 무관하게 죽음을 앞당기기 위한 모종의 조치를 취한다. 그렇게 하는 이유는 경제적이고 인도주의적인 또는 유전학적인 측면과 관련되어 있을 수 있다.

위에 나열된 것들 중에서 오로지 첫 번째의 형태, 곧 "자발적이면서도 수동적인 안락사" 어쩌면 세 번째 형태도 이에 포함될 것이다만이 현대적인 의미에서의 안락사가 아니다. 의료진의 판단에 비추어볼 때, 이 경우에는 질병을 치료하기 위한 모든 시도가 무의미하기에, 모든 의학적인 응급처치는 환자를 가능한 한 편하게 해주는 쪽으로 방향을 맞추게 된다. 다른 형태들은 성경이 금하는 살인의 유형에 해당한다.

의사 조력 자살은 요즘 미국에서 뜨겁게 논의되는 주제들 중의 하나이다. 만일에 각 주의 일부 입법자들이 자기들 마음대로 행동하게 되면, 많은 의사들은 치료자들에서 살인자들로 바뀌고 말 것이다. 네덜란드의 경험은 미국에게 충분히 하나의 경고가 되었음이 분명하지만, 요즘의 여론 동향을 보면 사람들이 그것에 별다른 주의를 기울이지 않는 것으로 보인다. 가망 없는 질병이나 환자가 자발적으로 완강하게 요구하는 경우에만 사용해야 하는 네덜란드 의사들의 본래적인 지침은 의사들의 25%가 환자의 동의 없이 환자의 생명을 중단하는 데 동의하고, 60%는 법이 요구하는 대로

그러한 사례들에 대해서 아예 보고하지 않을 정도로 확대되었다.[3]

생명 중단에 대한 성경의 시각

출애굽기 20:13에 반영되어 있는 성경의 기본 원리가 자신의 생명이나 다른 사람의 생명을 빼앗는 행동을 가차 없이 비판하고 있다는 점에는 거의 의심의 여지가 있을 수 없다. 그것은 온갖 형태의 유아 살인과 일반적인 의미에서의 자살, 그리고 모든 능동적인 형태의 안락사 등을 포함할 것이다. 정당방위와 사형 및 정당한 전쟁의 명분 등은 성경에서 유일한 예외로 인정되는 것들이다.

이른바 죽을 권리를 인정해야 한다고 주장하는 견해는 하나님의 섭리에 관한 교리와 우리의 생명까지도 포함해 이생과 이 세상의 모든 것들을 주관하시는 하나님의 주권에 관한 교리에 정면 배치된다. 죽음이 언제 이루어지는지에 관한 임상학적인 진단과 설명을 우리가 지금 당장 가지고 있지 않다 할지라도, 신학적으로 볼 때 죽음은 영이 몸을 떠날 때 이루어지는 것으로 보인다전 12:7, 약 2:26. 물론 그것은 의료계가 사용할 수 있는 판별법이 아니다. 따라서 현재로서는 뇌의 활동과 중요한 생명의 조짐들이 남아 있는 한 환자를 보살펴 주어야 한다고 말하는 것이 현명해 보인다.

전도서의 설교자는 다음과 같이 가르친다. "범사에 기한이 있고 천하 만사가 다 때가 있나니 날 때가 있고 죽을 때가 있으며 심을 때가 있고 심은 것을 뽑을 때가 있으며"전 3:1-2. 설교자는 모든 일들이 하나님의 손으로부터 선물로 주어지는 것임을 강조하면서, 하나님이 "모든 것을 때를 따라 아름답게 하셨다"전 3:11라고 말한다. 우리는 주께 의지하여 삶과 죽음의 경계선이 갖는 의미를 찾아야 한다. 왜냐하면 그분은 생명의 시작과 끝 모두를 주관하시는 분이요, 그 중간에 있는 모든 것들까지도 주관하시는 분이기 때문이다.

하나님만이 우리의 날수를 정하신다

이에 관하여 가르치는 본문으로는 욥기 14:1-6이 가장 적절하다.

본문 욥기 14:1-6

주제 "하나님만이 우리의 날수를 정하신다"

요절 5절, "그의 날을 정하셨고 그의 달수도 주께 있으므로 그의 규례를 정하여 넘어가지 못하게 하셨사온즉"

설교의 핵심어 질문들

질문 우리의 모든 날들을 주관하시는 하나님에 관하여 우리가 가지고 있는 질문들에는 어떠한 것들이 있는가?

개요

I. 우리의 날들에는 이미 한계가 정해져 있는가? 14:1-2

II. 하나님은 정말 끊임없이 우리를 감시하시는가? 14:3-4

III. 하나님은 우리가 살 날이 얼마나 될지 이미 정하셨는가? 14:5

IV. 하나님은 우리가 죽을 때까지 우리를 감시하는 시선을 거둔 적이 있을까? 14:6

I. 우리의 날들에는 이미 한계가 정해져 있는가? 욥 14:1-2

가장 일반적인 의미에서 말한다면 생명은 상대적으로 짧은 기간 동안 지속되는 것들 중의 하나요, 고생과 수고로 가득한 것이기도 하다. 이 낱말 life은 매우 폭넓게 규정되는 것으로서, 히브리어 아담, '땅'을 뜻하는 낱말 아다마로부터 생겨난 것으로 보인다 모든 "인간"에게 두루 적용되는 것이면서도, 본래부터 우리들처럼 매우 한정되어 있고 또 연약한 실제 인간을 가리키고 있음이 분명하다.

욥기 14:1-2에는 이러한 한계를 어느 정도 강조하는 짤막한 구절 세 개가 있다. "여인에게서 태어난 사람", "생애가 짧고", "걱정이 가득하며". 어떤 이들은 그것이 우리의 제의적인 부정함을 가리킨다고 보기를 원하지만, 이것은 우리의 연약함을 깨달을 수 있도록 도와준다. 그러나 제의적인 부정함에 초점을 맞출 필요는 전혀 없어 보인다. 그러한 해석은 4절을 예고하는 본문이라고 주장하지 않는 한 여인에게서 태어난 우리의 존재와 관련하여 너무 많은 의미를 부여함으로써, 본문상의 지지를 전혀 받지 못한 채로, 출생과 관련된 모든 유출물들이 산모를 제의적으로 부정하게 만든다고 보기 때문이다.

우리의 "생애가 짧다"는 표현은 "나이가 높고 늙어서"나 "나이 많아 늙도록" 창 25:8, 대상 29:28과 같은 표준적인 표현들을 완전히 뒤집은 것으로 보인다. 그러나 그 모든 날들이 항상 질병이나 고통 없이 지나가는 것은 아니다. 어떤 이들의 삶은 고생과 수고로 가득 차 있다.

욥은 상대적으로 짧은 우리의 수명을 꽃과 그림자2절라는 두 가지 유비를 통하여 구체적으로 보여 준다. 시들어 가는 꽃이나 풀을 매개로 하는 비유적 표현은 성경 안에서 자주 발견된다. 왜냐하면 그것은 야고보서 1:10, 시편 37:2, 90:5-6, 103:15, 이사야 40:6-7 등에서 찾아볼 수 있기 때문이다. 성지聖地인 가나안 땅에 봄이 오면, 얼마 전만 해도 사막이나 다름이 없는 곳이라 생각했던 곳들에 온갖 꽃들이 화려한 모습으로 피어난다. 그러나 실망스럽게도 얼마 있지 않아서 그 꽃들은 갑자기 시들며, 모든 식물들 역시 사라진다.

그러나 욥은 또한 인간의 삶을 "그림자"에 비교함으로써 우리의 수명이 짧은 것임을 구체적으로 보여 준다. 욥의 "친구들" 중의 한 명인 빌닷 역시 다윗이나 전도서의 솔로몬과 마찬가지로 인간의 삶을 "그림자"에 비교한다 욥 8:9, 대상 29:15, 시 102:11, 144:4, 전 6:12. 그러나 인간의 삶이 순식간에 지나가버리는 현실에 처해 있음에도 불구하고, 오늘날 사람들은 신속하게 흘러가는 시간의 증거와 현실을 저지하기 위하여 할 수 있는 모든 방법을 다 사용한다. 우리가 아무리 운동을 많이 하고 다양한 기능성 화장품을 사용하며 많은 양의 비타민을 복용한다 할지라도, 자신의 힘이 쇠하여지고 몸이 주름져 가는 것을 피할 수는 없다.

II. 하나님은 정말 끊임없이 우리를 감시하시는가? 욥 14:3-4

그러나 시간과 힘이 이처럼 슬그머니 빠져나감으로 인하여 다음 두 가지의 추가 질문이 생겨날 수밖에 없다. (1) 그렇다면 하나님이 이처럼 연약하고 고생스럽고 질병으로 고통당하는 피조물을 그토록 끊임없이 감시하신다는 것이 과연 온당한 일일까? (2) 그리고 그분이 부정함으로부터 정결함을 이끌어내실 수 있는가? 4절. 하나님의 힘과 능력은 생각할 수 있는 범위를 훨씬 넘어서는 것이기에 그 어느 것과도 비교되지 않는다. 만일에 이 점이 옳다면, 왜 하나님은 여전히 우리를 친히 심판으로 이끄시는 것일까?

욥은 욥기 8:12-13에 있는 빌닷의 시험하는 듯한 도발적인 발언에 대한 응답으로 이러한 질문들을 던진 것으로 보인다. 빌닷은 한창 잘

나갈 때에 하나님이 치는 이는 오직 범죄자뿐이라고 주장한다. 그러나 욥은 그러한 사실들 중에 어느 것도 자신에게는 해당 사항이 없다고 말한다. 왜냐하면 그는 그것이 자신과 자신의 삶에 적절치 못하게 적용되었다고 믿기 때문이다. 확실히 부당하게 고소당한 의인들은 하나님께 바로잡아달라고 직접 요청할 권리를 가지고 있으며, 공의를 베풀어 주시기를 요구할 권리를 가지고 있다3절.

4절은 훨씬 해석이 어려운 구절이다. 왜냐하면 그것은 하나님조차도 부정한 사람을 정하게 만들지 못한다는 것을 뜻할 수 없기 때문이다. 욥이 말하고자 하는 요지는 확실히 하나님이 인간을 흠 없는 존재로 여기지 않으신다는 데 있는 것으로 보인다. 그렇다면 "깨끗한 것을 더러운 것 가운데에서 내는" 문제는 어떻게 해결될 수 있는가? 다음 구절이 이에 대한 답을 분명하게 제공한다.

III. 하나님은 우리가 살 날이 얼마나 될지 이미 정하셨는가? 욥 14:5

물론 5절이야말로 욥이 말하고자 하는 요지를 정확하게 담고 있는 구절이다. 이 본문은 하나님이 생명을 취할 수 있는 권리를 빼앗아 자신의 수중에 넣으려 하는 자들에게 큰 관심을 가지고 있음을 보여 준다. "결정하셨고"와 "선포하셨으며" 및 "정하셨다"는 낱말들과 마찬가지로, 이 구절에 있는 세 개의 낱말 쌍들, 곧 "날들"과 "달들" 및 "한계들" 등은 서로 평행을 이루고 있다. 하나님은 각 사람의 수명을 주관하시는 분이다. 그러한 낱말은 우리를 절망에 빠뜨리는 것이 아니라 도리어 우리에게 희망과 위로를 준다. 따라서 우리는 그러한 인생의 끝날이나 다른 어떤 날들을 걱정할 필요가 없다. 그 까닭은 그 모든 날들이 하나님의 선물로 주어진 것들이기 때문이다. 영원한 하늘의 회의에서 정하신 바와 같이 말이다.

IV. 하나님은 우리가 죽을 때까지 우리를 감시하는 시선을 거둔 적이 있을까? 욥 14:6

욥은 당장에라도 하나님이 자신에게서 시선을 거두시고 자기를 홀로 두시기를 원한다. 욥은 자신이 고용인과도 같은 자요, 집에 가서 약간의 휴식을 취할 수 있을 때까지 한없이 기다릴 수만은 없는 자임을 느낀다. 끊임없이 그를 바라보는 하나님의 눈길은 그에게 매우 큰 정신적 압박을 주었다.

그러나 그것은 잠시 동안만 지속되는 것일 뿐이다. 왜냐하면 욥은 또 다른 유비에서 갑자기 찬양의 어조로 말투가 바뀌고 있기 때문이다. 7절에서 그는 몇 그루의 나무들을 베었을 때 어떻게 종종 잘라낸 그루터기로부터 옛 그루터기 속에 여전히 숨어 있던 새로운 가지가 나오는지를 회상한다. 그리고 그것은 14절이 가르치는 것처럼 모든 인간에게 똑같이 적용되는 유비이기도 하다. "장정이라도 죽으면 어찌 다시 살리이까? 나는 나의 모든 고난의 날 동안을 참으면서 풀려나기를 기다리겠나이다." "갱신"을 뜻하는 히브리어 낱말 **칼리파**는 7절의 "가지/새 생명"을 가리키는 데 사용되는 히브리어 낱말 야칼리프과 동일한 어근을 가지고 있다. 메시아를 향한 이러한 희망을 가지고 살아가는 사람들은 몇몇 나무들에서 그러하듯이 다시금 활기 넘치는 새 생명을 향해 자라갈 것이다 7절.

결론

이렇듯이 생명은 하나님의 선물이요, 그의 끊임없는 인도하심 아래에 있다. 각 날에 필요한 은총과 힘은 위로부터 선물로 주어진다. 자신의 손으로 목숨을 끊은 자들은 자기들이 하나님과 동등하다고 생각하는 것이나 다름이 없으며, 자신에게 주어진 온갖 종류의 추론들에 근거하여 자신이 원하는 대로 자기 생명을 처리할 수 있다고 생각한다. 그러나 그것은 마지막 날의 심판을 이겨내지 못할 것이다.

하나님은 모든 생명을 선물로 주시는 분이기에 그것을 정해진 때에 가져가실 수도 있는 분이다. 유아들의 목숨을 훔치거나 자기 자신의 생명을 훔치는 행동은 하나님께 범죄하는 것이다. 물론 살인에 대해서조차 용서는 가능하겠지만, 그렇다고 나중에 불필요한 많은 고통과 결과들을 가져올 행동을 굳이 선택할 이유는 결코 없지 않은가! 생명에 대한 우리의 생각들을 이제는 우리 자신에게 두지 말고 살아 계신 하나님께 두도록 하자.

12

유전공학과 인공생식

- 창세기 1:26-30, 2:15-25

우리는 지금 물병자리의 시대the age of Aquarius를 지나 유전학의 시대에 접어든 것으로 보인다. 유전학 분야의 발전이 너무도 신속하고 인상적이어선지, 그로부터 생겨나는 결과들은 항상 몇 년마다 두 배로 늘어난다. 유전공학은 지구촌에 사는 현대인들에게 완전한 형태의 응용물들을 제공한다. 그리고 그 중 많은 것들은 사람들에게 좋은 효과를 약속한다. 그러나 늘 그렇듯이 그것들 중에는 별다른 효과를 가져다주지 못하거나 적어도 윤리적인 시각에서 볼 때 그 발전이 의심스러운 경우가 많다.

프린스턴 대학교의 분자생물학 교수인 실버Lee Silver는 이에 대해서 다음과 같이 설명한 바가 있다. "어떤 운명이 되건 관계없이 새로운 시대, 곧 우리 인간이 인간이라는 종의 본질을 바꿀 수 있는 능력을 갖게 되는 시대가 우리에게 다가오고 있다."[1]

과학자들은 과학의 이러한 발전을 "혁명"[2]으로, 그리고 "인간이 원자를 분열시킨 이후 얻은 가장 두렵고도 강력한 기술"[3]로 칭한다.

어떠한 은유를 사용하건 간에 관계없이, 과학이 현재 서 있는 "문지방"이 대단히 큰 것이요, 우리가 인간의 신체적인 재능들을 경험하는 방식을 현저하게 바꿀 수도 있는 것임에는 의심의 여지가 거의 있을 수 없다.

유전공학의 힘은 남자와 여자를 포함하는 기존의 유기체들을 이전에는 꿈꿀 수도 없었던 방식들로 완전히 새롭게 설계할 수 있음을 약속한다. 우리가 여기서 상상하는 변화들은 미시적微視的인 차원에서 이루어지는 것들이요, 통상적인 생식 과정을 넘어서는 것들이다. 예를 들면, 기존의 유기체들로부터 그것을 무성생식시킴으로써 역사상 처음으로 모든 종류의 살아 있는 유기체를 대량으로 복제할 수 있는 길이 열린 것이 그것이다. 복음주의자인 콜린스 박사Dr. Francis Collins가 지휘하는 인간 게놈 프로젝트Human Genome Project, HGP[4]는 인간의 몸 안에 있는 모든 유전자의 정체를 처음으로 규명하였다. 이 인간 게놈 프로젝트는 15년 넘게 진행된 30억 달러 규모의 프로젝트로서, DNA 한 세트 전부게놈가 30억 비트 정도의 정보를 포함하고 있음을 밝힌 바 있다.[5] 이 프로젝트가 규명한 유전자들은 임신으로부터 성인이 될 때까지의 성장 과정을 주관하는 디옥시리보핵산DNA으로 구성되어 있다. 인간 게놈 프로젝트는 또한 대부분의 동물들과 인간을 복제할 수 있는 가능성과 더불어 많은 유전적인 질병들을 다루고 치료하는 일을 가능케 할 기술이 곧 생겨날 것임을 의미한다.

유전적인 질병들을 다루는 법

유전자들이 어떻게 움직이는지를 우리가 알게 된 것은 겨우 최근에 이르러서였다. 유전형질이 어떠한 작용을 하는지도 우리가 아우구스

티누스회 수도사인 멘델Gregor Mendel의 작품을 통하여 조금 더 이해하게 되기 전까지는 신비에 싸여 있었다. 멘델은 자신이 기거하는 수도원의 정원에서 자라는 완두콩 식물을 연구하였으며, 이 식물들에 있는 유전형질들의 단위들을 추정하였다. 그러나 우리는 1953년까지 더 기다려야만 했다. 그 때에 왓슨James Watson과 크릭Francis Crick은 유전된 형질 단위들의 물리적인 구조가 바로 DNA임을 확인하였다. 그것은 개인적인 연구와 산업계 및 미국 에너지 자원부와 국립건강협회의 대폭적인 재정 지원 등을 한데 묶는 협동 노력으로 이어졌고, 마침내는 인간의 유전 정보를 구성하는 일련의 화학적인 구조를 도표로 만드는 데 성공하였다.

2000년 4월에는 카바짜나-칼보Marina Cavazzana-Calvo와 피셔Alain Fischer가 「사이언스」Science라는 잡지에서 자기들의 연구팀이 중증합병면역결핍증SCID-XI/severe combined immunodeficiency-XI, 면역체계에 관여하는 세포들의 결핍으로 인하여 면역체계가 기능을 하지 못하는 유전병을 앓고 있던 두 명의 아기들을 치료하였다고 발표하였다. 그 아기들의 경우, 그들의 골수가 면역 체계의 가동에 필요한 유전 정보의 일부를 가지고 있지 못했다. 그러나 인간 게놈 프로젝트가 염색체 쌍을 구성하는 유전자들을 확인해 주었기 때문에, 의사들은 그에 필요한 유전 물질을 삽입할 수 있었다. 이렇듯이 아기들 몸에 이식된 유전자들이 증식하여 결함 있는 유전자들을 대체하게 되자, 그 두 아기들은 마침내 건강을 회복할 수 있었다.[6] 참으로 놀라운 일이 아닌가!

유전적인 질병들은 다수의 원인들로부터 생겨날 수 있다. 단 한 개의 유전자만이 관련되어 있을 경우에는 그 문제가 덜 복잡하다. 그러나 단일 유전자로 인한 일부 유전병의 경우에는, 그 유전자가 지배적인 위치를 차지하고 있으면서 염색체 쌍의 다른 줄기에 있는 두 번째의 정상적인 유전자를 방해하기도 한다. 이러한 유형의 한 사례를 우리는 사람의 몸에 치명적인 영향을 주며 나중에는 생명에 큰 타격을 주어 신체적이고 정신적인 폐허 상태를 초래하는 헌팅턴 Huntington 병이라 불리는 무도병 舞蹈病에서 찾아볼 수 있다. 다른 질병들은 염색체가 하나 추가되거나 제거되거나 서로 자리가 바뀌거나 유전자의 순서가 어긋나는 등의 현상을 통하여 염색체가 비정상적인 상태에 빠짐으로써 생겨난다.[7]

유전공학 분야의 상담 윤리

오늘날에는 정상적인 부부가 자녀를 갖기로 결정하기 전에 유전적인 상담을 받을 수도 있다. 그런 식으로 하여 그 부부가 유전적인 질병을 가진 아이를 낳을 것인지 그렇지 않을지의 여부를 미리 알아낼 수 있다. 이를테면 염색체의 수와 열성형질 같은 가족력과 혈액형을 확인해 보면, 예전에는 불가능했던 것들을 일부 예견할 수 있다.

오늘날에는 또한 아기가 아직 태중에 있을 때에 아기 몸의 결함을 감지할 수 있는 새로운 기술들이 개발되어 있다. 오늘날 대부분의 사람들은 "초음파"로 알려진 기술에 대해서 잘 알고 있다. 그것은 태아의 크기와 모양과 성별 등을 구체적으로 보여 주는 일종의 음파 탐지기이다. 그러나 그 부부가 태아의 성별이나 다른 특징들에 만족하지 못하는 경우 여기서 야기되는 윤리적인 문제는 산모가 이미 임신 중에 있고 아기가 그녀 안에서 만들어지고 있다는 데 있다. 따라서 그것은 세포 덩어리를 다루는 문제가 아니라 또 다른 인간을 보살피는 문제이다.

또 다른 치료 도구는 "복강경" 腹腔鏡이라 불리는 것으로서, 의사가 유연성 있는 광학용 섬유질 막대기를 산모의 복부에 있는 작은 절개 부위에 삽입함으로써 임신이 정상적으로 진행되고 있는지의 여부를 판정할 수 있다.

이와 마찬가지로 "양수천자"는 극소량의 양수羊水를 추출하기 위하여 10.16센티미터짜리 바늘을 마취된 산모의 복부에 삽입하는 기술을 포함한다. 의사는 그 양수를 조사함으로써 태아의 성별과 유전적인 특징을 알아낼 수 있다. 미국에서는 지금 이러한 절차를 표준적인 검사 방법으로 정함으로써 병에 걸린 모든 태아들을 장차 국가의 지시에 의하여 낙태시킬 수 있게 하는 규정을 만들 것인지에 관한 어느 정도의 논의가 이루어지고 있다.[8] 이것은 신자들에게 양심과 윤리에 관한 중대한 문제들을 불러일으킬 것이다. 그러나 어떤 경우에는 이러한 검사의 결과들이 아기가 아직 태중에 있을 때에 그러한 결함들 중의 일부를 치료하기 위한 의학적인 개입을 허용하기도 할 것이다.

유전학적인 상담의 또 다른 영역은 불임의 문제를 다룬다. 남성 불임의 경우에는 "인공 수정"이 널리 사용된다. 그리고 여성 불임의 경우에는 남편이나 다른 남성의 정액에 의하여 임신하게 된 여성이 "대리모" 역할을 수행하며, 그렇게 함으로써 불임 부부로 하여금 그 아기를 입양하게 한다.

시험관 수정은 여성 불임의 문제를 해결하기 위한 또 다른 수단으로 사용된다. 이 방법은 자궁 밖에서 임신이 이루어지게 하며, 세균 배양용 접시로부터 한 개의 배아를 선택한 다음에 그 수정란을 산모의 자궁에 삽입한다. 어떤 이들은 태아의 성별을 미리 결정하기 위하여 이 방법을 사용한다. 그러나 이 방법 역시 윤리적인 문제를 야기한다. 왜냐하면 불임 부부가 원하는 조건이 충족되지 않을 경우 통상 수정란의 파괴가 이루어지기 때문이다. 이 방법은 "인공수정관 선별시술" PGD, preimplantation genetic diagnosis이라 불리기도 한다. 따라서 바람직한 특성들을 가진 배아들이 체내에 주입된다. 반면에 불임 부부가 규정하는 바람직하지 않은 특성들을 가진 배아들은 파괴된다.

인공생식

헌터 John Hunter라는 의사는 1785년에 런던에서 인공생식 수단을 맨 처음 사용했던 사람인 것으로 보인다. 오늘날에는 두 종류의 인공수정 방식이 사용되고 있다. 그 하나는 남편의 정자를 사용하는 방식이고 AIH/artificial insemination by the husband, 남편에 의한 인공수정, 다른 하나는 기증자의 정자를 사용하는 방식AID/artificial insemination by a donor, 기증자에 의한 인공수정이다.[9]

남성의 불임은 오늘날 놀랍게도 미국에서 열 명 중에 한 명꼴로 발생한다. 사실 임신 가능한 나이의 여섯 쌍들 중 한 쌍이 불임의 문제에 직면해 있다. 왜 이러한 일이 그렇게 발생하는지에 대해서는 많은 이유들이 있을 수 있다. 남자들의 경우에는 농약이나 음식물 안에 있는 화학 약품 및 높은 수준의 스트레스 등과 같은 것들이 그러한 이유일 수 있고, 여자들의 경우에는 치료하지 않으면 생식 체계에 손상일 입힐 수도 있는 낮은 수준의 부인과적 감염이 지속적으로 존재한다는 사실이 그러한 이유일 수 있다.

DNA 재조합 기술: 유전자 삽입

1970년대에는 DNA 재조합 연구rDNA로 알려진 새로운 유전자 기술이 등장하였다. 새롭게 도입된 이 기술은 과학자들로 하여금 DNA의 일부염색체와는 따로 증식할 수 있는 유전 인자인 플라스미드를 중심 DNA 안으로 삽입할 수 있는 작은 조각들로 쪼갤 수 있게 하는 기술을 일컫는다. 그렇게 해서 새롭게 만들어진 생명체를 우리는 DNA 공생체chimera, 신화의 세계에서 사자의 머리와 염소의 몸, 그리고 뱀의 꼬리를 가진 생물라 부른다. 과학자들은 이러한

DNA 재조합 기술을 사용함으로써 완전히 새로운 형태의 유전적인 환경을 만들어낼 수 있다.

처음에는 많은 과학자들이 이러한 유전자 재조합 연구의 잘 알려지지 않은 결과들에 너무도 놀란 나머지, 나중에 제대로 평가받을 수 있을 때까지 이 기술의 사용을 일시 정지할 것을 요청하였다. 그러나 오늘날 이 기술은 인슐린 췌장에서 분비되는 단백질 호르몬을 가리키며 당뇨병 치료제로 사용됨, 인터페론 바이러스 증식 억제 물질, 인간성장 호르몬 인체 성장을 지배하는 뇌하수체 종합 호르몬 등을 만들어낼 수 있을 정도로까지 발전을 거듭하고 있다. 이 기술의 가장 큰 적용 대상은 면역학 분야에 있는 것으로 보인다. 그것은 또한 농업 분야에서 식물 종의 유전자 구조를 개선하는 데 사용되기도 하며, 공업과 환경 분야의 필요, 곧 각종 의약품과 플라스틱, 공업용 화학제품, 비타민, 치즈 등의 제품을 대량생산하는 일에 사용되기도 한다. 그것은 또한 올리브가 엎질러진 흔적을 지우고 초목에 내려앉은 서리를 제거하는 미생물을 만들어내기도 한다.

연방 대법원은 유전자 조작 생물체와 유전학의 발전이 특허를 얻을 수 있다고 규정하였다. 그 결과 1981년 이후로 1만2천 건의 관련 특허가 미국 특허 및 상표 등록청에 의하여 허용되었다.[10] 그러나 이러한 상황은 중요한 윤리적인 문제를 불러일으킨다. 생명은 과연 특허될 수 있는 것인가? 만일에 생명이 하나님의 피조물일뿐 인간에 의하여 만들어진 것이 아니라면, 왜 특허청은 본래 하나님이 만드신 것의 특허를 허용하는가?

과학자들은 유전자 재조합 연구를 통하여 자기들이 이른바 진화론적인 나선 구조를 새로운 높이로 이끌어 올리는 데 필요한 도구들을 손에 넣을 수 있다는 것을 매우 낙관하고 있다. 그렇다면 신자들은 이러한 새로운 기술에 대하여 어떻게 응답해야 하는가? 확실히 그것은 승인되어야 할 중요한 이득을 가져다줌에 틀림이 없다. 특히 유전자 재조합 연구가 결함 있는 유전자 구조를 치료할 수 있고 또 유전적인 질병들에 걸리기 쉬운 사람들의 삶의 질을 높여줄 수 있는 경우에 그렇다. 유전적인 질병이 창세기 3장에 있는 타락의 결과라 할지라도, 그러한 질병들의 존재 자체가 하나님의 잘못인 것은 아니다. 따라서 그러한 목적들을 위해 유전자 재조합 연구를 사용한다는 것은 하나님의 뜻에 맞서 싸우는 것이 아니다. 왜냐하면 우리는 단순히 하나님이 본래 완전하게 만드셨던 것을 어떻게 회복할 것인지에 초점을 맞춘 그의 활동을 그대로 따라갈 뿐이기 때문이다.

인간 복제

과학자들이 포유동물을 복제할 수 있느냐 없느냐에 관한 논쟁은 이미 끝난 상태이다. 그 까닭은 1997년에 스코틀랜드의 과학자들이 "돌리"라는 성숙한 양을 복제하였기 때문이다. 그들은 성숙한 암양으로부터 정상적인 젖샘 세포들을 취하여 굶긴 다음에 그 세포들을 동면 상태에 이르게 함으로써, 그 세포들 전부로 하여금 사방으로 활발하게 움직일 수 있는 잠재력을 갖게 만들었다 통상 동면하지 않거나 정지 상태에 이르지 않은 세포는 오직 한쪽 방향으로만 움직인다.

그러나 "돌리"를 만들기 위하여 과학자들은 277개의 세포 융합을 실시하였고, 그 중에서 단지 29개의 배아만이 살아남았다. 그리고 그 배아들은 6일 이상을 생존하였고, 그 결과로 인하여 겨우 한 마리의 양이 태어났다. 만일에 이와 똑같은 비율이 인간에게 적용된다면, 그로 인하여 사라지는 무수한 인간 배아의 희생은 아주 놀라운 일이 될 것이다. 그것이 불합리해 보이지는 않는다 할지라도 말이다. 이러한 현실에 대해서는 다양한 신학적인 의문들이 연이어 생겨난다. 복제 인간은 과연 영혼을 가지고 있는가? 만일 신자가 복제된다면, 어느 인간 _{원본 인간 또는 복제 인간}이 하늘로 가는 것일까? 특히 원본 인간이 먼저 죽었을 경우에 더욱 그렇다. 영혼이 부모를 통해 유전된다는 영혼 유전론적인 견해에 따르면, 모든 복제 인간은 영혼을 가지고 있을 것이요, 따라서 어느 정도는 아주 동일한 쌍둥이와도 같을 것이다. 이상의 모든 의문들은 인간이 어떻게 창조되었고 무엇이 그들의 창조 안으로 들어오게 되었는지를 재검토할 것을 요청한다.

하나님은 인간에게 불멸의 가치와 의미를 부여하셨다

하나님의 창조 활동 중에서 최고의 사역은 여섯째 "날"의 _{아담이라는 이름을 가진} 인간 창조에 있다. 그 전에는 하나님이 "생겨나라"Let there be라고 말씀하셨지만, 이제는 주께서 인간 창조가 지극히 개인적인 일임을 직접적이고도 즉각적으로 말씀하신다. "사람을 만들자." 이러한 행동은 다른 창조 행동들이나 마찬가지로 어려운 일이 아니다. 그러나 그 일에는 최고의 존엄성과 장점이 있다. "우리"가 직접적으로 삼위일체를 가리키는지, 아니면 단지 삼위일체를 예비하는 표현일 뿐인지는 이와 관련된 본문 정보가 너무도 한정되어 있어서 쉽게 결정하기는 어렵다.

본문 창세기 1:26-30, 2:15-25

주제 "하나님은 인간에게 불멸의 가치와 의미를 부여하셨다"

요절 1:27, "하나님이 자기 형상, 곧 하나님의 형상대로 사람을 창조하시되 남자와 여자를 창조하시고"

설교의 핵심어 길들

질문 하나님이 인간에게 불멸의 가치와 의미를 부여하시는 길들에는 어
      떠한 것들이 있는가?

개요

 I. 하나님은 우리를 그의 형상대로 창조하셨다 1:26-27

 II. 하나님은 우리에게 피조 세계에 대한 통치권을 위임하셨다 1:28-30

 III. 하나님은 우리에게 일의 기쁨을 선물로 주셨다 2:15-17

 IV. 하나님은 우리에게 외로움을 덜어줄 짝을 주셨다 2:18-25

I. 하나님은 우리를 그의 형상대로 창조하셨다 창 1:26-27

하나님은 남자와 여자를 똑같이 "자신의 형상image"과 "모양" likeness을 따라 창조하셨다. 그런데 여기서 형상과 모양이라는 두 낱말 사이에는 그렇게 큰 차이가 없어 보인다. 따라서 "하나님의 형상"이 라는 개념은 바울이 골로새서 3:10 "새 사람을 입었으니 이는 자기를 창조하신 이의 형상 을 따라 지식에까지 새롭게 하심을 입은 자니라"에서 암시한 바와 같이 도덕적인 속성 들에 있어서 그와 닮은 것을 의미한다. 에베소서 4:24 "하나님을 따라 의와 진 리의 거룩함으로 지으심을 받은 새 사람을 입으라"에도 이와 동일한 생각이 반영되어 있 는 것으로 보인다.

물론 여기서 말하는 형상이 어떤 신체적이고 유형적인 특징을 의 미하는 것은 아니다. 왜냐하면 하나님은 참으로 영이시기 때문이다. 따라서 이 용어는 하나님의 영적인 특징을 대표하는 인간 생명을 비 유적으로 표현한 것임에 틀림이 없다. 인간은 물질로 이루어진 몸 이 상의 존재이다. 인간은 윤리적이고 도덕적인 감성, 양심, 영적인 삶,

사랑하고 소통할 수 있는 능력 등을 가지고 있다.

폰 라트Gerhard von Rad는, 왕들이 자기 땅의 경계선 지역에 자신의 형상을 세움으로써 자신의 통치권을 상징적으로 보여 주고자 한 것처럼, 하나님도 자신의 주권을 구체적으로 보여 주기 위하여 자신의 대표자인 남자와 여자를 자기 땅에 세우셨다는 유비를 주장한 바가 있다.[11] 남자와 여자는 자신에게 있는 하나님의 형상으로 인하여 자신과 비슷한 생명을 만들어낼 책임을 가지고 있다.

우리는 인간이 하나님의 형상을 따라 만들어졌다는 사실과 그로 인하여 자신이 하나님이 되었다고 믿는 몇몇 사람들의 뉴 에이지적 사고방식을 혼동해서는 안 된다. 하나님의 형상이라는 개념이 이토록 중요한 의미를 갖는 것이기에, 남자와 여자의 에덴동산 타락 이후에도 그 형상은 사라지지 않고 도리어 모든 사람들 안에 씨앗 형태로 계속 남아 있다창 5:1, 9:6. 하나님의 형상이 갖는 본래적인 의미를 충분하고도 완전하게 표현한 유일한 참 인간은 바로 두 번째 아담인 그리스도이다.

II. 하나님은 우리에게 피조 세계에 대한 통치권을 위임하셨다 창 1:28-30

모든 인간은 하나님의 형상을 간직한 자로서 "통치권을 가진 자들"이다. 창조주 하나님은 인간에게 하나님이 인간에게 대하여 가진 관계와 놀랍도록 유사한 방식으로 동물들과 피조 세계에 대하여 통치권을 행사할 수 있는 관계를 허용하셨다. 26절에 있는 복수형 대명사의 사용"그들로 다스리게 하자"은 남자와 여자가 똑같이, 즉 모든 인간이 창조 질서에 대하여 이러한 통치권을 행사할 수 있음을 의미한다. 동물 질서에 대한 아담의 통치권은 그 자신과 하와의 범죄의 결과로 인한 타락 이후보다 타락 이전에 훨씬 더 광범위했을 것이다. 그럼에도 불구하고, 아직 만물이 인간의 통치 하에 있지 않음을 알고 있지만, 우리는 아버지의 확실한 형상인 예수 그리스도께서 마침내 그러한 통치를 다시금 회복하실 것임을 알고 있다 히 2:8-9.

하나님은 인간을 동물들 위에 두셨을 뿐만 아니라, 그들에게 "바다의 물고기와 하늘의 새와 땅에 움직이는 모든 생물을 다스리라" 28절라고 말씀하셨다. 그렇게 함으로써 하나님은 "그들에게 복을 주셨다." 그런데 그 복은 자손 번식과 인간 자신을 포함한 모든 피조물의 생산력을 가리키는 것이다.

이러한 복과 통치 명령은 남자와 여자로 하여금 농사짓는 일과 채광하는 일, 산을 깎는 일, 골짜기를 메움으로써 인간의 행복을 도모하는 일 등을 지혜롭게 잘 처리하라는 명령으로 이해되어야 한다.

III. 하나님은 우리에게 일의 기쁨을 선물로 주셨다 창 2:15-17

창세기 2:15에서, 아마도 모세인 듯한 이 본문의 저자는 2:7에서 맥이 끊긴 이야기의 흐름을 다시 이어 받는다. 그 중간에 있는 단락은 에덴동산에 관한 이야기로 채워져 있다. 그 다음 단계로 하나님은 "그 사람을 이끌어 에덴동산에 두어 그것을 경작하며 지키게" 하셨다 15절. 이것은 그의 몸을 물리적으로 들어 올린 것을 가리키지 않는다. 도리어 그것은 하나님이 아담에게 그의 자유 의지를 따라 그곳으로 가서 그 동산을 "경작"하고 "그것을 보살피게끔" 명한 것을 의미한다. 이것은 땅을 경작하고 그곳에 씨를 뿌리고 초목을 보살피는 노동을 포함한다. 노동은 타락 이전의 동산에 있던 인간의 순전함 속에서 이루어지는 힘겨운 수고가 아니다. 왜냐하면 노동은 여전히 기쁨을 본질로 가지고 있기 때문이다. 타락 이전의 인간은 아무런 일도 하지 않은 채로 게으르게 놀면서 시간을 보내어서는 안 되었다. 그 까닭은 인간이 자신의 체질로 인하여 운동과 노동을 본질로 가지고 있었기 때문이다. 땅을 경작하는 노동은 씨를 뿌리고 초목을 재배하는 일과 함께 하나님이 내리신 저주의 한 부분이 아니요, 인간이 저지른 죄악의 결과도 아니다. 인간의 모든 노동에 고통과 괴로움을 가져다준 것은 타락 이후에 논밭과 에덴동산을 보살피는 과정에서 에너지가 소모되고 사라진다는 점에 있었다.

그러나 땅을 보살피는 일은 하나님께 책임을 져야 하는 인간의 손에 맡겨진 일이었다. 아담은 동산을 "지켜야" 하고 그곳을 "보존해야" 했던 것이다.

IV. 하나님은 우리에게 외로움을 덜어줄 짝을 주셨다 창 2:18-25

하나님의 평가에 의하면, "사람이 혼자 사는 것이 좋지 아니하였다"2:18. 그가 혼자 떨어져 있고 혼자 외롭게 산다는 것은 하나님의 선한 계획에 어울리지 않는 것이었다. 달리 말해서 인간은 사회적인 존재로 만들어져야 한다는 것이다. 그럴 때라야 인간은 최고의 행복을 누릴 수 있을 것이다. 그리하여 창조주께서는 아담의 따분함과 외로움을 해결하는 최선의 방책은 그의 짝이 될 동료를 친히 "만드는" 데 있다고 생각하셨다.

이곳 18절에서 하와는 "돕는 자" 히브리어 에제르로 불리지만, 이 낱말의 첫 알파벳은 본래 가인 ghayin이었으나 나중에 히브리어 **아인** 'ayin과 동일시되었을 수도 있다. 그렇다면, **게제르**로 발음되는 우가릿어 히브리어와 60% 정도의 낱말들을 공유하고 있는 가나안 방언의 일종 낱말이 있는 바, 이 낱말은 "힘" 이나 "권위" 또는 "그에게 상응하는" 등의 뜻을 가지고 있다. 이 경우에 하와는 아담의 완전한 짝이 되는 셈이다.

하나님이 하와를 아담에게 데리고 오자, 아담은 너무도 기분이 좋아

펄쩍 뛸 정도로 즐거워한다. 그는 하나님이 창조하신 나머지 모든 피조물을 보았지만, 그것들 중 어느 것도 그가 원하는 유형의 짝이 아니었다. 그러나 그 여인의 경우에는 상황이 달랐다. 아담은 갈망에 가득 찬 어조로 말했다. "이는 내 뼈 중의 뼈요 살 중의 살이라. 이것을 남자에게서 취하였은즉 '여자' 라 부르리라" 23절. 그는 참으로 행복한 남자였다!

하나님이 여자를 만드신 방식은 아담에게 "깊은 잠" 이 임하게 하는 일로 시작한다. 그런데 헬라어 역본인 70인역은 이 낱말을 적절하게도 예언자들에게 종종 임했던 것과 비슷한 "황홀경" 으로 번역한다. 하나님은 아담의 갈빗대들 중에서 하나를 취하여 그것을 여자 만드는 데 필요한 기초로 사용하셨다. 이에 대하여 신학자 부시 George Bush 는 다음과 같이 말한 바가 있다. "배아를 완전히 자라게 하여 성인 남자로 만드는 하나님의 전능하심은 자연의 가장 작은 원자를 완전한 좌우대칭 구조를 가진 인간의 몸으로 키워내는 일도 똑같이 쉽게 할 수 있다." 12

"내 뼈 중의 뼈요 살 중의 살" 이라는 표현은 여자가 남자에게서 비롯되었다는 사실과 그녀가 결혼 상대자로서 친밀한 관계 속에 있다는 사실 모두를 가리킨다. 그 둘은 "한 몸" 이 되어야 하며, 결혼을 통하여 가장 친절하고 사랑이 많은 관계들 중의 하나를 이루어야 한다. 13

결론

창세기 본문은 신중하게 계획된 하나님의 사역에 대해서 이야기하고 있다. 하나님 자신이 남녀 두 사람과 더불어 맺으신 관계와 마찬가지로, 남자와 여자 및 그들의 후손을 땅과 동일한 관계 속에 있게 한 사역 말이다. 그들은 본래부터 하나님이 특별히 창조한 자들이지, 정부의 어느 한 부서에 특별하게 속한 자들이 아니다. 그들이 해야 할 일은 지상에 있는 모든 것들을 잘 관리하는 것이요, 하나님께 보고해야 할 청지기로서 그 일을 해야 하는 것이다.

모든 유전공학 기술은 일련의 동일한 지침들에 따라 움직이지 않으면 안 된다. 왜냐하면 인간은 하나님이 유전자 암호 자체를 통하여 이미 만드신 것들 안에서 하나님의 손길을 자유롭게 모방할 수 있기 때문이다.

그러나 인간은 또한 창조주에 맞서 그의 자리와 권세를 가로채는 자로서가 아니라, 하나님이 정하신 수탁자로서 그것을 잘 "보호하고" 또 그것을 잘 "지키지" 않으면 안 된다.

알코올 중독과 약물 남용

- 잠언 23:29-35

모든 약물 중에서 알코올은 10대와 성인 모두에 의하여 가장 널리 사용되고 가장 많이 남용되는 것이다. 몇몇 전국적인 표본조사는 적어도 알코올을 대상으로 하는 일부 실험의 차원에서 놀랍게도 90% 정도의 젊은이들이 음주 경험이 있다는 실험결과를 내놓은 적이 있다. 최근의 한 표본조사는 미국의 고등학교 3학년 학생들 중 65%가 술을 마셔본 적이 있고, 그 중 40% 정도는 표본조사가 이루어지기 두 주 안에 과음한 적이 있음을 보여 준 바가 있다.[1]

알코올 중독이 종종 질병과 죄로 간주된다는 점에 대해서는 의문의 여지가 없다. 그러나 성경의 관점에서 본다면, 알코올 중독은 신명기 21:20-21, 고린도전서 6:9-10, 갈라디아서 5:19-21 등에서 죄로 규정되고 있다.[2] 알코올 중독의 결과로서 치러야 할 것들이 엄청나다는 사실은 알코올 중독을 경험해 본 사람들이 이미 어느 정도 말해준 바 있다.

알코올 중독에 의하여 생겨나는 문제들

알코올 중독은 심장질환과 암에 뒤이어 미국에서 세 번째로 중대한 건강 문제이다. 미국 역사의 한 시점에서 매우 많은 시민들은 알코올이 가져올 수 있는 해악을 분명하게 목격한 바가 있다. 그리하여 1919년에 미국 헌법의 열여덟 번째 수정 조항이 통과되었다. 그 결과 1933년에 그 수정 조항이 폐지될 때까지 14년 동안 알코올 음료의 생산과 판매가 금지되었다. 1933년 이후로 우리는 그러한 입법을 가능하게 했던 강한 확신이 일반 대중으로부터 서서히 사라져가고 있음을 느끼고 있다.

오늘날에는 음주가 해마다 수천 명의 사람들을 파멸과 죽음에 이르게 하고 있다. 그 예로서 알코올에 중독된 어머니를 둔 이들의 경우에 그러한 문제점들이 생겨날 위험이 대단히 높다. 해마다 4만 명 이상의 아이들이 태아알코올증후군 Fetal Alcohol Syndrome을 가지고서 태어난다는 사실이 그 점을 잘 보여 준다. 알코올 중독자의 자녀들은 장차 그들을 곤경에 빠뜨릴 수도 있는 다수의 공통점들을 드러내고 있다. 금주 계획을 시종일관 따르지 못하는 어려움, 긍휼이 전혀 없는 자신에 대한 가혹한 평가, 타인과의 친밀한 관계를 누리지 못하게 하는 어려움 등이 그 중 일부에 해당한다.

알코올 중독은 해마다 2만5천 명 정도의 교통사고 사망자를 만들어낸다. 알코올은 해마다 살인자들의 3분의 2에 해당하는 자들과 연루되어 있으며, 해마다 모든 자살자들의 3분의 1을 차지하고 있다. 이상의 통계자료들보다 더 심각한 것은 알코올이 가정 파괴, 배우자 학대, 아동 학대, 가정 방치, 임금 낭비, 이혼 소송, 비싼 의료보험료 등의 현실과 직결되어 있다는 점이다.

어떤 이들은 알코올을 처음으로 맛보는 평균 연령이 12세 내지는 13세라고 본다. 미국국립약물남용연구소NIDA는 미국에 사는 10대의

93% 정도가 고등학교 3학년 말경에 이미 음주를 경험했고, 그 동일 집단의 3분의 2정도가 같은 기간 동안에 불법적인 약물을 복용한 것이 있다고 말한다.[3] 교회에 다니는 젊은이들의 통계자료는 우리가 기대하는 것만큼이나 고무적이지는 않다. 그 수치가 교회에 다니지 않는 동일 연령 집단보다 10% 정도밖에 줄어들지 않기 때문이다.

다른 약물들에 의하여 생겨나는 문제들

알코올 문제에 더하여 마리화나, 헤로인, 코카인, 펜시클리딘 PCP, 마취약이나 마약으로도 쓰이는 일종의 환각제 등과 같은 다른 약물들의 남용과 관련된 문제들도 있다. 그로부터 생겨나는 문제는 미래의 상황에 비추어볼 때 결코 밝지만은 않다. 미국에서 해마다 약물 남용에 대하여 치르는 의료비는 1천억 달러를 쉽게 넘어선다.[4]

그 예로서 마리화나는 삼 Cannabis sativa으로부터 생겨나며, 전 세계 모든 곳에서 재배되고 있다. 그것은 마취 효과를 갖는 것으로서, 일반적으로 누군가가 흡입했을 경우 두 시간 내지 네 시간 지속되는 행복감을 가져다준다. 마리화나가 가져다주는 단기 효과들 중의 일부는 기억력과 학습 능력의 감퇴, 판단력 약화, 종종 산업재해를 초래하는 종합적인 운전 능력의 상실, 장기 결석, 폐 부위의 손상 등을 포함한다. 1970년대 이후로 1만 건 이상의 과학적인 연구들은 마리화나 복용의 부정적인 결과들을 반복적으로 보여 주었다. 그럼에도 불구하고 오늘날 많은 주들이 마리화나 복용의 금지를 풀어줄 것을 요구하는 압력을 끊임없이 받고 있다.[5] 뿐만 아니라 이전에 약물 남용 국립 연구소의 소장이었고 지금은 미주리 대학의 마리화나 연구 프로젝트 책임자인 터너 Carlton Turner는 다음과 같은 결론을 내린다. "인간이 사용하거나 남용하는 약물들 중에서 마리화나만큼이나 인체의 세포 운동에 지속적으로 영향을 미치는 것은 없다."6

코카인도 그에 못지않게 무서운 약물이다. 이 약물의 복용은 중독증을 불러일으키면서 동시에 파괴적인 결과를 초래한다. 그것은 코카나무의 잎으로부터 만들어진다. 맨 처음에는 원주민들이 그것을 씹어 먹었으나, 나중에는 코카콜라와 같은 음료수에 그것이 사용되었으며, 오늘날에 와서는 코를 통하여 냄새를 맡거나 흡입하는 방식에 의하여 그것이 일종의 흥분제 내지는 자아 증진제로 사용되고 있다.

코카인을 중탄산나트륨 및 물과 결합시켜 가열하게 되면, 가열되는 중에 나는 날카로운 소리crack가 나는 바, 이 소리로 인하여 사람들은 그것을 "크랙" 날카로운 소리를 뜻하는 낱말이지만 여기서는 코카인을 정제한 환각제를 의미이라 부른다. 이러한 형태의 코카인은 보통의 코카인보다 훨씬 더 위험하며 중독성도 강하다.

이 외의 다른 환각제에는 엘에스디LSD, 정신 분열 같은 증상을 일으키는 환각제와 펜시클리딘이 있다. 이것들 외에도 은밀하게 생산되는 합성 약물들, 이를테면 "엑스타시"ecstasy와 같은 약물도 있으며, 이러한 약물들을 복용함으로써 생겨나는 문제점들은 훨씬 더 심각하다.

약물 남용에 대한 교회의 응답

오늘날에 와서는 오직 정부의 프로그램들만 가지고서는 약물 남용과의 싸움에서 크게 성공을 거둘 수 없음이 분명하다. 미국 내에서는 약물 남용 금지를 풀어달라는 요구의 목소리가 클 뿐만 아니라 점점 증가하는 추세에 있다. 그리고 때로는 교회 안에 있는 일부 사람들 역시 그러한 요구에 가담하고 있다. 그들은 만일에 약물 사용을 합법화하면 약물 비용이 줄어들 것이요, 그 약물들로부터 얻어지는 범죄상의 이득이 감소함으로 인하여 약물 공급이 거의 사라질 것이라는 이론을 내세운다. 그러나 인류 역사는 이러한 유형의 이론들에게 그렇게 호의적이지 않았다. 왜냐하면 코카인을 너무 비싸서 구하기 어려운 상태에서 더 싸고 풍부한 양이 유통되는 상태로 바꾸자, 약물과 관련된 범죄가 감소한 것이 아니라 도리어 증가했기 때문이다. 그들의 주장은 환경 결정론 같은 주장, 이를테면 환경을 바꾸면 모든 사람들의 상황이 더 나아질 것이라는 주장과 동일한 오류들로 인하여 환영을 받지 못한다. 야키마Yakima 계곡의 충실한 사과를 썩은 사과들 사이에 놓아두면, 다른 사과들은 참으로 좋은 사과가 어떠한 차이를 보이는지를 알게 될 것이요, 그럼으로써 자기들의 썩은 상태를 버리고자 할 것이다. 그러나 썩은 상태가 그런 식으로 없어지는 것은 아니며, 약물 중독이나 그로 인한 해악이 그런 식으로 사라지는 것도 아니다.

교회는 우리가 교회 담벼락과 우리의 친교 범위 안에서 이루어지는 일들에 대해서만 책임을 진다는 주장으로부터 벗어나지 않으면 안된다. 이러한 견해는 우리가 아직 알지는 못하나 우리 자신의 회중과 우리의 젊은이들, 그리고 권태기에 접어든 중년층과 노년층 안에서도 발생할 수 있는 문제를 직시하지 못하게 만든다. 도리어 목회자들은 교회 식구들과 직원들을 불러 모아 약물 남용이 영적인 문제일 뿐만 아니라 의학적이고 심리적인 문제이기도 하다는 점을 인식하게 만들지 않으면 안 된다. 이것은 이미 약물에 중독되어 있는 자들이 왜 그렇게 되었는지, 그 결과가 어떠한지, 그리고 그들을 어떻게 다루어야 하는지를 교회 직원들과 회중이 알아야 하며, 문제점이 생겨나자마자 그들에게 즉각 도움을 줄 준비가 되어 있어야 함을 의미한다.

교회는 성도들 모두와 지역 공동체 전부의 약물 남용을 예방하는 프로그램에 적극적으로 참여해야 한다. 이것은 활용 가능한 최선의 자료를 가르침의 중심 내용으로 삼음과 아울러, 교회와 학교와 공동체 도서관을 위하여 최선의 연구 자료를 제공해야 함을 의미한다. 우리는 앞서 언급한 여러 유형의 약물 중독으로부터 빠져나온 사람들을 찾아가야 하며, 그들에게 우리의 공동체들 안에서 고통당하는 모든 이들에게 도움과 가르침과 자비를 베푸는 프로그램을 진두지휘할 것을 요청해야 한다.

교회나 지역 공동체는 약물 중독에 묶여 있는 자들을 후원하는 단체들, 이를테면 알코올 중독자 자주_自主_ 치료 협회와 같이 프로그램 중심으로 움직이는 단체들을 만들어야 한다. 우리는 기독교인들로서, 그리고 동료 인간으로서 "다른 사람의 짐을 지려고" 노력하지 않으면 안 된다. 그것은 우리로 하여금 공동체의 영적인 필요를 따라 봉사하도록 돕는 길이 될 것이다.

그러나 이러한 싸움은 다른 싸움과 마찬가지로 청년층과 노년층의 영혼을 구하고 또 공동체와 국가를 구하기 위한 싸움이기도 하다. 그 싸움은 누구나 신뢰할 수 있게끔 오직 성경으로부터만 나올 수 있는 선한 영혼의 양식으로 무장하지 않으면 안 된다. 인간은 가르침이나 프로그램 같은 **빵**으로만 사는 것이 아니라 하나님의 입으로부터 나오는 모든 말씀으로 살기에_신 8:3_, 성경 안에는 우리가 믿을 만한 견실한 가르침이 있을 수밖에 없다. 따라서 우리는 이제 그러한 필요를 충족시킬 수 있는 교훈 본문으로 방향을 돌이키고자 한다.

알코올 중독과 약물 남용에 대한 확고한 입장

> **본문** 잠언 23:29-35
>
> **주제** "알코올 중독과 약물 남용에 대한 확고한 입장"

요절 32절, "그것[포도주]이 마침내 뱀 같이 물 것이요 독사 같이 쏠 것이며"

설교의 핵심어 단계들

질문 알코올 중독과 약물 남용에 대한 확고한 입장을 취하기 위해서는 어떠한 단계들이 필요한가?

개요

I. 우리는 진정한 물음들을 직시해야만 한다 23:29

II. 우리는 유일하고도 참된 해답을 받아들여야만 한다 23:30

III. 우리는 하나님의 명령에 귀를 기울여야만 한다 23:31

IV. 우리는 그로부터 생겨나는 실질적인 결과들을 피해야만 한다 23:32-35

I. 우리는 진정한 물음들을 직시해야만 한다 잠 23:29

잠언 23:29-35는 잠언 23:26-28에 있는 불성실한 이방 여인의 유혹과 병렬되어 있다. 이 본문은 매력적인 여인을 매력적인 포도나무 산물과 대비시키고 있다.[7] 포도주의 유혹은 31절에서 "붉은 것"으로, 그리고 "순하게 내려가는 것"으로 묘사되어 있다.

이 본문이 사용하고 있는 문학적인 형태는 29절의 수수께끼, 30절의 답변, 31절의 명령, 32-35절의 결과 설명 등으로 이어지고 있다. 이 본문은 우리 앞에 바로 이러한 형태로 주어져 있다.

29절은 히브리어 **레미**"누구에게?"를 여섯 번 되풀이하는 수수께끼를 소개한다. 맨 앞의 전치사 **라메드**는 소유를 의미하며, **미**는 "누가?"를 의미한다. 여섯 개의 질문들은 모두가 이처럼 반복되는 대용어代用語, 특정 개념을 본문에 이미 언급되어 있는 일련의 낱말들에 "되가져가는" 형태를 가지고서 나타난다. 본문은 이러한 방식을 통하여 그 질문들의 강도와 의미를 한층 강화시키며, 그 질문들을 답변이 꼭 필요한 것들로 만들어 준다. 본문은 수사적인 힘을 상당히 많이 가지고 있는 이 여섯 개의 질문들을 통하여 술고래에게 있는 문제점들을 하나씩 순서대로 나열한다. 그렇다면 그 질문들은 대체 어떠한 것들인가?

"재앙이 뉘게 있느뇨? 근심이 뉘게 있느뇨?" 이 두 질문은 서로 짝을 이루는 것으로 보인다. 왜냐하면 "재앙" 히브리어 오이과 "근심" 히브리어 아보이이라는 두 낱말이 "뒤섞임" farrago, 비슷한 음이 나는 낱말들을 혼합시키거나 뒤섞는 표현법으로 불리는 비유적 표현을 이루고 있기 때문이다. 따라서 이 두 질문은 이렇게 풀이할 수 있다. '그렇다면 대체 근심은 어디에 있으며, 인간은 어디에서 슬픔에 직면하게 되는 것일까?'

그러나 이 두 질문은 북소리처럼 연이어서 다음 질문으로 넘어간다. "분쟁이 뉘게 있느뇨? 원망이 뉘게 있느뇨?" 확실히 알코올 중독은 술고래에게 수많은 비난의 목소리가 쏟아지게 만든다. 그것이 그의 가정과 그가 속한 공동체와 교회와 다른 사람들에게 주는 고통은 더 말할 필요도 없다.

상황은 점점 더 심각해져 간다. 당신은 그 상처들을 어디에서 입었는가? 당신은 설명도 기억도 할 수 없는 술꾼들의 싸움에 말려들었는가? 그리고 핏발 선 눈은 대체 무엇인가? 어떤 이들은 그 "핏발"을 '반짝이는' 눈으로 번역하기도 하는 바, 그것은 싸움을 벌이기 직전의 눈을 가리킨다. 술꾼들의 싸움은 종종 과음과 확실한 쌍둥이 형제로 나타난다. 특히 아주 사소한 논쟁이 말로 표현할 수 없는 주제들로 발전하는 경우가 그렇다. 이상의 모든 질문들은 사람들을 당혹케 하여 움직이게 하지는 못한다 할지라도 전혀 새로운 행동을 취하게 만든다. 알코올 중독은 자기 주변 사람들의 행복이나 건강에 전혀 보탬이 되지 못하는 곳으로 가게 만들어버린다.

II. 우리는 유일하고도 참된 해답을 받아들여야만 한다 잠 23:30

　　연속적인 질문들에 대한 해답을 잘 알고 있는 지혜 교사는 그것을 히브리 시의 동의적 同意的인 평행법 형태로 표현한다. 알코올 중독으로부터 생겨나는 문제는 너무 오랫동안 포도주를 "떠나지 않는" 데서 비롯된다 30절. 여기에 사용된 히브리어 어근 아하르은 "주저하다" 또는 "늦추다"라는 뜻을 가진 동사의 자동사 피엘 Piel 형이다. 저자는 32절의 "마침내"라는 구절에서 이 동일한 어근을 사용한다.

　　여기서 우리는 한 가지 문제점을 확인할 수 있다. 술을 마시는 자가 포도주를 떠나기 싫어함으로 인하여 자연스럽게 술에 취한 상태에 이르게 된다는 점이 그렇다. 그는 오랫동안 포도주 마시는 일을 떠나지 않음으로써 스스로 고통의 길을 재촉한다.

　　이와 평행을 이루는 표현은 이러한 진단이 틀리지 않은 것임을 확증시켜준다. 그는 혼합한 술을 "찾아다님으로써" 문제를 더욱 악화시킨다. NIV는 이 낱말을 "시음하다"는 뜻으로 번역하는 바, 이는 그가 소량의 술을 마셨음을 암시하는 것으로 보인다. 그러나 이 번역은 본문의 의미를 잘못 이해한 것이다. 도리어 본문의 의미는 포도주 항아리들을 끊임없이 찾아다니는 행동을 가리킨다 30b절. 면밀하게 조사하는 행동을 가리키지는 않는다 할지라도 말이다.

　　이 본문은 술을 절제하는 경우를 가리키는 것이 아니라 한계를 정하지도 않은 채로 끊임없이 탐닉하는 행동 유형을 경고하고 있는 셈이다. 뿐만 아니라 어떤 이들은 약간 맛만 보는 것으로 만족하지 못한다. 왜냐하면 그런 사람들의 화학적인 신체 구조는 자극이 거의 없어도 약간 맛본 것만으로 즉각 알코올 중독에 빠져들게 하기 때문이다.

III. 우리는 하나님의 명령에 귀를 기울여야만 한다 잠 23:31

본문은 신속하고도 확실한 행동을 취하도록 조언한다. 음주 습관을 초기에 끊도록 하라. 그리하여 알코올 중독을 미연에 방지하도록 하라. 만일에 알코올을 지혜롭게 사용하는 게 불가능하다면, 그것을 아예 사용하지 않도록 하라. 어떤 이들은 처음 술을 마셨는데도 알코올 중독에 빠지기도 한다. 당신 자신이 어떻게 그러한 상황 속에서 일반적으로 어떠한 반응을 보이는지, 그리고 그러한 문제들에 있어서 당신 자신이 어떠한 경향을 보이는지를 안다는 것은 중요한 일이다.

반드시 처음부터 알코올의 유혹에 맞서도록 하라. 포도주의 어떠한 마력에도 넘어가지 말라. 포도주의 색깔과 거품과 맛과 술잔 안쪽으로 돌아가면서 그것을 쏟아 붓는 즐거움 등이 당신을 유혹하지 못하게 하라. 때때로 몸 안으로 쉽게 흘러들어가는 것이 당신을 크게 속박함으로써 당신을 포로로 만들어버리는 것이 될 수도 있다.

IV. 우리는 그로부터 생겨나는 실질적인 결과들을 피해야만 한다

잠 23:32-35

32절에 다시금 "끝" 히브리어 아하리트이라는 낱말이 나타난다. 포도주를 오랫동안 떠나지 않는 행동이 마침내는 뱀처럼 그를 물고 독사처럼 그를 중독시키는 결과를 초래한다. 이 두 가지 직유법은 아무리 줄여서 말한다 할지라도 죽음으로 직결될 수 있는 상황을 묘사하고 있다. 포도주로 인한 고통은 참으로 치명적인 것이다.

알코올 중독은 그 외의 다른 결과들도 초래한다. 눈과 마음 모두가 부정적인 영향을 받게 된다. "괴이한 것이 보인다"33절는 것은 아마도 정신착란에 빠져 헛것이 보이는 증상 "디티스"[d.t.'s]로 일컬어지기도 한다의 결과를 가리킬 것이다. 적어도 알코올 중독으로 인한 인사불성 상태는 악몽 같은 결과들을 초래한다. 이에 더하여 그런 상태에 빠진 사람의 상상력이 작용하게 되면, 현실이 왜곡되고 그 사람은 쉽게 속임수에 걸려든다. "괴이한 것이 보인다"라는 표현은 "거짓말 같은 또는 역겨운 것이 보인다"라는 표현으로 번역될 수도 있을 것이다.[8] 그러한 모습은 하나님의 형상을 따라 창조된 개개인에게 전혀 어울리지 않는 것이다!

알코올 중독자의 환각 상태가 증대되면 그에 따른 결과들도 계속 늘어난다. 이제 그의 입이 잘못된 것들을 말하기 시작한다. 술고래는 자신이 높은 바다 위로 출항한 배의 꼭대기에서 잠을 자고 있는 것처럼 느낀다. 그는 누군가가 자신을 쳤다고 주장하지만, 그의 상상력이 다리의 움직임을 방해하는 발판과 마찬가지로 통제 불능 상태에 빠진 상태여서 순전히 스스로 자신에게 재앙을 불러일으키는 것일 수도 있다. 정신적으로 자신이 지쳐 있음을 느끼며, 신체적으로는 메스꺼움을 느낀다. 이 모든 일들이 언제 끝날까?

이상하게도 이 어리석은 술고래는 알코올 중독 상태에서 깨어났을 때 자신의 경험으로부터 배우는 게 하나도 없다. 도리어 그저 또 다른 술을 원할 뿐이다. 그는 마취제를 복용한 사람처럼 행동하며, 자기가 자신과 다른 사람들에게 어떠한 해를 끼치는지를 전혀 알지 못한다. 그의 유일한 갈망은 자신의 새로운 주인인 술로부터 벗어나지 않는 데 있다. 도리어 그는 자신을 바보로 만들고 자신의 능력을 통제권 밖으로 밀어 넣는 그 술을 간절히 원할 뿐이다. 이는 참으로 이상한 일이요, 가장 서글픈 일임에 틀림이 없다!

결론

1. 성경은 완전한 금주를 하나님의 요구 사항으로 가르치지 않지만, 알코올 중독을 격렬하게 비난하며, 알코올 음료에 지나치게 빠져드는 것을 경고한다. 잠언 20:1은 이렇게 말한다. "포도주는 거만하게 하는 것이요 독주는 떠들게 하는 것이라. 이에 미혹되는 자마다 지혜가 없느니라." 잠언 31:4-5는 통치자들에게조차도 포도주와 독주에 탐닉하지 말 것을 경고한다. "술을 마시다가 법을 잊어버리고 모든 곤고한 자들의 송사를 굽게 할까 두려우니라."

2. 성경은 신명기 21:20-21, 고린도전서 6:9-10, 갈라디아서 5:19-21에서 알코올 중독을 죄로 규정한다. 따라서 알코올 중독자는 회개하면서 하나님의 용서를 구해야 하며, 자신을 노예 상태로 몰아넣는 술의 위험으로부터 자신의 영혼을 건져낼 수 있는 하나님의 권능을 간구해야 한다.

3. 고린도전서 5:11은 모든 도움을 거부한 채 변화의 열망을 전혀 가지고 있지 않은 알코올 중독자를 위하여 교회 권징을 엄격히 시행할 것을 촉구하고 있다.

4. 알코올 중독과 관련된 경고의 메시지는 약물 남용에 대해서도 똑같이 강한 경고의 메시지로 전달될 수 있다. 왜냐하면 약물 남용 역시 사람들에게 완전히 똑같지는 않다 할지라도 알코올 중독과 마찬가지로 많은 부정적인 결과와 영향력을 미치기 때문이다. 하나님은 자신을 따르는 자들을 거룩한 삶으로 부르신 것이지, 알코올 중독이나 약물 중독의 삶으로 부르신 것이 결코 아니다.

시민 불복종

- 사도행전 4:1-22

신앙을 가진 모든 기독교인들은 이중 시민권을 가지고 있다. 그들은 하늘의 시민들이면서 동시에 지상에 있는 한 나라의 시민들이기도 하다. 그러나 이중 시민권을 부정한 채로 우리가 단지 하늘의 진정한 시민권만을 가지고 있을 뿐이라고 선언함으로써, 가능한 한 최선을 다해서 우리 자신을 지상의 국가에 관여하려는 온갖 형태의 활동들로부터 분리시키려는 태도는 잘못된 것이다. 그 반대로 누군가가 자신의 하늘 시민권을 따라 행동하면 할수록 그는 지상에서 훌륭한 시민이 될 것이다. 성경은 어디에서도 온갖 종류의 국가 형태들로부터 떨어져 나오라고 가르치지 않는다. 따라서 분리주의의 한두 가지 사례인, 지역 선거나 국가 선거에 투표하지 않겠다거나 어떤 종류의 통치 형태에도 관여하지 않겠다는 결정은 우리를 해당 지역의 기독교인들과 시민들로 부르시는 하나님의 소명에 어긋나는 것이다.

정부의 권위에 복종하는 것은 선택 사항이 아니다

성경은 모든 신자가 또한 정부의 권위에 복종해야 한다는 점을 분명하게 밝히고 있다. 사도 바울은 로마서 13:1-5에서 하나님이 인간 세상에 속한 모든 국가의 권위를 친히 세우셨다고 가르치신 바가 있다. 그러한 권위에 맞서는 것은 사소한 문제로 여겨지지 않았다. 도리어 그것은 하나님을 향한 반역으로 간주되었다. 왜냐하면 하나님은 모든 정부의 권위를 친히 세우신 분이기 때문이다. 바로 이 점이야말로 사도 베드로가 베드로전서 2:13-14에서 가르친 것이다. 우리는 "주를 위하여" 모든 권위에 복종해야 한다. "혹은 위에 있는 왕이나 혹은 그가 악행하는 자를 징벌하고 선행하는 자를 포상하기 위하여 보낸 총독에게 하라." 사도들은 이러한 명령을 내렸지만, 기독교인들은 대부분의 사람들이 유사 이래로 그 때까지 직접 겪었던 가장 독재적인 통치자들 중의 두 명인 로마 황제 칼리굴라와 네로의 치하에 살고 있었다. 만일에 어디엔가 두 명의 미친 사람들이 있다면, 이 두 사람은 확실히 그 범주에 들어갈 것이다. 뿐만 아니라 그들의 통치 아래에서 기독교인들은 로마 사회를 폭력으로 가장 많이 어지럽히는 자들에게도 거의 적용하지 않는 증오심과 경멸감의 대상이 되었다. 그러한 로마 황제들과 그들이 육성했던 통치 체제가 "하나님으로부터 난" 것이라는 언급은 정말 놀라운 지적이 아닐 수가 없어 보인다.

이와 동일한 유형의 조언은 느부갓네살 왕이 유대 포로들을 바벨론으로 잡아갔을 때 그들에게도 똑같이 주어지던 것이었다. 예언자 예레미야는 포로생활을 하는 사람들에게 다음과 같이 말한 바 있다. "너희는 내가 사로잡혀 가게 한 그 성읍의 평안을 구하고 그를 위하여 여호와께 기도하라 이는 그 성읍이 평안함으로 너희도 평안할 것임이라"렘 29:7. 여기서 다시금 그가 말하는 원칙이 분명하게 드러나지만,

우리는 그러한 원리가 적용되지 않을 예외적인 상황에 대해서 성경이 분명한 어조로 직접 조언하는 것을 들은 적이 없다.

이렇듯이 세속 정부에 대하여 순종하라는 명령은 대단히 분명하고 솔직하다. 그렇다면 대체 어떤 경우에 기독교인은 저항할 수 있는 것일까? 그리고 언제 하나님이 정하신 권위에 저항해야만 하는 것일까? 기독교인은 대체 어떤 종류의 상황 아래에서 정부에게 불복종하는 것이 가능하다고 생각하거나 그렇게 하는 것이 자신의 의무라고 생각해야 할까?

성경은 신자들이 어떻게 정부를 이해하고 정부의 통치에 응답해야 하는지에 관하여 우리에게 기본적인 지침들을 주고 있기는 해도, 그 문제를 완전히 다 다루고 있지는 않다. 그로 인하여 우리는 어느 정도의 자유로움을 누릴 수도 있다. 왜냐하면 모든 기독교인들이 다양한 정치적인 쟁점들과 파당들에 대하여 동일한 견해를 가지고 있지 않기 때문이다. 그러나 이러한 자유로움은 우리가 어떠한 종류의 지침도 가지고 있지 않다거나 각자가 자신이 적절하다고 느끼는 대로 응답할 수도 있음을 의미하지 않는다. 그것은 우리를 일종의 무정부 상태로 이끌 것인 바, 성경은 그러한 무정부 상태를 결코 용납하지 않는다. 그렇다면 우리가 성경에서 발견할 수 있는 매개 변수들 내지는 지침들에는 어떠한 것들이 있을까?

시민 불복종에 관한 성경의 사례들

놀랍게도 성경 안에는 자신의 정부에 저항한 개인들의 사례들이 일부 포함되어 있는 바, 그 사례들은 하나님의 승인을 받은 것으로 보인다. 그 예로서 이집트에서 활동하던 산파들인 십브라와 부아출 1:15-21는 이스라엘의 남자 아이들의 생명을 매우 소중히 여겼으며, 이집트의 파라오보다는 온 우주의 하나님을 더 존중히 여겼다. 그리하여 그들은 엄마들이 아직 출산용 의자에 앉아 있을 때에 이스라엘의 모든 남자 아이들을 죽이라는 파라오의 명령에 복종하기를 거부하였다.

이와 마찬가지로 여리고의 기생 라합은 히브리 사람들의 주 하나님을 여리고 왕보다 더 두려워하였다. 그리하여 그녀는 자기 집으로 찾아온 유대인 정탐꾼들을 숨겨주었다수 2:1-14. 이것은 그러한 상황들을 받아들이는 것이 산파들이나 라합의 행동이나 말을 모두 받아들이는 것임을 뜻하지는 않는다. 왜냐하면 양쪽 다 다른 사람들에게 거짓말을 했기 때문이다. 그러나 하나님은 그들이 왕과 그 신하들을 두려워하고 믿는 것보다 하나님 자신을 더 두려워하고 믿었다는 사실을 높이 평가하셨다. 바로 이 때문에 산파들과 라합이 복을 받은 것이다. 그러나 한 개인의 삶 속에서 한 개 내지는 그 이상의 영역을 용납하는 것이 그들의 삶을 구성하는 모든 영역들을 다 용납하는 것은 아니다. 우리는 성경이 보고하는 내용과 가르치는 내용 사이를 구별하지 않으면 안 된다. 다른 예를 하나 더 든다면, 다니엘의 시대에 사드락과 메삭과 아벳느고가 느부갓네살의 황금 신상에 절하라는 명령을 분명하게 거부하였을 때단 3장, 하나님은 하늘로부터 그들을 구원하셨다. 이와 마찬가지로 하나님은 다리오 왕의 신하들이 꾸며놓은 악한 함정으로부터 다니엘을 구해주셨다. 다리오 왕은 장차 30일 동안 어느 누구도 하나님께 기도할 수 없다는 포고령을 내린 바가 있었다. 그러한 행동은 그들도 잘 알고 있는 다니엘의 일상 습관이었는데, 그 포고령을 어기면 사자굴 속에 던져질 것이라는 위협이 추가되었다. 그러나 하나님은 그 악한 사람들과 사자들 모두의 위협으로부터 다니엘을 구원하셨다. 왕의 포고령에 순종할 것이냐 아니면 하나님께 순종할 것이냐의 문제는 다니엘에게 있어서 선택 사항이 아니었다. 그는 자기를 왕의 포고령에 반대하는 자로 함정에 빠뜨리기 원하던 권력자들의 나쁘고도 사악한 동기들을 알면서도 하나님께 순종하였으며 날마다 그에게 기도하기를 쉬지 않았다.

시민 불복종의 옹호자들

미국 사람들은 매우 오랜 기간 동안 시민 불복종의 사례들이 지속된 역사를 경험해 왔다. 그것은 독립전쟁과 더불어 시작되었는데, 아직도 많은 사람들은 영국에 대한 저항이 올바른 성경적인 기초를 가지고 있는지를 의심하고 있다. 이와 동일한 유형의 시민 불복종은 노예 문제와 관련된 남북전쟁으로 계속 이어졌으며, 20세기에 이르러서는 공민권 운동 흑인 등 소수 민족 집단들의 평등권 쟁취를 위한 운동과 베트남 전쟁에 대한 반대, 핵무기에 대한 반대, 동성애자들의 권리 추구 운동, 환경운동 등으로 이어졌다. 일부는 옹호할 만하고 또 일부는 의심스럽기도 한 이 모든 사례들은 2세기 동안 지속된 미국 역사의 중요한 부분을 구성하고 있다.

앤더슨은, 종종 언급되는 "시민 불복종의 의무에 관하여"라는 글에서 보듯이 소로Henry David Thoreau, 1817-1862가 시민 불복종에 관한 현대적인 논의와 관련해 가장 영향력 있는 작가임을 올바르게 지적한 바 있다.[1] 소로는 인두세 납부를 거부했다는 이유로 1846년 7월 매사추세츠의 콩코드 지역 감옥에 갇혀 있을 때 밤을 새워가면서 그 글을 썼었다. 그는 정부가 노예제도를 지지한다는 것 때문에 인두세 납부를 거부하였다. 그에게는 다행스럽게도 누군가가 그 날 밤에 그를 위하여 인두세를 대신 납부해 주었고, 그는 감옥으로부터 풀려났다. 그러나 만일에 그가 로마서 13:7을 잘 아는 사람이었다면, 세금을 납부하는 사람에게는 어떠한 도덕적이거나 윤리적인 의무도 없다는 것을 알게 되었을 것이다. 적어도 우리를 위하여 봉사하는 어떤 다른 사람에게도 그러한 의무가 전혀 없는 것처럼 말이다 이 점에 관한 15장의 논의와 로마서 13장에 대한 주석을 보라. 그러나 소로의 글이 일반 대중에게 얼마나 널리 알려졌는지는, 마하트마 간디가 감옥 생활을 하는 중에 항상 그의 글을 복사해서 가지고 다녔었고, 또 그의 글을 인도에서 인쇄하여 널리 배포했다는 사실에 의하여 뒷받침될 수 있을 것이다. 소로의 논지는 자신의 양심에 대한 순종이 정부에 대한 순종보다 더 중요하고 또 더 애착을 가져야 할 대상이라는 점이었다. 그러나 이러한 논지는 인간의 양심이 하나님의 도덕적인 법에 의하여 만들어지고 형성된다는 점을 뜻할 것이다. 물론 소로에게 있는 문제점은 이것이다. '과연 누가 언제 정부에게 맞서야 하는지에 관한 결정을 내리며, 또 어떠한 근거에서 그렇게 할 수 있는 것인가?' 소로는 그것이 각 개인에게 달려있으며, 선善에 관한 각 개인의 내적인 감각에 의존한다고 보았다! 그러나 그것은 재난과 무질서에 대한 처방으로서의 의미를 갖는다. 왜냐하면 소로의 글에는 옳고 그름에 대한 절대적인 기준이나 우리가 참고해야 할 객관적인 기준이 전혀 언급되어 있지 않기 때문이다.

이러한 논의에 도움을 준 또 다른 사람으로 루터포드Samuel Lutherford, 1600-1661가 있다. 그는 17세기의 "신성한 왕권" 개념을 거부하고 그 자리에 하나님의 법Lex Rex을 갖다 놓았다. 만일 정부와 왕이 하나님의 법에 불순종한다면, 누구든 왕과 정부보다 앞서는 하나님의 법 자체에 호소할 수 있을 것이다. 루터포드는 웨스트민스터 신앙고백과 교리문답을 만든 웨스트민스터 성직자단에 속한 사람이었다.

무력 저항은 과연 정당화될 수 있는가?

쉐퍼Francis Shaeffer는 어느 정도의 한계를 지닌 무장 혁명을 정당화하였다. 이와 관련하여 그는 다음과 같이 주장한 바가 있다.

> 『하나님의 법』Lex Rex에서 루터포드는 무장 혁명을 필연적인 해결책으로 제시하지 않는다. 도리어 그는 일반 시민의 자유를 방해하는 국가의 행동에 대해서 취해야 할 올바른 반응이 무엇인지를 진술한다. 특히 그는 만일 국가가 의도적으로 하나님께 대하여 지켜야 할 윤리적인 의무를 무시하는 잘못을 범하면 저항이야말로 적절한 반응에 해당한다고 본다.
> 그러한 경우에 루터포드는 개개인을 위하여 저항의 세 가지 적절한 차원들을 다음과 같이 제안한 바가 있다. 첫째로 이의 제기protest, 현대 사회에서 이것은 대부분의 경우 법적인 행동으로 표현된다를 통하여 자신을 방어하지 않으면 안 된다. 둘째로 가능하다면 도망하는 방법을 모색하지 않으면 안 된다. 셋째로 필요하다면 자신을 방어하기 위하여 무력을 사용할 수도 있다. 만일에 도망의 방법에 의하여 자신을 구할 수 있다면 무력을 사용해서는 안 된다. 그리고 만일에 이의 제기나 헌법적인 교정의 수단을 사용함으로써 자신을 구하고 방어할 수 있다면 도망의 방법을 취해서도 안 된다.[2]

루터포드에 따르면, 세속 정부는 단지 사람들의 유익을 위하여 권한을 "위임 받은 사람"에 지나지 않기 때문에, 사람들은 그러한 신뢰가 깨뜨려질 때 저항할 수 있는 기초를 갖게 된다. 그러기에 영국과 스코틀랜드에서 『하나님의 법』Lex Rex을 금한 것은 전혀 놀라운 일이 아니다. 그들은 그 책이 사람들을 선동한다고 생각했기 때문이다.

시민 불복종의 성경적 기초

앤더슨[3]은 정당하게 조직된 권력 기관에 불복종해야 할지 말아야 할지를 결정함에 있어서 각 개인이 지켜야 할 다섯 가지 원리들을 밝힌 바가 있다. 그것들은 다음과 같다.

1. 저항해야 할 법이나 명령은 명백하게 불의하고 비성경적인 것이어야만 한다. 단순히 우리가 어떤 명령이나 법에 동의하지 않는다고 해서 저항한다는 것은 적절치 않을 것이다. 만일 정의나 성경적인 원리를 위한 명분이 분명하지 않다면, 마땅히 그러한 법과 명령에 대한 복종을 기대해야만 한다.

2. 우리는 현행 권력 기관이 지시한 것에 저항하기로 결정하기에 앞서 모든 통상적인 교정 수단을 남김없이 동원하지 않으면 안 된다. 달리 말해서 그러한 법에 대한 반대와 저항은 마지막으로 의지해야 할 수단이어야 한다는 얘기다.

3. 그럼에도 불구하고 정부의 그러한 명령에 불복종하는 자들은 법을 위반한 것에 대한 벌금을 낼 준비가 되어 있어야 한다. 그러한 불복종은 무정부 상태와 쉽게 혼동되어서는 안 된다. 왜냐하면 성경은 그러한 불법성을 용납하지 않을 것이기 때문이다.

4. 불복종 행위가 진행 중일 때에는 시민 불복종 행동을 분노나 반항심을 가지고서 수행할 것이 아니라 기독교인들의 특징인 사랑과 겸손으로 수행해야 한다.

5. 모든 원리들 중에 가장 논쟁적인 것은 바로 이것이다. 우리는 성공의 가능성이 있을 경우에만 시민 불복종 행위를 수행해야 한다. 만일에 성공의 가능성이 거의 없거나 전혀 없다면, 사회적인 분열을 초래하고 다른 사람들에 의하여 명백한 불법성으로 해

석될 수도 있는 것을 사회 안에 촉진시키는 행동이 무슨 이득이 있겠는가?

이상의 다섯 가지 원리들은 "정당한 전쟁"을 위한 원리들 중의 일부와 대단히 비슷한 것들처럼 보인다. 확실히 양자 사이에 미묘한 차이가 약간 있기는 하지만, 그 목록 자체는 매우 비슷하다. 전쟁에 관해 다루는 15장을 보라.

세속 정부보다는 하나님께 복종하라

성경의 한 본문은 이러한 시민 불복종이라는 주제의 옳고 그름을 이해하는 데 적절한 도움을 주는 것으로 보인다. 잠언 24:3-12가 그렇다. 낙태 논쟁에서 임신 중절 합법화에 반대하면서 "오퍼레이션 레스큐" Operation Rescue, 1986년에 설립된 낙태 반대 운동 단체를 옹호하는 이들은 다른 어떤 집단보다도 잠언 24:11을 낙태 진료 행위에 대한 평화로운 감시 활동의 근거로 지적한다. 왜냐하면 이 격언은 다음과 같이 말하고 있기 때문이다. "너는 사망으로 끌려가는 자를 건져 주며 살육을 당하게 된 자를 구원하지 아니하려고 하지 말라." 야고보서 4:17에 있는 평행 본문은 다음과 같이 말한다. "그러므로 사람이 선을 행할 줄 알고도 행하지 아니하면 죄니라."

"사망으로 끌려가는" 사람들은 잘못 고소되어 유죄선고를 받은 자들을 가리킨다. 그들은 부당하게 고소를 받아 자기들이 범하지도 않은 죄악으로 유죄선고를 받은 것이다. 만일에 그것이 사회의 정의를 지키기 위한 원리라면, 태중에 있는 아기들 역시 어머니들에 의하여 태어나 이 세상으로 들어오는 아기들과 마찬가지로 진정한 인간이다. 그들은 똑같이 이 성경 본문에 기록되어 있는 동일한 신적 원리에 기초하여 동일한 보호를 받을 자격을 가지고 있다. 성경은 신자들에게 압제당하는 자들과 함께 할 것을 요청한다. 그 까닭은 하나님이 어떠한 변명도 받아주지 않으실 것이기 때문이다. 이는 잠언 24:12가 말하는 바와 같은 것이다. "네가 말하기를, '우리개역개정판은 "나"로 번역는 그것을 알지 못하였노라' 할지라도 마음을 저울질 하시는 이가 어찌 통찰하지 못하시겠으며 네 영혼을 지키시는 이가 어찌 알지 못하시겠느냐? 그가 각 사람의 행위대로 보응하시리라." 따라서 하나님은 모든 빈약하고 어설픈 변명을 즉각 적절치 못한 것으로 간주하신다. "말하는" 자는 한 사람이지만, "우리는 그것을 알지 못하였노라"라고 주장하는 자들은 여러 명이라는 점을 주목하라. 이처럼 한 사람의 이의 제기를 다수의 무지 주장과 연결시키는 것은 본문이 결함을 가지고 있기에 생겨난 결과가 아니라, "우리가 허물을 널리 확산시키면서 책임을 널리 퍼뜨려 그것을 군중 속에 섞어버리고자 애쓰고 있음"을 나타내는 신호라 할 수 있다. "그러한 정당화 작업을 평가하시는 분은 전능하신 하나님이시다. 그는 모든 사람의 '마음을 저울질하시는' 개역개정판은 '감찰하시는' 으로 잘못 번역했다 분이다 잠 21:2…그는 '사람의 행위를 따라 갚으사 각각 그의 행위대로 받게' 하신다 욥 34:11, 시 62:12, 잠 12:14, 마 16:27, 롬 2:6."[4]

시민 불복종에 관한 문제를 다루는 신약 본문들 중에서 아마도 베드로와 요한이 공회 앞에 불려나와 사람들에게 말하면서 그들을 가르치던 때에 관해 묘사하는 사도행전 4:1-22보다 더 적절한 본문은 없을 것이다.

본문 사도행전 4:1-22

주제 "세속 정부보다는 하나님께 복종하라"

요절 19절, "베드로와 요한이 대답하여 이르되, '하나님 앞에서 너희의
말을 듣는 것이 하나님의 말씀을 듣는 것보다 옳은가 판단하라'"

설교의 핵심어 상황들

질문 우리가 정부에게 불복종할 수도 있거나 불복종하지 않으면 안 되
는 상황들에는 어떠한 것들이 있는가?

개요

I. 예수 부활의 메시지를 선포할 때 4:1-4

II. 법정 앞에서 자신의 친절한 행동들에 대해서 설명해야 할 때 4:5-12

III. 예수의 이름으로 말하거나 가르치지 말라는 얘기를 들을 때 4:13-22

I. 예수 부활의 메시지를 선포할 때 행 4:1-4

베드로와 요한은 사람들에게 하나님의 권능에 의하여 죽은 자들
로부터 부활하신 예수에 관하여 말하고 있었다. 그러나 이러한 설교
는 제사장들과 사두개인들과 예루살렘 성전을 지키던 이들을 크게 혼
란에 빠뜨렸다. 그 때가 저녁 늦은 시각이었기에 이 관원들은 그들이
정부와 공동체의 종교 지도자들에 맞서 사람들을 선동하는 잘못을 저
질렀다는 죄목으로 베드로와 요한을 체포하여 그들을 밤새 감옥에 가
두었다.

그럼에도 불구하고 그들은 믿음을 가지고서 응답하였으며, 교회
성도들의 숫자는 즉각 5천 명 정도로 불어났다. 이는 두 명의 사도들
이 처한 상황을 한층 어렵게 만든 것으로 보인다. 당시의 지도자들이

이러한 예수 운동을 두려워했을 뿐만 아니라, 자기들이 죽이고자 했던 자가 이제는 다시 살아난 것으로 선포되고 있다는 사실까지도 두려워했기 때문이다.

II. 법정 앞에서 자신의 친절한 행동들에 대해서 설명해야 할 때 행 4:5-12

이튿날 통치자들과 장로들과 율법 교사들이 예루살렘에서 만났을 때, 관리들 전체가 이 문제를 다루기 위하여 함께 모였다. 그들 중에는 가야바와 요한과 알렉산더와 대제사장 가문에 속한 다른 사람들이 포함되어 있었다. 줄잡아 말한다 해도 이 일은 결코 사소한 집안싸움이 아니었다. 그것은 참으로 큰 문제였다!

베드로와 요한은 공회 앞에 소환되었고, 두 사람을 향한 심문 과정은 "너희가 무슨 권세와 누구의 이름으로 이 일을 행하였느냐?" 7b절라는 문제에 초점이 맞추어졌다. 확실히 어느 누구도 거의 부정할 수 없는 놀라운 일이 벌어졌다. 그것은 성전 안에서 모든 사람들이 보고 있는 중에 공개적으로 행해진 일이었다. 나면서 못 걷게 된 한 사람이 나사렛 예수 그리스도의 이름으로 고침을 받은 사건이 바로 그 일이었다. 이 관리들은 그것이 그의 이름임을 알고 있었으며, 그러한 기적이 나사렛 예수의 이름에 담긴 권세에 의하여 이루어졌다는 것도 알고 있었다. 그들은 그것을 베드로와 요한의 입으로부터 직접 듣고 싶어 했다. 그리하여 그들은 관리들이 그와 같은 종류의 일을 할 때 흔히 하는 방식대로 경건한 척하면서 그들에게 질문을 던졌다.

베드로는 둘을 대표하여 답변을 했다. 그는 "성령이 충만"한 채 그렇게 하였다 8절. 그는 조금도 움츠러들지 않은 채로 부활하신 예수, 곧 그들이 십자가에 못 박아 죽였으나 하나님이 죽은 자들로부터 다시 살리신 예수의 이름과 권능에 힘입어 그 일이 이루어졌음을 담대하게 선포하였다. 베드로는 모든 반박 자료들을 잠재울 반전과 논박에 관하여 말한 것이었다. 그것은 확실히 그들의 모든 반박 자료들을 훨씬 뛰어넘는 것이었다!

뿐만 아니라 베드로는 자신과 요한의 소송을 판결하기 위하여 모인 자들 앞에서 그 예수가 시편 118:22에 선포된 바로 그분임을 분명하게 밝혔다. "이 예수는 너희 건축자들의 버린 돌로서 집 모퉁이의 머릿돌이 되었느니라." 바로 이 때문에 "다른 이로써는 구원을 받을 수 없나니 천하 사람 중에 구원을 받을 만한 다른 이름을 우리에게 주신 일이 없음이라…"12절. 베드로의 이러한 설교는 당시의 권력층을 심각하게 흔들었음에 틀림이 없다. 그들 자신의 신성한 성경에 의하여 예견된 것처럼, 이 예수는 그들이 철저하게 배척했던 "돌"이었다.

III. 예수의 이름으로 말하거나 가르치지 말라는 얘기를 들을 때

행 4:13-22

베드로와 요한의 용기와 조심스러운 응답은 그곳에 모인 당국자들을 깜짝 놀라게 했다. 왜냐하면 그들은 이 두 사람이 배움이 부족한 다소 평범한 사람들임을 알고 있었기 때문이다. 그들이 염두에 두어야 했던 요점은 "이 두 사람이 전에 예수와 함께 있었다"13절는 사실이었다. 더 중요한 것은 치료 받은 지체 장애인이 베드로와 요한 바로 곁에 서 있었다는 점이다. 그들은 이처럼 놀라운 증거 앞에서 무엇을 말하거나 행동할 수 있었겠는가? "비난할 말이 없는지라"14절.

공회는 업무 집행을 위한 회의를 열어 자기들이 취할 수 있는 행동에 관해서 논의하였다. 그것은 참으로 어려운 일이었다. 그 이유는 다음과 같은 데에 있었다. "그들로 말미암아 유명한 표적 나타난 것이 예루살렘에 사는 모든 사람에게 알려졌으니 우리도 부인할 수 없는지라"16절.

그들에게 남은 유일한 행동 방향은 "이것이 민간에 더 퍼지지 못하게" 시도하는 일이었다. 그리하여 그들은 베드로와 요한에게 "이후에는 이 이름으로 아무에게도 말하지 말라"라고 경고하였다17절. 그들은 그 사건 전체가 조용히 가라앉고 사람들이 메시아를 더 이상 믿지 않았으면 하는 바람을 가지고 있었다. 확실히 베드로와 요한은 그들의 공식적인 위협에 많이 위축당한 나머지, 더 이상 예수의 이름으로 치유나 설교를 시도하지 못했을 수도 있다. 아니면 아마도 관원들도 그렇게 생각했을 것이다!

그러나 바로 그 때에 베드로와 요한은 시민 불복종의 원리에 호소하는 방법을 택한다. 그들에게 있어서 그것은 하나님께 순종할 것이냐 아니면 사람들에게 복종할 것이냐의 문제였다. 그러한 선택에 직면한 그들은 하나님께 순종하기로 결정하였다. 뿐만 아니라 자기들이 직접 보고 들은 것이 있는데, 그런 상황 속에서 어찌 달리 행동할 수가 있었겠는가20절?

결론

하나님이 자신의 말씀이나 인격을 통하여 우리에게 말씀하신 것들과 어긋나는 것을 정부가 우리에게 요구하지 않는 한, 누구나 정부에 복종해야 한다. 만일에 마침내 둘 중에 하나를 선택해야 하는 갈등 상황에 직면하게 되면, 신자는 항상 하나님께 순종하는 길을 선택하지 않으면 안 된다. 그 외에는 달리 방도가 없다.

15

전쟁과 평화

- 로마서 13:1-7

평화는 전쟁 없는 상태가 아니다. 그것은 다양한 관계들 안에서 정의가
회복된 상태를 가리킨다.[1]

세계 역사에서 1900년대에 들어서면서 이른바 기독교의 세기가 될 것이라고 예견되었던 지
난 20세기의 전쟁들에서 죽은 사람들은 그 이전의 다른 어떤 세기에
속한 전쟁들에서 죽은 사람들보다 더 많다. 제1차 세계대전에서는 3
천9백만 명 3천만 명은 민간인의 사람들이 죽었다. 그리고 제2차 세계대전에
서는 또 다시 5천1백만 명 3천4백만 명은 민간인의 사람들이 목숨을 잃었다.
1945년 이후로는 여러 장소에서 대략 150회 정도의 다양한 규모의 전
쟁들이 벌어졌고, 이처럼 산발적으로 벌어진 전쟁들, 이를테면 1950
년 무렵의 한국 전쟁과 1960년대에서 1970년대에 이르는 베트남 전
쟁의 결과 1천6백만 명 정도의 사람들이 추가로 목숨을 잃었다.[2] 어느
누구도 전쟁이 끔찍한 고통을 안겨주며 확실히 일종의 도덕적인 실패
의 결과임을 부정하지 못한다.

기본적으로 기독교인들은 전쟁과 군사 개입의 주제에 관하여 선
택할 수 있는 세 가지 주요 입장들을 가지고 있는 것으로 보인다.

1. 행동주의는 기독교인들이 자기들의 나라가 전쟁을 선언할 때
   에는 모든 군사적인 노력을 지지해야 한다고 주장한다. 성경이

로마서 13:1-7에서 우리를 다스리는 정치 지도자들에게 복종해야 한다고 말하기 때문에, 우리는 이 지도자들이 우리보다 더 나은 정보를 얻을 수 있다고 생각한다. 그러기에 우리는 이 계획에서 정부의 판단을 신뢰하며 정부의 인도를 따른다.

2. 평화주의는 기독교인으로서 전쟁에 참여하는 것이 결코 옳지 않다고 주장한다. 왜냐하면 우리는 그리스도의 제자들로서 그가 사셨던 것처럼 비폭력적인 방식으로 살지 않으면 안 되기 때문이다. 세상의 길은 폭력의 길이다. 그러나 십자가의 길은 전혀 다르다. 구약성경에서 전쟁 행위는 우리가 기독교인들로서 어떻게 행동해야 하는지에 대하여 어떠한 도움도 주지 못한다. 우리는 악한 사람을 대적해서는 안 된다마 5:39. 도리어 우리는 자신의 원수들을 사랑해야 한다.

3. 선택주의는 기독교인들이 그 전쟁들이 도덕적으로 방어할 수 있는 명분들, 곧 "정당한 전쟁"의 일곱 가지 지침들에 묘사되어 있는 명분들에 기초하고 있을 때에는 전쟁에는 참여할 수도 있다고 주장한다.

전쟁에 관한 구약성경의 가르침

성경은 모든 윤리적인 물음들에 대한 최종 자료이기 때문에, 우리가 지금 다루고 있는 것과도 같은 도덕적인 문제들에 대한 지침을 구하기 위하여 성경을 찾는 것은 당연한 일이다. 신약성경을 구약성경으로부터 분리시킨다거나 신약성경을 이 주제에 대한 고려의 대상 밖에 둔다는 것은 적절치 않다. 왜냐하면 본문이 달리 말하지 않는 한 신약과 구약은 똑같이 하나님의 말씀이요, 일관성 있고 조화로운 하나의 통일된 문서이기 때문이다.

가장 확실한 한 가지 사실은 구약성경에서 하나님이 이스라엘 백성에게 자신의 기준들에 비추어볼 때 "죄악의 잔"을 가득 채운창 15:16 은 이와 다르기는 하지만 평행을 이루는 표현을 가지고 있다. "이는 아모리 족속의 죄악이 아직 가득 차지 아니함이니라" 개별 민족들과 맞서 싸워 그들을 징벌함으로써 그가 이스라엘에게 주시려는 땅에서 그들을 제거할 것을 명하셨다는 점이다. 그리고 때로는 야웨 자신이 "용사"a man of war로 묘사되기도 한다출 15:3-4.

구약성경은 "다른 사람의 피를 흘리면 그 사람의 피도 흘릴 것"창 9:6임을 분명하게 가르치고 있다. 그러나 출애굽기 20:13은 "살인하지 말라"라고 가르친다. 출애굽기 20:13을 창세기 9:6에 비추어 해석한다면, 사람들에 의하여 생겨난 모든 죽음이 여섯 번째 계명의 위반이 아님을 보여 주는 것으로 충분하다. 아마도 이것은 전쟁 수행에 따르는 몇 가지 행동들에도 영향을 미칠 것이다.

야웨의 전쟁: 신명기 20:1-20

사실 구약성경은 많은 경우 이스라엘에게 전쟁을 벌일 뿐만 아니라 가나안 땅을 정복하거나 그 땅을 방어하기 위하여 전쟁을 수행하라고 가르친다. 신명기 20장 전체는 전쟁에 관한 구체적인 가르침들을 주는 데 할애되어 있다. 그러나 신명기 20장의 가르침이 특정 집단들이나 성경의 일부 편집자들에게 있던 견해들이 아니라는 점을 주목하라. 그것들은 전쟁 수행에 관하여 하나님이 정하신 규칙들이다.

신명기 20:1-20은 모세가 자신의 시대에 행한 긴 설교의 형태로 주어져 있다. 홉스T. Raymond Hobbs가 주장한 것처럼,[3] 신명기 20, 21, 23장 등에 언급되어 있는 이방 민족들로 인하여 이 본문을 왕정 시대나 그 이후의 시대에 속한 것으로 간주하려는 시도에 대해서는 주전 2천년기의 종주권 조약들과 신명기의 구조 사이에 있는 유사성을 들어 답변할 수 있다. 신명기는 홉스가 원하는 것처럼 주전 1천년기가 아니라 주전 2천년기 중반 경에 속한 책으로 보는 것이 더 낫다. 라이트 Chrisopher Wright 역시 다음과 같은 반응을 보인 바가 있다.

> 이러한 이상화 조치는 그 땅에서 이루어진 이스라엘의 전쟁들실제 일어났어야 했으나 그렇지 못한 것들에 관한 앞선 진술에 앞섰던 것으로 보인다. 실제 일어났어야 했으나 어느 누구도 알지 못했던 일들에 대한 주전 7세기의 사후事後 이상화 조치와 마찬가지로 말이다. 10-18절의 차별화 전략이 과연 가나안 땅에 실제로 정착한 수 세기 후의 이스라엘에게 어떠한 의미를 줄 수 있는지, 아니면 이 본문[신 20장]이 7세기의 개혁과 관련하여 어떠한 목적에 이바지할 수 있는지를 안다는 것은 쉬운 일이 아니다.[4]

신명기 21:10-14, 23:9-14, 24:5 등 역시 구약성경의 전쟁 문제를 다루고 있지만, 신명기 20:1-20은 옛 언약의 맥락 안에서 전쟁에 관하여 가르치는 유일하게 큰 본문에 해당한다. 본장 전체가 이 자리에 위치하고 있는 이유는 이 본문이 살인에 관한 19장의 가르침과 관련되어 있기 때문이다. 따라서 이 두 개의 장은 인간의 생명을 취하는 행동의 적법성과 불법성 모두에 관해서 설명하고 있다는 점에서 둘 다 똑같이 여섯 번째 계명의 연장선상에 있는 셈이다.

신명기 20장의 구조는 구문론적인 견지에서 볼 경우 "…할 때"히브리어로 키로 시작되는 1, 10, 19절에서 미완료 동사절을 가지고 있는 다수의 조건절들을 특징으로 가지고 있다. 그 결과로 인하여 생겨나는 개요는 다음과 같이 정리될 수 있을 것이다.

이스라엘을 위한 전쟁의 규칙들은 주변 나라들의 전쟁 규칙들과 크게 다르다. 특히 한 가지 중요한 측면에서 그렇다. 이스라엘은 주변 나라들을 정복함으로써 자신의 땅을 넓히라는 명령을 받은 적이 없었고 그렇게 허락받은 적도 없었다. 전쟁을 위한 모든 제국주의적인 동기들은 즉각 거부되었다. 그 이유는 분명했다. 이스라엘은 소유물이나 부 또는 군사 시설 등을 매개로 하여 자신의 위대함을 입증할 필요가 없었던 것이다. 이스라엘의 영광은 자신의 소유물이나 힘, 군사력, 과학기술 등에 있지 않았다. 그들은 전쟁에서 주의 임재와 권능에 의하여 승리하기도 하고 패배하기도 하였다. 바로 그 때문에 이스라엘은 자신의 무기를 의지할 필요가 없었고, 단지 주만 의지해야만 했다. 시편 33:16-19와 118:8-9가 바로 이 점을 분명하게 밝히고 있다.

많은 군대로 구원 얻은 왕이 없으며

용사가 힘이 세어도 스스로 구원하지 못하는도다

구원하는 데에 군마는 헛되며

군대가 많다 하여도 능히 구하지 못하는도다

여호와는 그를 경외하는 자

곧 그의 인자하심을 바라는 자를 살피사

그들의 영혼을 사망에서 건지시며

그들이 굶주릴 때에 그들을 살리시는도다

여호와께 피하는 것이

사람을 신뢰하는 것보다 나으며

여호와께 피하는 것이

고관들을 신뢰하는 것보다 낫도다

"거룩한 전쟁"이라는 용어의 일부 현대적인 용례들에 비추어볼 때, 이 용어에 대한 언급은 생략하는 것이 더 낫다. 왜냐하면 그 용례들은 성경에서 한 번도 그렇게 분류된 바가 없기 때문이다. 성경적인 용어를 빌어 표현하자면, 그것은 "야웨의 전쟁들"이라고 해야 옳다. 따라서 1-4절은 야웨의 명령에 순종하여 싸운 이스라엘의 전쟁들이 야웨 자신의 전쟁들이나 마찬가지라는 시각을 보여 주고 있다. 바로 이 점이 신명기 20장의 기본적인 입장인 셈이다.

놀랍게도 신명기 20장은 군국주의적인 정서를 드러내기보다는 사실상 반군국주의적인 본문의 성격을 분명하게 드러내고 있다. 그 까닭은 이 본문이 군대의 규모를 줄이고 가장 젊고 적절한 남자들을 내보낼 것을 요청하고 있기 때문이다. 이 본문에는 세 가지 종류의 면제 조건들이 즉시 언급되어 있다. (1) 새 집을 건축했으나 낙성식을 아직

행하지 않은 사람들, (2) 새 포도원을 만들었으나 그 과실을 아직 먹지 못한 사람들, (3) 여자와 약혼을 했으나 아직 결혼하지 못한 사람들. 이들은 전쟁터에 나가기엔 심리적으로 너무 많이 위축된 사람들과 함께 모두 군복무로부터 면제되어야 했다. 그렇게 해야 하는 근본 이유는, 만일에 그 전쟁이 복의 원천이요 땅의 선물과 관련된 것이라면, 세 가지 예외 조건들에 언급되어 있는 상황에서 사람을 죽이는 행동이 복보다는 저주의 원천이 될 것이요, 자신이 곧 현실화시키려고 하는 것을 즐길 만한 시간을 갖지 못한 채로 죽은 병사를 제대로 배려하지 않은 것일 수도 있기 때문이다.

신명기 20장은 가까이에 있는 성읍들과 멀리 떨어져 있는 성읍들 사이를 구별한다 15-16절. 모든 가나안 원주민들을 죽여야 하는 이유는 신명기 7:1-6, 25-26에 주어진 설명과 똑같은 것이었다. 그것은 곧 그들이 그 동안 쌓아온 악독함 "죄악의 잔"을 가득 채운 것과 그들이 이스라엘에게 부과한 혼합주의의 위협에 대한 심판이라 할 수 있었다신 20:18. 이 본문은 본질적으로 설교의 범주에 속한 것이지 짤막한 군사 지령이 아니다. 이스라엘은 우상숭배를 그 땅에 슬그머니 이끌어 들여서는 안 되었다. 왜냐하면 그들은 주께 온전히 바쳐진 자들이어야 했기 때문이다.

이 규칙들은 생태학적으로 예민한 것이면서 동시에 자비로운 것이기도 했다. 이스라엘은 멀리 떨어져 있는 성읍들에게 평화를 선언해야만 했다 10-11절. 만일에 그 성읍들이 평화를 받아들이면, 그들은 그 성읍들을 친절하게 대해 주어야 했으며, 그곳의 거주민들을 그들 자신의 땅에 머물러 두어야만 했다. 그들은, 이를테면 앗수르 사람들이 그러했던 것처럼, 공성용攻城用 무기를 만든답시고 과실나무들을 파괴하거나 잘라내면 안 되었다 19-20절. 그들은 또한 포로로 사로잡힌 여인들에게 자비를 베풀어야 했다. 만일에 그녀가 결혼한 이스라엘 여인일 경우, 이스라엘 남자는 그녀를 결코 팔 수 없었으며, 그녀가 더 이상 자신을 즐겁게 하지 못한다 할지라도 그녀를 노예처럼 취급할 수도 없었다.

라이트는 이를 다음과 같이 잘 요약하고 있다.

가나안 사람들을 살육한 일을 신명기의 전쟁 규칙들이 가지고 있는 다른 특징들에 대하여 도덕적인 걸림돌로 받아들인다면, 우리는 아무런 감동도 받지 못한 채로 남아 있기 어려울 것이다. 제네바 협약이 없이도 신명기는 전쟁으로부터의 자비로운 면제를 옹호하고 있으며, 사전 협상을 요청함과 아울러 비폭력을 선호하고 있다. 또한 신명기는 오로지 남자 전투원의 전쟁 참여만을 허용하며, 여성 포로들을 자비롭고 소중하게 다룰 것을 요청함과 아울러 생태학적인 제약을 강조하고 있기도 하다. 노예 제도의 경우에는 전쟁 자체를 손상시키는 듯한 무엇인가가 감지되기도 한다. 아주 조금이기는 하지만 말이다.[5]

정당한 전쟁의 이론

키케로Cicero, 주전 106-43는 자신의 책 『공직에 관하여』 De Officiis에서 "전쟁에 나가기 위한 의로운 근거"에 관해 말하면서 전쟁의 근본적인 이유를 설명하려고 애썼다I, 38. 그러나 키케로의 이론을 자신의 『파우스투스에게 주는 답변』 Reply to Faustus, XXII, 74과 자신의 『편지』 Letter 138과 『편지』 Letter 189에서 발전시킨 사람은 어거스틴이었다.

"정당한 전쟁" jus ad bellum, "전쟁에 [나가는 행동을 지배하는] 규칙", 즉 전쟁 선포의 조건들[6]과 "전쟁 규칙" jus ad bello, "전쟁[에서의 행동] 규칙", 즉 일단 전쟁이 벌어진 후에 지켜야 할 지침들은 성 어거스틴St. Augustine, 354-430에게로 거슬러 올라가는 가르침을 제공하고 있다. 그는 그 가르침을 로마서 13:1-7의 연장선상에서 발전시킨 바가 있다. 어거스틴은 모든 전쟁이 도덕적으로 정당한 것은 아니라고 주장하였다. 전쟁의 시작 정당한 전쟁 이론의 다섯 가지 규칙, *jus ad bellum* 과 진행 일곱 가지 규칙들 중 마지막 두 개, *jus ad bello* 을 평가하는 기본 틀로서 그는 일곱 가지의 중요한 기준들을 발전시켰다. 그것들은 다음과 같다.

1. **정당한 명분**. 이유 없는 침략 행위는 어떤 형태든 영원히 거부되어야 한다. 정당한 이유가 없는 전쟁은 어떤 한 나라가 다른 나라를 향하여 전쟁을 벌이는 명분이 될 수 없다. 누구든지 정당한 명분이나 변호할 수 있는 이유가 있을 경우에만 전쟁에 참여할 수 있을 것이다.

2. **정당한 의도**. 어떤 나라든 복수를 위해서 또는 다른 나라의 영토를 정복하기 위하여 전쟁을 벌여서는 안 될 것이다. 전쟁은 그와 관련된 모든 집단들의 평화를 확보하기 위한 것이 되지 않으면 안 된다.

3. **마지막 수단**. 어떤 한 나라든 평화를 제안하고 외교적인 해결책을 강구하고 또 경제적인 압박의 모든 형태를 다 취한 다음에야 비로소 마지막 수단으로 전쟁에 호소할 수 있을 것이다.

4. **공식적인 선전포고**. 전쟁을 시작하기 위해서는 먼저 공식적인 선전포고가 있어야 한다.

5. **제한된 목표들**. 다른 나라를 완전히 멸하는 등의 행동은 부적절한 목표에 해당하는 것이다. 마침내 평화가 이루어지고 전쟁은 그러한 평화를 얻기 위한 유일한 방법임이 확실한 경우에만 전쟁을 벌여야 한다.

6. **균형 잡힌 전쟁 수단**. 무기들과 병력의 유형들은 침략 행동을 가라앉히고 정당한 평화를 확보하는 데 필요한 것들에 한정되어야

한다.

7. **비전투원의 면제**. 군사 행동은 전쟁에 참여하지 않는 자들을 연루시키는 것을 조심스럽게 피해야만 한다. 오로지 정부의 병력과 그들의 대리인들만을 군사 행동의 표적으로 삼아야 할 것이다.

아퀴나스 역시 정당한 전쟁을 옹호하면서 구약성경에서 그것을 뒷받침하는 본문을 찾고자 하였다. 그의 『신학대전』 Summa Theologica, 바오로딸 역간 I-II, Q 105, 제3항을 보라.

기독교 평화주의자들은 정당한 전쟁 이론에 대하여 두 가지 반대 의견을 제시한다. (1) 전쟁을 벌이는 것은 결코 옳지 않다. 그 대신에 우리는 다른 쪽 뺨을 돌려대야 한다마 25:39. (2) 예수께서는 하나님의 나라가 이 세상에 속한 것이 아니요 칼에 의하여 발전하는 것이 아님을 밝히시면서 베드로에게 칼을 치우라고 명하셨다마 26:52-53. 그러나 예수께서는 그러한 일들로 괴롭힘을 당하면서 국가들이나 특정 집단에 속한 사람들이 일반적으로 취하고자 하는 전쟁 원리들을 포기하지 않으려 하는 개개인을 대상으로 그런 말씀을 주신 것이다.

보다 최근에는 정당한 전쟁 이론이 국가들에만 적용되지 영토들에는 적용되지 않는다고 주장하는 사람들이 생겨났다. 그러나 그러한 반대는 올바르지 않은 것으로 보인다. 그 까닭은 정당한 전쟁 개념이 인종적, 사회적, 종교적인 집단들을 공격의 표적들으로 삼는 현대적인 민족국가 개념을 앞서기 때문이다.[7]

물론 이에 관해 가르치는 핵심 본문은 로마서 13:1-7이다. 이제 정치적인 복종에 관한 윤리적인 가르침을 얻기 위하여 이 본문으로 방향을 돌려보기로 하자.

하나님은 각자가 자신의 정부에 복종하기를 원하신다

사람들은 기독교인들이 이 세상에 속하지 않은 나라의 구성원들이 되었으므로 이 시대의 통치자들을 향한 온갖 복종의 의무들로부터 면제되거나 그러한 의무들을 스스로 사양할 것이라고 생각할 수도 있다. 특히 군사 행동에 적극적으로 참여하게 될 상황이 닥칠 때 그렇다. 왜냐하면 그러한 세상 당국자들은 보통 기독교 신자들이 아니기 때문이다. 그러나 본장의 가르침은 신자들을 포함한 "각 사람"에게 전달되고 있다.

뿐만 아니라 사도 바울은 이처럼 요구되는 복종을 한 가지 또는 두 가지의 정부 형태들에 한정하지 않는다. 그는 어떠한 예외도 두지 않는다. 그 정부 형태가 민주주의이건 군주제이건 공화정이건 이상에서 언급한 것들 모두를 합한 형태이건 관계가 없다는 얘기다. 사람들은 하나님께 대한 순종을 위해서라도 모든 정부 형태에 복종해야 한다. 이보다 더한 것은, 바울이 기독교인들에 대한 로마 황제들의 압박이 가장 극심하던 어느 한 시점에 이 편지를 썼다는 점이다.

본문 로마서 13:1-7

주제 "하나님은 각자가 자신의 정부에 복종하기를 원하신다"

요절 1절, "각 사람은 위에 있는 권세들에게 복종하라. 권세는 하나님으로부터 나지 않음이 없나니 모든 권세는 다 하나님께서 정하신 바라"

설교의 핵심어 이유들

질문 정부 당국자들에게 복종해야 할 이유들에는 어떠한 것들이 있는가?

개요[8]

Ⅰ. 우리 모두는 인간 정부에 복종해야 한다13:1-5

A. 인간 정부는 하나님의 명령에 의하여 생겨난 것이기 때문이다
13:1b

B. 정부를 향한 반역은 하나님을 향한 반역이기 때문이다 13:2a

C. 저항할 경우에는 벌을 받을 것이기 때문이다 13:2b

D. 정부는 악에게 제약을 가하는 존재이기 때문이다 13:3a

E. 정부는 우리의 선을 장려하기 때문이다 13:3b-4a

F. 통치자들은 불복종을 징계할 권한을 가지고 있기 때문이다 13:4b

G. 우리는 자신의 양심을 따라 정부에게 복종해야 하기 때문이다
13:5

II. 우리 모두는 정부에 세금을 내야 한다 13:6-7

A. 복종의 핵심은 세금을 내는 데 있다 13:6a

B. 통치자가 할 일의 핵심은 세금을 걷는 데 있다 13:6b

C. 세금 내는 일의 핵심은 영적인 의무이다 13:7

I. 우리 모두는 인간 정부에 복종해야 한다 롬 13:1-5

A. 인간 정부는 하나님의 명령에 의하여 생겨난 것이기 때문이다1b절.
맨 먼저 바울은 우리의 의무에 관해서 말하며, 이어서 왜 그 점
이 옳은지의 이유를 설명한다. "위에 있는 권세들"이라는 표현
에는 일반적으로 모든 정부들이 다 포함되어 있다. 그것은 로마
의 통치자들만을 가리키는 것이 아니다. 이 통치자들이 권력을
얻기 위해 어떤 수단을 사용했건 관계없이 그들 모두는 예외없
이 하나님의 명령에 의하여 그 자리에 있게 된 것이다. 예수 자
신은 로마 황제와 여로보암의 후계자들이 하나님에 의하여 지

도자의 자리에 앉게 되었음을 인식하였다. 자신의 손으로 권력을 장악했다고 생각하는 독재자들조차도 하나님이 그것을 그들에게 주시기 전까지는 결코 그러한 권력에로 나아갈 수가 없었다. 그 까닭에 모든 통치자들은 하나님의 사역자/종이다4절. 따라서 세속 정부의 두 가지 형태와 그 통치자들은 똑같이 하나님이 정하신 것이다.

"복종하다"를 뜻하는 헬라어 낱말은 **휘포타쏘**이다. 이 낱말은 흔히 군사적인 용어를 가리키는 바, 사병들은 마땅히 상관의 권세 아래 있거나 그 권세에 예속되어 있어야만 했다. 이곳에 쓰인 동사는 수동태 명령형으로서, 그 원리가 선택이 아니라 명령임을 의미한다. 따라서 기독교인들은 자신이 시민이나 거주자로 있는 모든 땅에서 모든 통치 권력 아래에 기꺼이 자신을 둘 수 있어야 한다.

어떤 이들은 참으로 악한 통치자들이지만, 하나님은 그러한 유형의 통치자들을 사용하셔서 그 나라를 징계하실 수도 있고 자신의 목적들을 이루실 수도 있다.[9]

B. 정부를 향한 반역은 하나님을 향한 반역이기 때문이다 2a절.

한 가지 주요 영역을 제외하고는, 정부에 대한 저항은 하나님을 향한 저항이나 마찬가지이다. 정부가 우리에게서 하나님의 법과 상반되는 어떤 것을 요구할 때가 그렇다. 베드로와 요한은 정부 당국자들에게서 복음 설교를 중단하라는 말을 듣자, 다음과 같이 답변한 적이 있다. "하나님 앞에서 너희의 말을 듣는 것이 하나님의 말씀을 듣는 것보다 옳은가 판단하라"행 4:19. 당연히 베드로와 요한은 다시금 설교하다가 붙잡힐 경우에 정부 당국자들이 가할 징벌을 기꺼이 받을 준비가 되어 있었다.

C. 저항할 경우에는 벌을 받을 것이기 때문이다 2b절.

민수기 16:3, 13에 의하면 2백5십 명 정도의 불평분자들이 모세와 아론의 행정 체제에 맞서기 위하여 한데 모였다. 이 까닭 없는 저항에 대하여 주께서는 땅을 갈라지게 함으로써 불평하는 무리들을 집어삼키게 하시고 자신에게서 불을 보내어 반역의 무리들을 다 태우게 하는 방식으로 응답하셨다. 이튿날 사람들은 이러한 비극에 마음이 차분해지기는커녕 모세와 아론의 지도력에 맞서 추가로 반역을 꾀하였다. 이번에는 1만4천7백 명이 전염병으로 죽었다. 아론이 사람들을 위하여 속죄하지 않았더라면 더 많은 사람들이 그들의 뒤를 따라 죽었을 것이다민 16:49. 하나님이 통치자의 자리에 세우신 자들에게 도전한다는 것은 심각한 문제이다. 만일에 하나님으로부터 오는 명령보다 더 높은 권세가 없는 상황에서 그 통치자들이 요구하는 것에 직접 맞선다면 말이다.

D. 정부는 악에게 제약을 가하는 존재이기 때문이다 3a절.

이 진술은 우리의 복종에 어느 정도의 자격을 주려는 의도를 가지고 있는 것이 아니요, 우리의 복종에 다른 근거들을 제시하려는 의도를 가지고 있는 것도 아니다. 왜냐하면 그러한 근거들은 이미 1절에서 서술된 바가 있기 때문이다. 도리어 그것은 왜 하나님이 세속 정부들을 세우심으로써 이미 우리에게 명해진 것들을 행할 수 있는 추가 명분을 우리에게 주셨는지 그 이유를 설명해 준다. 여기서 말하는 선이나 악은 기독교와 관련된 것이 아니라, 사회 일반과 관련된 것이다. 모든 경우에 그렇다고 할 수는 없겠지만 심지어는 가장 악한 정부조차도 복의 원천이 될 수도 있다.

E. 정부는 우리의 선을 장려하기 때문이다 3b-4a절.

기독교인들과 다른 모든 사람들에게 있어서 정부들이 정의를 수호할 뿐만 아니라 생명과 재산까지도 지켜주기를 기대한다는 것은 올바른 일이다. 바울은 로마 황제에게 정의 수호를 호소했을 때 그러한 특징들을 충분히 활용하였다 행 25:11. 그는 또한 군중들이 은세공사인 데메드리오를 선동하여 자신의 설교에 맞서 폭동을 일으키라고 했을 때에도 정부의 자원들을 활용하였다. 그 성의 서기장은 그곳의 법정이 바울을 향한 모든 고발의 내용들을 들을 준비가 되어 있지만, 군중들의 행동은 용납될 수 없는 것임을 선언하였다 행 19:38-39.

F. 통치자들은 불복종을 징계할 권한을 가지고 있기 때문이다 4b절. 죽음의 무기인 칼은 악을 행하는 자들 모두에게 그에 상응하는 벌을 내리도록 하기 위해 정부에게 주어진 것이다. 이것은 순전히 하나님이 창세기 9:6에서 국가에게 허락하신 사형 제도의 연장선상에 있는 것일 뿐이다. 참으로 베드로는 주께로부터 칼을 치우라는 경고의 말씀을 들었다 마 26:52. 만일에 그가 다른 사람의 생명을 취할 경우, 그는 살인죄를 범함으로써 국가의 처벌을 받아야 할 것이기 때문이다. 이와 마찬가지로 바울도 만일에 자신이 범죄자임이 발견될 경우에는 자신 역시 죽음의 형벌을 받아야 할지 모른다는 점을 인식하고 있었다 행 25:11. 이 점에서 본다면 그는 사형 처벌이 때때로 정당하다는 것을 인정한 셈이다. 이렇듯이 하나님은 민족들과 나라들과 세계 각국의 경찰 병력에게 필요할 경우에는 다른 사람들의 목숨을 빼앗을 권세를 주셨다. 그러나 정부의 모든 행동들 역시 최고의 재판관이신 우리 주님 자신의 판결을 받아야만 한다.

G. 우리는 자신의 양심을 따라 정부에게 복종해야 하기 때문이다 5절. 신자들은 자기 땅의 통치자들에게 복종하는 삶이 통치자의 진노에 대한 두려움 때문이 아니라 하나님 앞에 놓인 우리의 양심

때문임을 본능적으로 인식하지 않으면 안 된다. 우리는 올바른 일을 행하는 자들의 칭찬을 들을 필요가 있다. 이러한 식으로 복종하는 삶을 살게 되면, 우리는 "선행으로 어리석은 사람들의 무식한 말을 막을"벧전 2:13-15 수가 있다.

이것은 일부 독재자들을 뻔히 보고 있는 신자들에게는 어려운 과제일 수도 있지만, 세상 모든 통치자들을 다스리시는 하나님께는 어려운 일이 아니다. 홀데인Robert Haldane은 이와 관련하여 다음과 같이 말한 적이 있다. "독재자들의 제국을 뒤엎기로 결정하실 경우에 하나님은 심판의 도구를 선택하심에 있어서 어떠한 손실도 보지 않으신다. 그는 그러한 유혈 장면에서 영광의 상속인들을 활용해야 할 의무를 지고 있지 않다. 그는 [종종]악한 자들을 뒤엎기 위하여 악한 자들을 사용하신다."[10]

Ⅱ. 우리 모두는 정부에 세금을 내야 한다 롬 13:6-7

A. 복종의 핵심은 세금을 내는 데 있다 6a절.

이것은 우리에게 세금 내는 것을 즐기라고 명하지 않는다. 그렇지만 우리는 세금을 내지 않으면 안 된다! 최근의 미국 내국세內國稅 수입 평가 자료에 따르면, 부정한 세금이 해마다 거의 1조 달러에 육박할 정도로 막대한 양을 차지하고 있다. 이것은 참으로 수치스러운 일이 아닐 수 없다.

예수나 바울 누구도 어떠한 예외를 둔 적은 없다. 세금을 왜 내야만 하는지의 이유는, 이 본문 앞의 절들에 언급된 바와 같이, 우리를 위해 행해지는 모든 것들에 비추어볼 때 충분히 이해가 된다. 세금은 일종의 빚으로 여겨지는 셈이다.

B. 통치자가 할 일의 핵심은 세금을 걷는 데 있다 6b절.

　이 문맥은 세 번째로 이 통치자들이 하나님의 종들/사역자들임을 우리에게 상기시키고 있다. 우리가 세금을 내는 이유는 그들이 하나님의 일꾼으로서 "통치하는 일에 항상 힘쓰기" 때문이다.

C. 세금 내는 일의 핵심은 영적인 의무이다 7절.

　홀데인은 여기서 다시금 매우 중요한 사실을 한 가지 지적한다.

여기서도 우리는 [바울이] 세금과 관세를 "마땅한 것"으로 또는 빚으로 부르고 있다는 사실을 특히 주목해야만 한다. 세금은 그 낱말의 진정한 의미에서 빚이나 마찬가지이다…여기서 본문은 세금이 어떠한 사람이건 이행해야 할 동일한 의무 아래 있는 개인적인 빚으로서 하나님의 율법과 동일한 기초 위에 나란히 서 있는 것임을 분명하게 가르치고 있다…기독교인들은 하나님의 권세에 의하여 자기들이 세금의 적용과 관련된 모든 책임으로부터 자유롭게 되었고, 그러한 책임이 전적으로 정부에게 달려 있다는 것을 감사해야 할 충분한 이유를 가지고 있다. 그렇지 않았다면, 그들은 그 문제와 관련하여 끊임없이 당혹감에 사로잡혀 있었을 것이요, 거의 모든 경우들에 있어서 세금을 내야 하는지 아니면 그것을 유보해야 하는지를 결정하지 못했을 것이다. 그럼으로써 그들은 매순간 통치자들에게 맞서는 자리에 서게 되었을 것이요, 항상 그들이 이교 국가에서 또는 이슬람교 국가에서 산다는 것은 사실상 불가능했을 것이다.[11]

　이것은 중요한 차이이다. 만일에 우리의 세금이 우리 자신에게 행해지는 서비스에 대한 대금 지불과 비슷하지 않다면, 우리가 대금 지불을 유보하기로 결정할 경우 그러한 행동은 직접적인 갈등을 불러일으킬 것이다. 그것은 마치 어떤 목수가 우리 집에 왔을 경우에 우리가 그에게 먼저 시간당 얼마의 요금을 청구할 것인지를 묻는 것과도 같을 것이다. 그가 시간 당 20달러를 요구한다면, 우리는 그에게 자신의 수입을 어떻게 쓸 것인지를 물을 수도 있다. 그는 행실이 바르지 못한 여인과 더불어 흥청망청 술을 마실 것인가? 당장 청구 금액을 유보당한 그 목수는 그런 일을 하기로 작정할 수도 있다. 그러나 그것은 우리가 상관할 일이 아니다. 우리는 그의 계획을 반대한 채로 다음과 같이 말할 수도 있다. "그렇겠지요. 하지만 기독교인인 나는 그러한 종류의 행동을 지원해줄 수 없습니다. 당신이 수입의 20%를 그러한 종류의 행동에 사용할 것이라고 말했기에, 나는 당신에게 단지 시간당 15달러밖에 줄 수 없습니다. 왜냐하면 나는 당신이 행하는 죄악스런 일을 지원해줄 수 없기 때문입니다."

그러나 이러한 행동계획은 상상할 수도 없는 일이다. 우리는 자신에게 행해지는 서비스에 대하여 대금을 지불한다. 우리는 자신의 가치관이나 윤리에 따라서 또는 그 목수가 그러한 가치관이나 윤리를 가지고 있지 않다는 것에 맞추어 그에게 대금을 지불해야 할 도덕적인 의무를 가지고 있지 않다. 이 점은 우리가 시민으로서 민주정부나 공화정부를 포함해 모든 종류의 정부에게 지불해야 하는 세금에 대해서도 똑같이 적용된다. 왜냐하면 세금 역시 빚으로 여겨지기 때문이다. 따라서 베트남 전쟁에 반대하여 세금의 일부를 덜 낸 사람들은 잘못한 것이다. 세금은 "마땅한 것"이요 "빚"이기 때문이다. 세금은 그 돈이 정부에 의하여 어떻게 쓰일 것인지를 납세자에게 일일이 알려야 할 윤리적인 의무를 지는 것이 아니다.

평화히브리어 샬롬는 하나님으로부터 오는 것이다. 솔로몬은 이에 대해서 다음과 같이 가르친 바가 있다. "사람의 행위가 여호와를 기쁘시게 하면 그 사람의 원수라도 그와 더불어 화목하게 하시느니라"잠 16:7. 거짓 예언자들이 드러내는 큰 위험은 평화가 없는데도 그들이 "평화! 평화!"를 외친다는 데 있다렘 6:14, 8:11, 15, 14:13, 23:17, 28:9, 겔 13:10, 16. 그리고 그 땅에 평화가 없는 이유는 남자들과 여자들이 하나님과 올바른 관계 속에 있지 않기 때문이다ㅁ 3:5. 그러나 지혜를 발견한 자들 역시 샬롬의 길에서 행한다잠 3:13-17. "그(지혜)의 지름길은 다 평강이니라."

결론

전쟁은 정부가 때때로 관여하지 않으면 안 되는 매우 불쾌한 의무이지만, "정당한 전쟁"의 규칙들은 항상 충분하게 적용되어야만 한다. 신자들은 정당한 전쟁에 있어서 과연 정부를 개인적으로 섬겨야 하는지에 관하여 동의하지 않을 수도 있지만, 로마서 13:1-7과 신명기 20장의 가르침은 그러한 선택을 마음대로 허용하지 않는 것으로 보인다. 신자들은 정부에 내는 세금을 유보하거나 거부해서는 안 된다. 왜냐하면 세금은 빚으로 여겨지기 때문이요, 우리가 스스로 선택해야 할 도덕적인 결정의 성격을 가지고 있지 않기 때문이다. 마치 우리 자신의 집에서 행해진 서비스에 대하여 일꾼에게 급료를 지급하는 경우처럼 말이다.

16

부와 소유물 그리고 경제

- 신명기 8:1-20

부에 대한 성경의 잦은 언급

만일에 모든 부와 소유물이 하나님께로부터 오는 것이라면, 왜 어떤 문화권은 그렇게 부요한데 다른 문화권은 그렇게 가난한 것일까? 하나님이 어떤 문화권은 망각하시고 또 다른 문화권에게는 넘치게 복을 주신 것일까? 이보다 훨씬 더 도발적인 것은, 가난과 굶주림이 심한 세계에서 과연 신자가 져야 할 책임은 어떤 것인가 하는 점이다. 하나님은 어떤 특정한 생산 경제 체제를 다른 체제보다 선호하시는 것일까? 그 예로서 그는 사회주의보다는 자본주의를 더 선호하시는 것일까? 아니면 정부가 이끌어가는 시장을 자유로운 시장보다 더 선호하시는 것일까? 건강과 부와 재산 등을 우상시하는 복음은 진정한 성경의 가르침인가 아니면 그것은 성경의 뒷받침을 받지 못한 서구의 복음일 뿐인가?

　많은 사람들은 돈에 관하여 말하는 것조차도 좋아하지 않는다.

왜냐하면 그들은 그것이 지극히 개인적인 주제요 공적으로 논의되어 야 할 주제가 아니라고 믿기 때문이다. 그러나 우리 주님은 그러한 비 판에 대하여 다르게 생각하고 계셨음에 틀림없다. 이 점에 대하여 존 맥아더John MacArthur는 다음과 같이 가르친 바가 있다.

> 그리스도께서 말씀하신 38개의 비유들 중에 16개는 사람들이 지상의 보화를 어떻게 관리해야 하는지에 관하여 말하고 있다. 사실 우리 주님 은 천국과 지옥에 관한 교훈을 합한 것보다 그러한 청지기직에 대해서 더 많은 것들을 가르치셨다 복음서에서 열 개의 절들 중에서 한 절 정도. 성경 전체는 부와 재산에 관하여 2천 번 이상 언급하고 있는 바, 이는 믿음과 기도에 관한 전체 언급보다 두 배나 많은 숫자이다. 하나님이 우리에게 주신 것 들things에 만족하며 산다는 것은 그에게 있어서 매우 중요한 의미를 갖 는다.[1]

십계명의 여덟 번째 계명은 이와 비슷한 방식으로 "도둑질하지 말 라"고 명함으로써, 부의 축적과 권력 획득, 소비 습관, 부와 재산의 상속, 모든 소유물의 사용 등을 포함하는 그와 관련된 주제들의 전반적인 영역을 다 소개하고 있다. 구약 성경 안의 어떤 책도 부와 풍요 및 소유물 등이 가져다주는 저주와 복 을 신명기보다 더 잘 다루고 있진 않다. 그 예로서 신명기 8:17-18은 다음과 같이 가르친다.

> 그러나 네가 마음에 이르기를, '내 능력과 내 손의 힘으로 내가 이 재물 을 얻었다' 말할 것이라. 네 하나님 여호와를 기억하라. 그가 네게 재물 얻을 능력을 주셨음이라. 이같이 하심은 네 조상들에게 맹세하신 언약을 오늘과 같이 이루려 하심이니라

모든 부의 근원

하나님은 하늘과 땅에 있는 모든 것들의 창조주요 소유주이시다시 24:1. 참으로 그는 "은도 내 것이요 금도 내 것이니라"학 2:8라고 주장하신다. 따라서 물질적인 소유물과 물품들 자체가 불경건하거나 이 세대에 속한 것은 아니다. 하나님은 피조 세계 안에 만드신 모든 것들을 그가 창조하실 때 "좋은" 것으로 선포하셨다창 1장.

그러나 소유물과 부와 재물 등 역시 책임감을 수반한다. 성경은 이 세상에서 무엇인가를 소유한다는 것이 절대적인 선이 아니요 단지 상대적인 선일 뿐임을 끊임없이 우리에게 경고한다. 우리는 자신에게 주어진 모든 것을 하나님의 청지기로서의 역할에 적합한 방식으로 사용하지 않으면 안 된다. 왜냐하면 우리가 가진 모든 것은 우리의 주님 및 다른 사람들과 함께 나누어야 하는 것이기 때문이다. 그것은 모두가 주의 영광을 위해 사용하도록 주님으로부터 빌린 것이다.

30여 년 전에 존 화이트John White는 『금송아지 예배자』두란노 역간라는 제목의 책을 저술하였다. 이 책에서 그는 다음과 같이 풍자적이면서도 건실한 분석을 내놓았다.

> 미안하지만 송아지가 아니라 젖소이다. 나는 그 소를 황금 젖소라 부른다. 그 까닭은 그녀의 젖통이 황금빛 액체로 가득 차 있기 때문이다. 특히 그녀가 녹색 풀들로 가득한 목초지에서 풀을 뜯고 있는 서방 지역의 경우가 그렇다. 그녀의 제사장들은 그녀가 평온하고 만족스러운 눈으로 바라보는 경건한 원리들을 제거함으로써 그녀를 진정시킨다. 걱정에 사로잡힌 한 무리의 예배자들이 자기들의 양동이 앞에 몸을 굽힌다. 끝없이 황금이 분출되지만 예배자들은 희생제물의 공급이 어느 날엔가는 그녀를 진정시키지 못할 것을 두려워하여 떤다….

근본주의는 나의 어머니이다. 나는 어머니의 따뜻한 가슴 속에서 양육받았다. 그녀는 사랑으로 나를 보살폈으며, 자신이 알고 있는 모든 것으로 나를 가르쳤다. 인간적으로 말하자면 내게 있는 생명과 영적인 양식 및 초기의 많은 기쁨들은 모두 그 어머니에게 빚진 것이다. 그녀는 나를 구세주에게로 인도하였으며, 생명의 떡을 먹도록 나를 가르쳤다. 우리의 관계가 항상 꿀이나 장미와 같은 것은 아니었지만, 그녀는 나의 유일한 어머니였다. 나는 그녀에게 매달렸으며, 이제는 그녀에게 의지하지 않으면 힘들다는 것을 알고 있다. 만일에 그녀가 때때로 나를 실망시킨다면, 나는 나의 어머니가 완전하지 않다는 것을 깨달을 정도로 충분히 나이든 사람이 되어 있을 것이다. 그러나 그녀가 매춘부요 자신을 재물에 놀아나도록 내버려두는 사람임을 발견한다는 것은 또 다른 문제이다. 그리고 좀 더 넓은 복음주의 운동이 점차 나의 삶에 있어서 어머니의 자리를 차지함에 따라서, 그와 동일한 발견을 두 번에 걸쳐서 한다는 것은 참으로 고통스러운 일이었다.[2]

부를 신뢰하는 행동에 따르는 위험성

구약의 예언자들이 활동을 시작할 무렵에, 자신의 부에 대한 졸부들의 우상숭배는 점점 심각한 지경에 이르렀다. 그 예로서 예언자 아모스는 "은을 받고 의인을 팔며 신 한 켤레를 받고 가난한 자를 파는" 암 2:6 자기 백성 이스라엘을 크게 비난하였다. 뿐만 아니라 이스라엘 백성은 가난한 자들을 짓밟고 그들에게 밀의 예물을 바치도록 강요하면서, 돌로 대저택을 건축함과 아울러 각종 나무들로 가득한 포도원을 심기도 하였다 암 5:11. 그리고 이들 강도질하는 귀족들의 망가진 아내들은 "교만하여 늘인 목, 정을 통하는 눈으로 다니며 아기작거려 걸으며 발로는 쟁쟁한 소리를 내었다"사 3:16. 그러는 동안에, 그들은 가난한 자들을 압제하고 궁핍한 자들을 짓누르면서, 자기들의 남편에게 "술을 가져다가 우리로 마시게 하라"라고 말했다 암 4:1.

모든 부는 다양한 복과 더불어 온다. "부자는 자기를 지혜롭게 여기나"잠 28:11 그것이 그를 타락으로 이끌 수도 있다잠 18:10-12. 부자가 가진 소유물의 풍성함은 "잠을 자지 못하게 만든다"전 5:12. 우리는 부를 선택하기보다는 "많은 재물보다 명예가 더 낫다"잠 22:1는 것을 염두에 두어야만 한다.

많은 유명한 사람들은 부가 마음껏 의지해도 좋은 모든 것이 아니라는 사실을 증언하고 있다. 어떤 이들은 1996년도의 유명한 영화「제리 맥과이어」Jerry Maguire에서 "나에게 돈을 보여 달라!"라는 문구를 이끌어내 익살스런 설명을 보태기도 한다. 그러나 그것 역시 행복을 얻는 한 방법이 아니다. 그 예로서 록펠러John D. Rockefeller는 "나는 수백만 달러를 벌어들였지만 그것은 나를 조금도 행복하게 해주지 못했다"라고 탄식하였다. 밴더빌트Cornelius Vanderbilt 역시 "수백만 달러의 재산에 대한 염려는 너무도 큰 짐이다…그 안에는 즐거움이 전혀 없다"라고 한탄하였다. 이와 마찬가지로 아스토르John Jacob Astor는 "〔나는〕 지상에서 가장 불행한 사람이다"라고 불평하였다. 심지어 헨리 포드Henry Ford는 자유로운 시간이 사라진 것에 대해 한탄하기까지 하였다. "〔나는〕 기계공으로 일할 때가 더 행복했다." 행복과 마음의 평안은 소유물과 부 자체로부터 저절로 오는 것이 아니다.

일부 종교 교사들이 가르치는 "번영의 복음"이 세계 많은 곳들과 미국의 TV 화면에서 여전히 맹위를 떨치고 있지만, 그 가르침은 결코 성경에 필적하지 못한다. 성경은 신자들이 부요하게 되고 값비싼 자동차를 갖거나 값비싼 집과 요트와 화려한 옷으로 가득찬 드레스룸 등을 소유하게 되는 것을 하나님이 원하신다고 가르치지 않는다.

비록 이러한 가르침을 많은 사람들이 받아들이기는 하지만, 그것은 탐욕을 찬미하며 하나님을 끊임없이 자기 백성에게 물질을 나누어주는 분으로 만들 뿐이다. 이처럼 잘못된 강조점은 오늘날 매우 다양한 모습을 가지고서 나타난다. 그러나 그것은 "그 이름을 불러대고 요구하는" 맹목적 물질 숭배보다 더 크고 더 많은 성경의 가르침에 의존하고 있는 하나님의 부르심을 손상시킨다.

부는 어떻게 확대되는가?

그럼에도 불구하고 하나님이 우리 주변 세계에 있는 모든 부와 소유물의 근원이심은 사실이다. 왜냐하면 하나님은 그에 수반되는 다른 두 가지 요소들까지 공급하시기 때문이다. 그는 부를 만드는 데 사용되는 자원들을 공급하시는 분이요, 부를 체계화시키는 데 필요한 효율성까지도 공급하시는 분이다. 어떤 이들은 부의 형성에 사용되는 자원들이 몇몇 사람들의 타고난 재능을 가리킨다고 주장한다. 이를테면 부를 만드는 사람들의 천부적인 재주, 곧 부와 식물 및 보다 새로운 생산물들을 구성하는 실용품 등을 만드는 데 사용되는 지적인 기술이 그렇다는 것이다. 그러나 정반대로 사실은 그러한 것들조차도 하나님이 사람들에게 일종의 위탁물로 주신 것들이다. 어느 누구도 허튼E. F. Hutton이 "나 자신이 스스로 그 일을 했다네. 내가 그것을 벌어들인 거야"라고 즐겨 말하던 것처럼 선포할 수는 없는 노릇이다.

기독교인이요 국제적인 경제학자이면서 영국 은행Bank of England의 이사이기도 한 그리피스Brian Griffiths는 다음과 같은 점을 지적한 바가 있다.

부의 창조는 한 개인이나 법인이 사용 가능한 잠재적인 노동력과 자본금을 동원함과 아울러 이것들을 사용하여 무엇인가를 만들어내고자 할 때 생겨난다…사용되는 자원들보다 더 큰 무엇인가를 만들어내고자 할 때 말이다. 이러한 의미에서 부의 창조는 생산 과정에서 추가된 가치라 할 수 있다. 부의 창조가 성공적으로 이루어지게 하기 위해서는…최종 결과가 끌어다 쓴 자원들보다 더 큰 금전상의 가치를 가지고 있지 않으면 안 된다. 그러기 위해서는 약간의 기술적인 생산 과정이 포함되어 있어야만 하고, 자원들을 하나로 묶는 일에 있어서 기업가적인 주도권을 행사할 수 있는 어떤 개인이나 인간 집단이 있어야 한다. 그리고 그러한 과정 전체가 그 안에서 이루어지는 어떤 실체, 곧 가족이나 조합, 회사, 공익사업 등이 있어야 한다.[3]

부와 경제

검소한 생활양식을 옹호하는 사람들 중 일부는 자주 부를 축적한 사람들이 다른 사람들의 희생에 기초하여 그렇게 된 것이라고 생각하거나 그렇게 주장한다. 그들이 보기에 부의 모든 증거는 압제의 결과물이요, 약간은 잔인한 방법으로 권력을 행사한 결과로서 생겨난 것이다. 그러나 자유시장경제를 옹호하는 자들은 이러한 비판이 야구 경기에서처럼 어느 한쪽이 이기면 다른 쪽이 진다고 생각하는 영합零合 게임zero-sum game이나 마찬가지라고 주장한다. 그러나 이러한 유형의 주장에는 경제적인 교환행위들과 같은 경우 양쪽이 똑같이 이길 수도 있다positive-sum는 사실을 인정하지 못하는 약점이 있다.[4] 자발적인 교환행위에서는 쌍방이 시작할 때보다 더 나은 경제적인 상황 속에서 일을 마무리지을 수도 있는 것이다.

지난 세기에는 기계 분야와 기본적인 발명 분야가 놀랍도록 늘어난 생산성을 보였다. 그 예로서 거대한 콤바인은 이제 밀, 옥수수, 귀리, 쌀 등을 생산하는 수백 에이커의 농지를 빠른 속도로 정리할 수 있으며, 말을 이용하여 경작하고 움직일 수 없는 기계로 한 군데에서 탈곡하던 이전의 느린 농사법으로 농사를 짓던 무수한 농부들보다 더 많은 양의 농산물을 생산할 수 있다.

만일에 이러한 변화가 우리의 현실이라면, 그 다음에 당연히 따라오는 질문이 있다. 한 사회는 자신의 부를 어떻게 분배하기로 결정해야 하는가? 그 한 답변은 "자유시장경제주의"이다. 이 방법에서는 국가나 정부의 간섭을 최소화하고, 각 개인이 옛 과제들을 해나갈 수 있는 보다 나은 방식들을 스스로 찾아 나선다. 스코틀랜드의 경제학자인 아담 스미스 Adam Smith, 1723-1790는 각 사람이 이전보다 더 큰 소득을 올릴 수 있게 하는 더 훌륭한 방법을 개발하기 위하여 제각기 자기 나름의 결정을 할 때 그 사회가 가진 부의 사용을 이끄는 눈에 보이지 않는 손이 있다는 유명한 은유를 만들어낸 사람이다.[5] 정부가 그러한 일이 이루어지는 과정에서 공정함과 정직함이 통용되도록 감시하기는 하겠지만, 이러한 해결 방법은 기본적으로 개인주의적인 것이다.

다른 사람들은 자유시장경제와는 대조적으로 "수정시장경제주의"를 주장한다. 이 방법에서는 계획자들이 세금이나 관세, 보조금, 화폐 정책 등을 통하여 경제가 어떤 바람직한 목표를 향해 가도록 유도한다. 이 방법을 옹호하는 자들은 자유시장의 무간섭주의적인 해결 방법에 내맡겨진 사적인 이득이 결코 아이젠하워 주간 州間 교통망 같은 고속도로를 건설한다거나 산업오염시설에 맞서 대기정화법 大氣淨化法과 같은 공적인 가치들을 법제화하는 등의 어떤 사회적인 목표를 이루지 못한 것이라고 주장한다. 수정시장경제학자들은 중앙 정부의 통제가 약간은 필요하다고 주장한다.

또 어떤 이들은 자유시장경제주의의 무간섭주의 유형과 정부 통제 모델 사이에 중도 입장의 이론이 필요하다고 주장한다. 왜냐하면 만일에 개인주의를 그대로 내버려두면 그것은 전체주의적인 성격을 가진 사회주의를 향해 나아갈 것이기 때문이다. 사실 유럽과 미국에서 시행되던 이전의 많은 자본주의 경제 정책들은 하나씩 둘씩 순수한 자본주의를 버리는 대신에 혼합된 형태의 자본주의를 취하고 있다. 순수하게 자유경제를 주장하는 자들은 이러한 움직임들을 비웃으면서, 조롱하는 투로 그것들을 "재분배 경제" 또는 "간섭주의 경제"라고 부른다.

도덕성과 시장 체제

우리가 내릴 수 있는 최선의 결론은, 경제라는 파이를 충분히 작은 조각들로 잘라냄으로써 가난을 완화시키거나 줄이고 제거함으로써 이 세상의 모든 사람들이 똑같은 파이 조각을 갖게 한다는 것이 불가능한 것으로 보인다는 점이다. 우리에게 있는 파이는 모두에게 골고루 돌아가게 할 만큼 충분하지가 않다! 그러나 역사는 가난한 자들을 이롭게 하는 최선의 길이 시장 체제의 생산성을 높이는 데 있다는 점을 분명하게 보여 주고 있는 것으로 보인다.

지금에 이르기까지 자유시장경제주의는 지구촌의 사람들을 부양하는 일에 있어서 다른 어떤 시장 체제보다도 많은 일들을 했다. 시장이라는 곳은 항상 경쟁자들을 가지게 마련이지만, 최선을 다해 서로 협력하는 자들이야말로 다른 누구보다도 시장경제에서 성공을 거둘 수 있다.

예수께서는 누가복음 16:9에서 불의한 청지기처럼 지혜롭게 자신의 자원을 잘 사용하라고 가르치지 않으셨던가? 그리고 우리 주님은 누가복음 12:16-21에서 부자 농부가 성공적인 사업가임을 칭찬하시면서, 그의 자기중심적인 물질주의를 책망하지 않으셨던가? 그렇다면 성경은 이러한 문제들에 대하여 어떠한 교훈을 주는 것일까?

돈을 사용하고 사랑함에 있어서 주의해야 할 점들

어떤 사람들이 하나님을 사랑하는 것보다는 돈을 더 사랑하게 될 가능성은 매우 높다욥 31:24-28, 잠 11:28, 딤전 6:17-18. 그렇게 되면 사람들은 그릇된 안전 의식을 향해 나아갈 수도 있는 바, 그것은 본질적으로 자기를 속이는 것이나 마찬가지이다마 13:22, 막 4:19. 그것은 더 나아가서 우리의 삶을 불안전한 기초 위에 세우도록 이끌 수도 있다잠 23:4-5. 어떤 사람들은 하나님의 것을 몰래 훔치기도 하고말 3:8, 더 나아가서는 다른 사람들에게서 재물을 몰래 숨기기도 한다요일 3:17.

오로지 돈을 모으는 일에만 관심을 기울이는 사람은 가능한 한 모든 방법을 동원하여 돈을 모으는 일에 몰두하는 경향이 있다. 그의 탐욕은 거의 만족할 줄을 모른다. 왜냐하면 어떤 사람들은 결코 충분히 소유한 것으로 보이지 않기 때문이다. 그것은 종종 다른 사람들 앞에서 재물을 과시하게 만들며, 가난한 자들의 궁핍함과 하나님의 일에 대하여 인색한 태도를 갖게 만든다.

우리는 이러한 폐단과 다른 폐단들을 치료하는 방법을 성경에서 찾아볼 수 있다. 그러나 특히 우리에게 큰 교훈을 주는 본문인 신명기 8:1-20이 그렇다.

모든 것이 어디로부터 오는지를 기억하라

본문 신명기 8:1-20

주제 "모든 것이 어디로부터 오는지를 기억하라"

요절 11절, "내가 오늘 네게 명하는 여호와의 명령과 법도와 규례를 지키지 아니하고 네 하나님 여호와를 잊어버리지 않도록 삼갈지어다"

설교의 핵심어 상기시켜주는 것들

질문 우리가 자신의 소유물 안에서 주님을 잊지 않도록 상기시켜주는 것들에는 어떠한 것들이 있는가?

개요

I. 자신의 힘으로 행복을 굳게 지킬 수는 없다 8:1-6

II. 여유롭고 풍성할 때 하나님을 잊어서는 안 된다 8:7-11

III. 우리가 가진 모든 것을 다 주신 하나님을 잊어서는 안 된다 8:12-18

IV. 하나님 대신에 우선순위로 여기는 다른 것을 따라가서는 안 된다
8:19-20

I. 자신의 힘으로 행복을 굳게 지킬 수는 없다 신 8:1-6

모세는 우리에게 "내가 오늘 명하는 모든 명령을 너희는 지켜 행하라"1절라고 훈계한다. 이 훈계는 모세의 가르침이 당시뿐만 아니라 우리 시대에도 타당성을 가지고 있음을 강조하는 것으로 보인다. 여기서 모세는 주께서 우리에게 행하라고 명하신 모든 것을 조심스럽게 잘 지킬 것을 요청하고 있다.

하나님은 그 시대의 배교자들을 즉각 버리지 않으셨다. 도리어 존

번역 John Bunyan이 『죄인에게 넘치는 은혜』 Grace Abounding, 도서출판 미스바 역간 173번째 문단에서 표현한 바와 같이 "그 손에 용서를 들고서" 사랑으로 그들의 뒤를 계속 따르셨다. 과거에 있었던 하나님의 선하시고 은혜로운 행동들을 상기할 때에야 비로소 우리는 장차 주어질 그의 보살핌을 위해 준비할 수가 있다.

확실히 주께서는 우리가 삶을 즐기기를 원하신다. 그러나 삶은 먹고 마시는 것 이상이다. 삶은 영혼을 먹이는 것과 관련되어 있다. 왜냐하면 그것이야말로 사람들이 진정으로 의존하여 살아가는 것이기 때문이다. 하나님의 말씀이 바로 그렇다 3절. 단지 먹고 마시기만 한다는 것은 단순히 존재하는 것일 뿐이다.

하나님이 자신의 아들들과 딸들을 징계하신다는 것도 사실이다. 따라서 우리 영혼이 어두운 밤을 지내는 동안에 그를 신뢰하는 법을 잊지 않도록 해야 한다. 우리를 징계하시는 하나님의 이러한 행동 5절은 그의 자녀들에게 아버지로서 3단계로 훈육하는 행동을 마무리하는 것이라 할 수 있다. 그는 우리를 낮추시고 3a절 우리를 가르치시며 3b절 우리를 징계하신다 5절.

그러나 우리는 어떠한 방식으로든 우리에게 다가오는 좋은 것들 중 어느 하나조차도 스스로의 힘으로 굳게 지키지 못한다. 왜냐하면 그것들은 하나님으로부터 오는 것들이기 때문이다.

II. 여유롭고 풍성할 때 하나님을 잊어서는 안 된다 신 8:7-11

11절은 다시금 "삼갈지어다"라고 경고한다. 그 까닭은 그 시대나 우리 시대의 사람들이 잘 먹고 배부른 후에는 항상 누가 그 모든 것을 제공하셨는지를 잊게 되는 유혹이 있기 때문이다. 그러나 하나님이 자기 백성에게 주고자 하신 땅은 참으로 "아름다운 땅"이었다. 시누혜 Sinuhe라는 이름의 한 사람에 관한 옛 이집트의 이야기는 그가 도착한 가나안 땅에 대해서 느꼈던 점을 잘 묘사하고 있다. 시누혜는 그 동일한 가나안 땅에 관해 묘사하기 위하여 7-9절에 사용된 것과 같은 많은 용어들을 사용하였다. 사실 이스라엘 백성이 들어가고자 하던 땅의 소산물이 너무도 풍성한 탓에 "(그들은) 먹을 것에 모자람이 없을 것이다"9절.

일단은 그들이나 우리가 하나님의 땅에서 나오는 모든 양식을 먹고서 배부름을 얻게 되면, 하나님께 감사를 드리고 "(우리) 하나님 여호와께서 옥토를 (우리에게) 주셨음으로 말미암아 그를 찬송"10절하는 것보다 더 자연스러운 일은 없을 것이다.

불행하게도 우리가 하나님으로부터 그토록 많은 좋은 선물들과 소유물들을 받았을 때 종종 그를 찬양하는 것이 아니라 그러한 모든 선물들을 주신 주님을 잊는다는 것은 너무도 확실한 사실이다. 하나님을 이처럼 거부하는 행동은 우리의 선한 행동이나 노력의 결과물이 아닌 것들을 우리가 얼마나 많이 받았는지를 자신의 생각으로부터 의도적으로 밀어내는 행동을 포함한다. 풍요로운 사회는 때때로 그러한 일을 성공적으로 수행하지 못한다. 놀라우신 주님으로부터 받는 것은 엄청나게 많은데도, 하나님이 그토록 부요한 나라들을 위해 행하신 모든 것에 대한 찬양과 기억은 거의 없는 것이 우리 현실인 것이다!

III. 우리가 가진 모든 것을 다 주신 하나님을 잊어서는 안 된다 신 8:12-18

하나님으로부터 그토록 많은 것들을 받은 다수의 사람들은 하나님을 완전히 밀쳐내고서 개인적인 교만에 사로잡힌다14절. 우리는 자신이 스스로의 힘에 의존하여 살아가고 있다고 생각하는 까닭에 그러한 선물들을 주신 분을 신속하게 잊으며, 그로 인하여 그가 주신 선물들이 그것들을 주신 분의 자리를 대신하게 된다. 우리가 "내 능력과 내 손의 힘으로 내가 이 재물을 얻었다"17절라고 말하기 시작할 때 자만심이 밀쳐 들어온다. 얼마나 비극적인 일인가! 그 시대와 우리 시대의 광범위한 번영은 너무도 자주 배은망덕함으로 이어진다. 그리고 우리에게 지금의 소유물과 부를 갖게 하신 하나님의 자비하심을 망각하게 되면, 머지않아 그의 말씀에도 불순종하게 된다.

그러한 의미에서 하나님이 부요한 나라들에게 주시는 선물들은 일종의 시험으로 다가온다. 우리는 그러한 선물들을 주시는 은혜로우신 하나님을 떠나고 그를 버린 후에도 과연 모든 것이 "잘 되어갈 것"인지를 금방 확인하게 될 것이다 16절. 애석하게도 우리는 너무도 자주 우리가 가진 것들로 인하여 하나님을 경배하고 그에게 감사하는 대신에 자신의 손으로 한 일을 찬미한다 17절. 여기서 생겨나는 질문은 매우 현실적인 것이다. 우리는 단지 풍요와 번영을 상징하는 재물이나 소유물을 갖지 못할 때에만 그러한 절망적인 상황에서 갑자기 주님을 의존하게 되는 것일까? 그것 역시 비극적인 일일 것이다.

그러나 이스라엘이 그 때까지 받았던 선물들을 눈여겨보라. 하나님은 "[그들을] 그 광대하고 위험한 광야에서 인도"15a절하셨으며, 그들을 "불뱀과 전갈"15c절로부터 건지셨고, "[그들을 위하여] 단단한 반석에서 물을 내시는가"15d절 하면, 그들에게 "만나를 광야에서 먹이기도"16a절 하셨다.

따라서 사람들에게는 다음과 같은 의무가 주어진다. "네 하나님 여호와를 기억하라. 그가 네게 재물 얻을 능력을 주셨음이라. 이같이 하심은 네 조상들에게 맹세하신 언약을 오늘과 같이 이루려 하심이니라"18절. 부를 창조하시는 분이 곧 하나님이시기에 우리는 모든 영광과 찬양을 그에게 돌려드려야 한다. 자유 기업이나 자본주의, 수정시장경제 또는 부의 축적을 가능하게 하는 어떤 다른 체제나 방법 등을 향해 그렇게 할 것이 아니라 말이다.

IV. 하나님 대신에 우선순위로 여기는 다른 것을 따라가서는 안 된다

신 8:19-20

만일에 이스라엘과 오늘의 우리가 이러한 경고에도 불구하고 여전히 다른 신들을 따라간다면, 하나님을 버리는 행동은 곧 재앙을 의미할 것이다 19절. 이상의 모든 가르침들은 우리의 시대에도 여전히 유효하기 때문에, 모세는 자신이 1, 11, 18, 19절 등에서 그들에게 상기시킨 바와 같이 이러한 경고가 "오늘날" 19절, 히브리어 본문에는 있으나 개역개정판의 번역에는 빠져 있다 에도 오는 것임을 다시금 반복 서술한다. 하나님을 버린다는 것은 하나님이 한 민족으로서의 우리를, 그리고 하나님의 은총과 언약에 개인적으로 참여하는 자들로서의 우리를 멸망시킬 것임을 의미한다.

따라서 우리는 성공, 돈, 권력, 신분, 명성, 환호 등을 숭배할 수 없다. 우리가 얼마나 많이 가지고 있건 적게 가지고 있건 관계없이 말이다. 사람들은 하나님을 버림으로써 우리 앞에서 파멸 당한 민족들이 우리의 어긋난 길을 바로 잡는 데 필요한 경고와 근거가 되어 왔으리라고 생각할 것이다.

결론

1. 어떤 이들은 우리가 "진주만"이나 "메인호 사건" Maine 또는 "알라모 요새" 등을 기억할 필요가 있다고 말한다. 그러나 이처럼 큰 역사적인 사건들보다는 "우리의 주님"과 그가 우리의 삶 속에서 행하신

일들을 기억하는 것이 훨씬 더 낫다.

2. 하나님이 이 세상에 속한 재물을 많이 받은 자들을 시험하는 장소는 그들의 마음자리에 있다 2절.

3. 부의 위험은 현실적인 것이다. 그러나 이른바 부와 건강 및 번영의 복음이 가져다주는 위험 역시 마찬가지이다. 양자는 공히 생명과 우리가 가진 모든 선물들을 주신 하나님을 완전히 무시하게 만드는 실질적인 무신론으로 사람들을 이끌 수 있다.

4. 사람들이 가질 수 있는 가장 귀한 소유물은 생명이나 재물이나 풍요가 아니다. 도리어 그것은 하나님의 말씀이라는 선물이다. 사람들은 이 말씀에 의지하여 살아간다. 우리는 자신의 재치나 학위, 자손, 명철 등에 의지하여 살아가지 못한다. 우리는 하나님의 입으로부터 나오는 모든 말씀에 의지하여 살아간다 3절.

17

동물의 "권리"와 축산 농장

- 이사야 11:6-9, 65:25

성경의 역사는 하나님이 동물과 인간을 창조하신 일로 시작한다. 그 이야기에서 하나님은 동물을 인간에게 종속시키셨으며, 인간에게 그들을 책임질 수 있는 권한을 위임하셨다. 인간은 하나님이 모든 피조물을 보살피시는 것처럼 동물을 보살펴야 한다. 그러나 하나님이 자신의 영광을 위하여 모든 피조물을 사용하시는 것과 마찬가지로 인간 역시 동물을 사용할 수는 있을 것이다. 그러나 그 부분에 대해서는 하나님께 책임을 질 준비가 되어 있어야 한다.[1]

그렇다 할지라도 동물은 영생을 얻도록 창조된 존재가 아니다. 하나님이 동물 제사를 용납하신 것은 그가 이른바 고통과 죽음을 용납해서가 아니라 죄를 용납하지 않기 때문이었다. 피가 생명을 상징하는 것이기에, 하나님은 그것이 인간의 속죄를 상징하는 것이기도 하다는 사실을 선포하셨다. 하나님은 인간에게 자비를 베푸시듯이 동물에게도 자비를 베푸시는 분이다. 그러나 홍수 때의 세계 심판에서 보듯 동물은 나머지 피조물들 및 모든 인간과 더불어 죄에 대한 하나님의 진노를 공유하고 있다.

성경 안의 다양한 본문들은 하나님이 피조물에 대한 보살핌을 요청하고 있음을 보여 준다. 그 예로서 십계명의 가르침은 동물에게도 안식일에 "쉼"의 시간을 주라고 명한다 출 20:10. 또한 자기 집에 찾아온 손님들을 접대하기 위하여 가난한 이웃의 어린 암양 새끼를 빼앗은 부자에 관해 설명하는 나단의 이야기는 그 부자의 무정함과 인색함에 대한 다윗의 분노를 담고 있다 삼하 12:5-6. 추가로 요나서 역시 이 주제에 나름대로 기여하는 바가 있다. 이 책에 보면 하나님의 자비는 12만 명의 젊은이들 개역개정판은 "좌우를 분변치 못하는 자"로 번역에게 미치는 동시에, 니느웨 성에 있는 가축들에게까지도 확대된다 욘 4:11. 그리고 하나님은 심지어 풍성한 참새들까지도 보살피시는 분이다 마 10:29. 이렇듯이 성경에는 동물 보살핌의 주제에 관한 많은 양의 자료들이 있는 것은 아니지만, 동물을 배려하면서 사용해야 함을 암시하는 본문은 충분한 편이다.

동물의 생명에 관한 왜곡된 견해들

그러나 대부분의 동양 종교들에서는 동물의 생명에 관한 지나친 강조점이 균형을 크게 잃은 나머지 동물이 거의 숭배의 대상이 되고 있다. 실제로는 그렇지 않을 수도 있겠지만 말이다. 물론 동물의 생명은 자비로운 마음을 가지고서 잘 다루어야 한다. 그러나 결코 인간을 희생시켜가면서까지 그럴 수는 없는 노릇이다. 잘못된 "생명 경외" 사상은 단순히 동물을 완전히 죽이는 것보다 더 잔인한 결과를 초래할 수도 있다. 이를테면 질병에 걸리거나 항구적인 불구 상태에 빠진 일부 동물의 경우가 그렇다. 역사적으로 볼 때 어떤 경우들에 있어서는, 그리고 오늘날에도 쥐나 해충은 인간의 생명을 대가로 하여 살아가고 번성하도록 허용된 것들이다. 이는 동물의 생명에 관한 잘못된 존경심 때문에 생겨난 현상이다. 일차적으로 중요한 것은 동물의 수명에 있지 않다. 마치 그들도 영원히 존재하는 것처럼 보아서는 안 된다. 그들의 생명이 갖는 특징과 목적이야말로 중요한 것이다.

어떤 이들은 동물의 "권리"를 너무도 많이 강조하는 탓에, 사람들보다는 고래나 애완동물에 더 많은 가치를 부여하는 경향이 있다. 확실히 그것은 매우 중요한 혼동에 해당하는 것이다. 왜냐하면 동물은 그들 안에 하나님의 형상을 가지고 있지 않기 때문이요, 창조 질서를 지키도록 피조 세계 전체를 위임받은 존재가 아니요, 창조 질서의 유지에 대하여 하나님께 책임을 지도록 만들어진 존재도 아니기 때문이다.

스믹 Elmer Smick은 사람을 들이받는 버릇을 가진 황소의 경우처럼 어떤 동물이 자신의 품성으로부터 벗어난 행동을 하면 그 동물을 죽여야 한다는 점을 상기시킨다.[2] 뿐만 아니라 동물은 악한 영에 사로잡힐 수도 있는 것으로 보인다. 예수께서는 악한 영이 돼지 떼 안으로 들어가도록 허용하셨고, 그 결과 수천 마리의 돼지들이 절벽 아래로 치달아 물에 빠져죽는 일이 발생하기도 했다 마 8:28-32. 이것은 동물이 어떤 도덕적인 품성을 가지고 있다거나 일정한 의미를 가진 행동을 한다는 것을 뜻하지 않는다. 그 까닭은 그러한 문제들이 순전히 동물의 행동에 기초할 수만은 없기 때문이다.

공장식 축사가 받는 비판

최근에는 큰 농장에서 동물을 보살피는 방법이 다양한 생산 기계들을 만드는 결과를 초래하였다는 비판이 제기되었다. 그러한 상황에서는 가축 사육의 새로운 목표가 가축이나 가금家禽류를 키우는 것으로부터 가능한 한 가장 짧은 기간에 가장 좁은 공간에서 가장 싼 사료를 먹여 가면서 고기나 계란을 생산하는 쪽으로 옮겨갈 수밖에 없다.[3] 이와 동일한 견해는 2001년도의 『크리스천 센추리』Christian Century에 실린 "사육용 공장들: 축산의 종말" 이라는 글에 잘 표현되어 있다. 이 글은 콜로라도의 포트 콜린스Fort Collins에 있는 콜로라도 주립대학에서 철학, 생리학, 동물과학 등을 가르치는 롤린Bernard E. Rollin 교수가 쓴 것이다. 그는 이 글에서 다음과 같이 주장한 바가 있다.

> 공장식 축사 내지는 폐쇄식 축사에 기초한 공업화된 농업 넓은 의미에서는 임업이나 목축업을 포함한다는 제2차 세계대전 말에 도입된 이후로 북부 아메리카와 유럽에서 이미 확립된 특징으로 알려져 있다. 농학자들은 미국 사람들에게 충분한 음식물을 공급하는 데 관심을 가지고 있다. 미국 중서부에 강한 흙모래 폭풍이 불고 1929년에 시작된 대공황 이후로 많은 사람들이 농업을 떠났다…동시에 농업과 관련된 다양한 기술들이 나타났다…동물 농업이 공업화하기 시작했다.[4]

이 분야의 많은 전문가들은 대부분의 주립 대학들에 있는 농학과들이 "축산학과" Animal Husbandry에서 "동물과학과" Animal Science로 이름을 바꾼 것에 대해서 실망감을 감추지 못한다. 이러한 명칭 변경은 요점을 제대로 파악한 것이다. 왜냐하면 "키운다"는 것은 동물을 보살피는 것이기 때문이다. 사람들은 "동물과학"으로의 명칭 변경이 동물을 우리가 마음대로 조종할 수 있는 표본으로 간주하게 만들 수도 있다고 생각한다. 따라서 인간의 소비를 위하여 사육되는 돼지들과 닭들의 상당 부분이 다국적 기업들이 소유하고 운영하는 공장식 축사에서 자라나고 있다는 주장이 가능하다. 이러한 경향에 맞서 서부 지방의 가축 소유자들은, 가축으로 하여금 자유롭게 돌아다니면서 풀을 뜯어먹을 수 있게 하는 넓은 목초지를 사용한다는 점에서, 마지막까지 가축 키우기의 방식을 실천하는 사람들로 칭송을 듣고 있다.

쟁점: 폐쇄 공간에서의 가축 사육

사람들은 폐쇄 공간에서의 가축 사육이 성경의 기본 원리들을 깨뜨리고 있다고 비판한다. 그러나 그들이 이러한 비판을 뒷받침하기 위하여 사용하는 본문들은 동물에 대한 일반적인 보살핌과 동물의 복지를 더 많이 다루고 있는 것으로 보인다. 폐쇄 공간에서의 동물 사육을 부정적인 원리로 평가하는 태도는 어느 경우에든 당연한 것으로 간주되지 않으면 안 된다. 롤린은 동물에 대한 고의적인 잔인함을 피하기 위해서 지켜야 할 성경의 여섯 가지 명령들을 다음과 같이 제시한다. (1) 설령 원수에게 속한 것이라 할지라도, 무거운 짐으로 인하여 넘어진 동물이 스스로의 힘으로 일어서는 것을 도와주어야 한다. 출 23:12, 신 22:4. (2) 소와 나귀를 같은 멍에에 매어 땅을 경작하는 일이 없도록 한다. 그러한 행동은 약한 동물에게 고통을 안겨줄 것이기 때문이다 신 22:10. (3) 이미 지적한 바와 같이, 안식일에는 동물을 쉬게 해야 한다 출 20:10. (4) 곡식을 짓밟는 타작하는 소에게 망을 씌워서는 안 된다. 도리어 그 소에게 계속 돌면서 곡식을 넉넉하게 먹을 수 있게 해야 한다 신 25:4. (5) 우물에 빠진 아들이나 소가 있다면 안식일을 범한다 할지라도 그들을 구출해야 한다 눅 14:5. (6) 가나안의 우가릿Ugarit 토판들의 발견에 의하여 잘 드러난 바와 같이, 이러한 관습이 이교적인 의례 행위인 탓에 금지되긴 했지만[5] 어린 염소"새끼"를 그 어미의 젖으로 삶아서는 안 된다 출 23:19, 34:26, 신 14:21. 이상의 모든 명령들은 동물에게 마땅히 베풀어야 할 보살핌에 관해서 말하지만,

각 동물에게 어느 정도의 공간이 제공돼야 하는가의 문제는 이러한 본문들의 직접적인 목표나 지시 사항이 아니다.

따라서 우리의 주장은 동물의 고통에 관한 문제로 옮겨가지 않으면 안 된다. 동물이 고통과 아픔을 느낄 수 있다는 사실이 과연 타당한 것일까? 확실히 동물은 적당한 양의 물과 음식물을 공급받지 못할 경우에 고통을 느낀다. 그리고 동물은 축사의 청결 상태나 청결 기준의 적절한 관리가 이루어지지 않음으로 인하여 질병이 생겨날 때 아플 수도 있다. 그러나 다른 닭을 해치는 버릇이 있는 닭들의 부리를 자르는 일이 부리가 잘려나간 닭들에게 고통의 근원이 된다는 것을 구체적으로 보여 줄 수 있는 방법이 없는 것으로 보인다. 거세당한 돼지나 소가 창조의 고통을 겪는다는 것을 입증할 증거가 전혀 없는 것과도 마찬가지로 말이다. 다른 이들은 돼지 사이의 꼬리 물어뜯기를 예방하기 위하여 돼지의 꼬리를 자르는 것이 또 그 동물에게 다른 고통과 아픔의 근원이 된다고 본다. 그리고 설령 이상의 일부 경우들에서 또는 모든 경우들에서 그러한 고통이 입증될 수 있다 할지라도, 과연 그러한 고통이 반드시 수행해야 하는 어떤 필연적인 수술로 인하여 사람이 겪는 고통보다 덜 필요한 것일까? 오늘날의 타락한 창조 세계에서는 인간이나 동물이 생명을 누리는 중에 아무런 고통도 당하지 않을 것임을 어느 누구도 보증하지 못한다.

물론 1988년에 스웨덴이 동물을 심하게 폐쇄된 공간에서 키우는 축산을 금지하였으며, 영국과 유럽 공동체EU는 암퇘지를 가둬 키우는 일을 금지하였다.[6] 금세기 전환점에 이르러 음식물 소비가 수입의 50%를 넘어섰지만, 최근에 이르기까지는 그것이 수입의 단지 11%만을 차지하였다. 참으로 놀라운 하락세가 아닐 수 없다! 어떤 이들은 미국 가정의 음식물 소비에서 발견되는 수입 절약의 많은 부분들이 동물 복지에 대한 관심의 감소에 지출되었다고 주장한다. 그러나 그것은 화학비료로부터 시작해서 엄청난 면적의 농경지에 지금도 사용되는 거대한 콤바인과 트랙터에 이르기까지 모든 분야에서 이루어진 과학 기술의 굉장한 진보에 의한 것일 수도 있다. 가금류와 가축을 폐쇄된 축사에서 사육하는 기술의 진보는 곡물 농업 분야에서 이루어진 진보와 평행을 이루고 있다.

채식주의: 문제 해결의 새로운 길

홀트만Matthew C. Halteman은 "창조 세계를 보살피는 자비로운 식사법"이라는 자신의 글에서, 기독교적인 방식으로 행동하는 길은 고기의 섭취를 삼가거나 아니면 적어도 고기의 섭취를 줄이고 오로지 채소만을 먹거나 주로 채소를 먹어야 한다고 주장한다. 그는 다음과 같이 주장하는 사람들에 대해서 언급하기도 한다. "자비로운 식사법은 전적으로 식물에 기초한 것이어야 한다. 왜냐하면 계란과 유제품의 생산은 동물의 심각한 고통과 죽음까지도 초래하기 때문이다."[7] 홀트만은 자주 "평화로운 왕국"에 관해서 언급하는 바, 이 왕국은 이사야 11:6-9와 65:25를 가리키고 있음이 분명하다. 그 예로서 그는 다음과 같이 주장한 바가 있다. "자비로운 식사법의 목표를 요약해서 말한다면 그것은 곧 이 세상에 속한 유토피아를 건설하는 데 있지 않다…도리어 [그것은]…가능한 한 인간과 동물과 자연계 사이의 조화가 회복될 평화로운 왕국을 목표로 하여 신실하게 살아가는 데 있다."[8]

이 본문은 나중에 다루기로 하겠다. 그러나 지금 당장 성경의 이 본문이 뜻하는 바를 간략하게 정리할 필요는 있다. 오랫동안 일부 유명한 화가들과 퀘이커 신학의 연구 주제가 되어 온 이 본문은 전천년주의자들이 주장하는 것처럼 예수의 재림 시에 이루어질 하나님의 갑작스런 세계 침투와 같은 것을 반영하기보다는, 신학에서 후천년 시대의 생명 개념으로 불리는 것을 더 많이 반영하고 있다. 그 개념은 역사의 흐름 속에서 하나님의 다스림과 통치가 이루어지는 동안에 모든 것들이 점점 나아질 것이라고 믿는다.

폐쇄 공간에서의 동물 사육을 반대하는 이들은 가금류와 가축의 폐쇄 공간 사육법을 포기함으로써 생겨날 음식물 비용의 증가를 받아들일 준비가 되어 있다. 그러나 그것이 농장 경영의 모든 측면들에서 항상 그렇게 입증된 것은 아니다. 이를테면 인구의 폭발적인 증가에 관한 전문가인 맬서스Thomas Malthus가 2세기 전에 예견한 어둡고 암울한 상황을 한 예로 들어보도록 하자.[9] 맬서스는 25년마다 두 배로 늘어나는 인구의 기하급수적인 증가를 통제하지 않을 경우, 그의 계산에 따르면, 그것이 단지 산술적으로만 증가할 뿐인 식량 공급을 압도할 것이라고 예측했다. 그의 견해에 의하면, 그것은 광범위한 기근과 건강에 심각한 위협을 초래할 것이다. 맬서스는 화학 비료로부터 트랙터에 이르기까지의 모든 측면을 다 포함하는 과학 기술의 진보를 예견하지 못했다. 미국 사람들이 "옥수수"라고 부르는 식품은 일용품 시장에서 표준이 되는 곡물로 알려져 있다. 그것은 불과 몇 년 전의 상황에 비추어볼 때 그 가격이 네 배 이상이나 올랐다. 풍년이 들었음에도 불구하고 곡물 비축량은 2004년도에 1억4백만 톤으로 1천8백만 톤이나 줄어들었다. 이는 최근 30년 동안에 가장 낮은 수치였다. 지금은 중국의 새로운 부자들이 고기와 곡식 모두를 상당량 소비하고 있다. 중국은 지구 인구의 23%에 육박하는 인구를 지닌 나라이지만, 자신의 곡물과 쇠고기를 생산해낼 수 있는 경작지를 7% 정도밖에 가지고 있지 않다. 그러나 곡물 비축량이 줄어들고 유럽 공동체에서 폐쇄 공간에서의 가축 사육을 금지하고 있음에도 불구하고, 전 세계의 곡물 경작지역의 생산능력은 해마다 늘고 있다. 일종의 종합 연구소인 지구정책연구소는 지금 남아 있는 곡물 비축량으로는 전 세계 인구를 59일 동안 먹여 살릴 수 있지만, 음식물 안전하게 비축할 수 있는 기간이 70일일 경우 대부분의 사람들이 더 행복해질 것이라고 평가한다. 그러나 곡물 생산 지역에서 이러한 비축 기간의 증가를 충족시킬 수 있는 방식이 가축과 가금류를 사육하는 지역에서는 그런 일이 어떻게 이루어질 수 있는지를 생각해보게 만들기도 한다는 것은 주목할 만한 일이다.

동물 세계에 있을 미래의 평화

예언자 이사야는 맨 먼저 이사야 11:1-5에서 다윗의 아들이 행할 의로운 행동에 대해서 묘사한 다음, 바로 이어지는 6-9절에서는 그의 미래 정부인 "평화로운 왕국"에서 이루어질 평화에 대해서 언급한다. 6절, 7절과 9절은 한층 요약되고 단축된 형태로 이사야 65:25에서 그대로 되풀이된다.

그렇다면 이 구절들을 어떻게 해석하는 것이 좋을까? 칼빈과 다른 많은 옛 해석자들은 이 부분을 풍유적이거나 영적인 의미에서 해석하였다. 이 해석에 의하면, 동물은 인간의 삶 속에서 발견되는 다양한 영적인 조건들과 상태들을 대표한다. 그러나 랍비들이나 많은 전천년주의자들은 이 본문을 문자적으로 또는 사실주의의 시각에서 해석함으로써, 폭력과 잔인함으로 가득한 동물 세계와 피조 세계가 문자 그대로 완전한 평화와 조화를 특징으로 갖는 곳으로 바뀔 것이라고 본다. 장차 그리스도께서 지상에서 천년 동안 다스리고 통치하게 될 천년 왕국에서 말이다.

I. 육식동물과 가축이 함께 누울 것이다 사 11:6

우리 주님이 다윗의 통치하는 후손으로 다시 돌아오시게 되면, 창조 세계의 나머지 부분들이 본래 의도되었던 모습을 회복할 것이다. 모든 악이 사회로부터 제거될 것임과 마찬가지로 온갖 잔인성이 하등동물들에게서 제거될 것이다. 평화와 조화가 그 새로운 시대의 통치기준이 될 것이다.

만일에 노아 홍수의 원인이 "땅에서 모든 혈육 있는 자(즉, 인간과 동물 모두)의 행위가 부패"창 6:12했다는 데 있었다면, 평화의 전망은 다가올 시대에 인간과 동물 사이에 이루어질 평화와 조화를 가리킬 것이다. 이 본문이 지상의 소산물에 대해서 아무런 언급도 하지 않으나, 어느 하나를 치유한다는 것은 곧 피조 세계 전체의 치유를 뜻한다고 생각해야 할 것이다.

그러한 치유가 결코 이 시대에 완성되는 것으로 여겨지지 않는다는 점을 주목한다는 것은 중요한 의미를 갖는다. 이 본문의 맥락은 평화의 왕이 다시금 올 것임을 예언하는 내용으로 이루어져 있는 바, 그 왕은 본래 모든 자연과 창조 세계 안에 심어져 있던 평화와 조화를 회복시킬 것이다.

그것은 마치 다른 피조물에게 의존하지 않는 아주 강한 종種이 약한 종種에게 의존하는 형태를 취하거나 아니면 적어도 그들이 서로에게 양보하는 형태를 취하게 될 것이다. 여느 때 같으면 강했을 거친 동물들이 자기들의 지도력을 "어린 아이"에게 넘겨줄 것이다. 실제로 그렇게 되지는 않는다 할지라도, 적어도 탐욕스러운 식욕에 대한 통제권을 넘겨주는 형태로 말이다.

II. 육식동물과 가축 모두가 건초와 밀짚을 먹을 것이다 사 11:7

사자와 아마도 곰이 이제는 더 이상 피에 굶주리지 않을 것이다. 도리어 그들은, 길들여진 소가 항상 그러했듯이, 건초와 밀짚으로 만족할 것이다. 우리가 앞서 말한 바와 같이, 이 예언은 영원의 문턱으로 연결되는 역사의 마지막 때에 성취될 것이다.

어떤 이들은 이 구절에 대한 문자적인 해석을 받아들이지 못한다. 왜냐하면 그런 일이 가능해지려면 사자의 본성이 근본적으로 바뀌어야 하기 때문이다. 그러나 단순히 이러한 반대만을 위하여 본문을 재해석하는 것은 하나님의 권능을 감소시키는 것이나 다름이 없다. 확실히 다른 동물을 잡아먹는 사자의 식습관을 가장 먼저 언급하신 하나님은 그 사자로 하여금 다른 동물이나 인간의 피보다는 땅의 소산물을 즐기게끔 바꾸실 수도 있는 분이다.

Ⅲ. 독사가 어린 아이를 해치지 않을 것이다 사 11:8

변화된 생태계에 관한 또 하나의 그림에 의하면, 젖 뗀 아이는 설령 자기 놀이 공간이 독사의 굴 바로 위에 있다 할지라도 언제라도 겁 없이 자기 손을 내밀 수가 있다. 일반적으로 사람들은 가능한 한 그 위험으로부터 빨리 끄집어내기 위해서 독사의 굴 위에서 노는 아이를 얼른 잡아채고 싶어 할 것이다. 그것은 참으로 변화된 세계를 우리에게 보여 주지만, 그것인 현재 우리가 살고 있는 곳과도 같은 세계를 대표하는 것은 아니다. 이른바 평화로운 왕국특히 이곳 이사야 11:6-9, 65:25에 묘사되어 있는 왕국을 오늘의 시대에 요청한다는 것은, 메시아가 다시 돌아오기 전에는 그러한 조건이 성취되지 않는다는 사실을 놓치는 것이나 다름이 없다.

Ⅳ. 피조 세계의 평화와 안전이 회복될 것이다 사 11:9

9절의 "그들" 에 대한 언급 "해 됨도 없고 상함도 없을 것이니" 를 히브리어 본문에 맞추어 직역하면 "그들은 서로 해치지도 않고 멸하지도 않을 것이요"은 계속해서 동물을 가리키고 있다. 이 본문은 안전과 무사함이 있을 것임을 약속한다. "물이 바다를 덮음 같이 여호와를 아는 지식이 세상에 충만할 것" 9절이기에 모든 근심이 사라질 것이다. 하나님을 아는 지식이 널리 퍼짐으로 인하여 동물 세계와 인간 사이에 있는 파괴적인 적대 관계가 극복될 것이다.

"거룩한 산"과 "세상" earth에 대한 언급은 무엇보다도 다윗 자손의 통치가 시작될 이스라엘 땅을 가리킨다. 그 때 이후로 이스라엘 안의 그 지역은 낙원과도 같은 성격을 가진 지구 전체의 중심이 될 것이다.

하나님을 아는 이러한 지식은 새롭게 도착한 메시아의 통치 아래 살면서 움직이는 모든 사람들이 개인적으로 알 수 있는 경험적인 지식이 될 것이다.

결론

성경은 동물 세계에 대한 친절하고도 관대한 보살핌을 요청하지만, 피조 세계에 대한 완전한 치유는 메시아가 돌아올 때까지는 이루어질 가망이 없다. 그렇다고 해서 인간의 지상 세계 통치가 환경 파괴에 대한 변명이 될 수 없는 것과 마찬가지로 그것이 동물에 대한 지독한 학대를 허용하는 도피처가 되는 것은 아니다. 어느 경우에든 균형 잡힌 생각과 행동이 요구된다. 그러는 동안에 다음과 같은 기다림이 있다. "피조물이 다 이제까지 함께 탄식하며 함께 고통을 겪고 있는 것을 우리가 아느니라. 그뿐 아니라 또한 우리, 곧 성령의 처음 익은 열매를 받은 우리까지도 속으로 탄식하여 양자 될 것, 곧 우리 몸의 속량을 기다리느니라" 롬 8:22-23. 창조 질서 안에 있는 어떤 것들은 인간 세계에 있어서와 마찬가지로 무언가가 잘못되었다는 것을 느끼고 있다. 우리는 인간의 타락으로 인하여 크게 손상된 것들을 우리 주님이 회복시켜주실 것을 기다리고 있다. 그것을 창조 질서나 동물을 학대하는 행동에 대한 핑계거리로 삼지 않은 채로 말이다. 성경은 동물에 관하여 언급할 때 마치 동물이 어떤 "권리"를 가진 것처럼 말하지는 않는다. 따라서 동물이 인간이 가지고 있는 것과 비슷하거나 평행을 이루는 "권리"를 가지고 있다고 말하는 것은 잘못된 것이다. 왜냐하면 인간은 하나님의 형상대로 만들어졌다는 우월성을 추가로 가지고 있기 때문이다.

하나님은 많은 동물들을 인간에게 음식물로 주셨다. 단지 동양 종교들만이 가장 최근에 이르기까지 인간이건 동물이건 관계없이 모든 생명을 어떠한 차별도 없이 서로 닮은 것으로 간주하고 있을 뿐이다. 이러한 견해는 혼란을 불러일으키는 것이기도 하다. 성경은 채식주의를 명하지 않지만, 그러한 길을 선택하고서 단백질 등의 결핍을 메우기 위하여 여러 종류의 비타민을 섭취함으로써 자기들의 식사법을 보충하고자 하는 사람들이 정죄를 받는 것은 아니다. 성경은 그러한 논쟁에서 허세를 부리지 않는다.

폐쇄 공간에서 동물을 사육하는 문제에 있어서 중요한 것은 동물의 건강을 위하여 어떠한 종류의 조건들이 존재하느냐 하는 점이다. 그러나 모든 형태의 폐쇄 공간 사육이 필연적으로 해당 동물에 대하여 최악의 건강 상태를 암시한다고 생각할 필요는 없다. 여기서 다시금 농부는 모든 인간과 마찬가지로 우리가 마지막 날에 그분을 대면하게 될 때 오직 하나님께 대해서만 책임을 질 수 있다.

18

환경 보호

- 시편 8:1-9

린 화이트Lynn White Jr.는 우리 시대의 생태 위기가 창세기 1:28의 "지배"에 관한 성경의 가르침 때문에 기독교인들의 발아래에서 이루어졌다는 비난의 기초를 놓은 것으로 유명한 글을 쓴 사람이다. 고전적인 의미를 갖는 그의 글은 사람들 사이에 널리 회자되기도 하였다.[1] 미국의 역사학자인 화이트는 기독교를 "생태학적인 속죄양"으로 만들었다. 그는 기독교를 이교적인 물활론物活論, animism의 파괴자로 묘사하였다. 그는 이로써 기독교인들, 적어도 창세기 1:26과 1:28을 문자적으로 해석하던 기독교인들이 자연물들에게 있는 느낌을 무시한 채로 자연을 착취할 수 있었다고 보았다.

펜실베이니아 대학의 조경건축학 및 도시계획학 교수인 맥하그 Ian McHarg는 좀 더 온건하기는 하지만 기독교를 비판하는 입장에는 다를 바가 없는 사람이다. 그는 창세기 1:26절과 28절'하나님이 이르시되, '우리의 형상을 따라 우리의 모양대로 우리가 사람[인간]을 만들고, 그들로 바다의 물고기와 하늘의 새와 가축과 온 땅과 땅에 기는 모든 것을 다스리게 하자' 하시고…하나님이 그들에게 복을 주시며 하나님이 그들에게 이르시되,

'생육하고 번성하여 땅에 충만하라, 땅을 정복하라, 바다의 물고기와 하늘의 새와 땅에 움직이는 모든 생물을 다스리라' 하시니라'을 다음과 같이 해석했다.

> 이 [성경] 본문은 복합적인 공포를 불러일으키는 것으로서, 인간과 자연 사이의 관계가 순전히 파괴로 끝날 수도 있음을 분명하게 밝혀줌과 아울러, 모든 창조적인 기술을 위축시킬 수도 있는 본문이다…[그것은] 적어도 지난 2천년 동안 서양 사람들이 이루어놓은 온갖 약탈 행위에 대해서 잘 설명해줄 것이다. 당신은 이 무섭고도 재난을 불러일으키는 본문 이외의 다른 것을 쳐다볼 필요가 없다.[2]

현대에는 자연과 세계에 대한 범신론적인 견해가 대세를 이루고 있다. 사람들은 기독교가 우리를 자연의 나머지 부분과 연결시키기보다는 인간을 자연으로부터 떼어놓았다고 비판한다. 범신론은 인간의 자연 개입을 잘못된 것으로 간주한다. 그것이 자연과의 하나됨을 깨뜨리기 때문이다. 따라서 인간은 나무를 목재용이나 장작용으로 베어서는 안 되며, 식량을 얻으려는 목적에서 동물을 죽여서도 안 된다. 사람들은 기독교인들이 아시시의 성 프란시스St. Francis of Assisi의 생활양식을 본받음으로써 많은 도움을 받을 수 있을 것이라고 주장한다. 왜냐하면 그는 교황에 의하여 "생태계의 수호 성인"으로 임명되었기 때문이다. 성 프란시스는 새들에게 설교하고 꽃들과 대화를 나눈 것으로 널리 알려져 있다. 그러나 그는 개인적으로 창조 질서를 존중히 여긴 것 말고는, 인간이 어떻게 자연과는 다르면서도 조심스럽게 자연 질서를 보살피고 소중히 여겨야 하는지에 대한 성경적이거나 이론적인 지침을 내린 바가 없다는 점에서, 우리에게 별다른 도움을 주지 못한다.

기독교인들은 그러한 비판들에 대해서 어떻게 응답해야 하는가?

창세기 1:26, 28의 가르침은 "온실 효과"의 영향 아래 있는 모든 것들에 대해서, 그리고 그토록 자주 언급되는 생태학적인 불균형에 대해서 책임을 져야 하는 것일까? 만일에 자연환경에 대한 기독교적인 입장에서 생태계에 대한 지배를 주장하는 견해가, 인간이 자신의 필요를 위하여 창조 세계를 이용할 수 있는 권리를 가지고 있되, 자연을 파괴하거나 약탈하지 않고 도리어 하나님께 책임을 지고 자연 자체를 염려하는 가운데 창조 세계를 사용할 것이라고 진술한다면, 과연 범신론이나 자연 신비주의의 입장에서 생태계에 대한 깊은 영적인 접근을 시도하는 자들이 그것을 잘못된 것으로, 그리고 열등한 것으로 판단해야만 하는 것일까?

자연환경에 대한 기독교적인 견해는 하나님과 더불어 시작된다. 그는 우주 전체를 창조하신 분이요, 지탱하시는 분이다. 시편 8편의 핵심 본문에서 나중에 살필 예정이지만, 그분은 달과 별들로 하여금 하늘을 주관하도록 정하셨으며, 마찬가지 방식으로 남자와 여자로 하여금 땅을 다스리게 하셨다. 이 위대한 남자와 여자는 땅을 경작하고 동산을 관리하라는 명을 받았다 창 1:28, 2:15. 여기서 우리는 하나님이 우주의 주인이심을 분명하게 추론할 수 있다 시 24:1, '땅과 거기에 충만한 것과 세계와 그 가운데에 사는 자들은 다 여호와의 것이로다'. 욥 41:11, "온 천하에 있는 것이 다 내 것이니라" 참조. 시편 기자는 하나님께 황소와 염소를 드리는 것을 그가 좋아하지 않으신다는 점을 이스라엘에게 말하면서 이와 똑같은 생각을 표현한 바가 있다. "내가 네 집에서 수소나 네 우리에서 숫염소를 가져가지 아니하리니, 이는 삼림의 짐승들과 뭇 산의 가축이 다 내 것이며, 산의 모든 새들도 내가 아는 것이며, 들의 짐승도 내 것임이로다. 내가 가령 주려도 네게 이르지 아니할 것은 세계와 거기에 충만한 것이 내 것임이로다" 시 50:9-12.

더 나아가서 하나님은 온 세계를 소유하고 계실 뿐만 아니라 그것을 지탱하고 계시기도 하다. 그는 자신에게 있는 "능력의 말씀"히 1:3으로 그 일을 하신다. 바울은 골로새서 1:17에서 "만물이 그 안에 함께 섰느니라"라고 가르친다. 만물을 붙드시는 하나님의 권능이 없다면 우주 자체는 아마도 스스로 무너지고 깨뜨려질 것이다. 우주의 운행 규칙이 너무도 완전한 까닭에, 우리는 자신의 손목시계나 원자시계를 하나님의 관리와 보존의 대상인 천체의 믿음직한 운행에 맞추어 조절할 수 있다.

우리는 하나님이 노아 시대 이후로 온 세계와 더불어 언약을 맺으셨다는 점을 상기하지 않으면 안 된다창 9:16. 하나님의 말씀은 인간과 모든 동물에게 똑같이 주어진 것이다. 하나님이 자신의 언약을 확증하기 위하여 하늘에 두신 "증거"는 무지개였다. 그는 물이 다시는 모든 생명을 멸하는 식으로 높이 오르지 못하게 할 것임을 약속하셨다창 9:12-15.

하나님은 인간으로 하여금 지상의 피조물을 다스리고 지배하도록 하기 위하여창 1:28 그를 동산에 두셨다. 그들은 땅과 그곳에 거하는 피조물들을 괴롭히고 파괴하거나 약탈해서는 안 되었다. 그들은 동산을 보살펴야만 했다창 2:15. "보살피다"라는 뜻을 가진 낱말은 히브리어로 **샤마르**인 바, 이 낱말은 본래 "보호하다, 지키다, 보존하다"라는 뜻을 가지고 있다. 이것은 자비로운 마음으로 그것을 이전의 상태로 되돌리거나 복원시키지 않고, 심지어는 인간이 맨 처음 그곳에 거주했을 때의 상태로 개선시키지도 않은 채로 땅을 착취하거나 그곳의 자원들을 약탈할 권한을 부여한 것이 아니었다.

창조 이야기와는 별도로 하나님은 자신의 구체적인 명령들에 대한 인간의 순종과 사람들과 땅에 임할 하나님의 복 사이에 직접적인 관계가 있게 하셨다레 25:1-12. 그 예로서 이스라엘 백성은 자기 땅의 나무들을 보존하고신 20:19-20, 대변을 흙으로 덮어야 했으며신 25:4, 길들여진 동물들을 자비로운 마음으로 대하는 한편신 25:4, 야생 생물을 존중해야만 했다신 22:6.

요컨대, 자연환경에 대한 무관심을 지시할 만한 근거는 하나도 없다. 주께서 곧 돌아오실 것이므로 세계와 그 안에 있는 모든 것들이 죄로 인하여 타락한 결과 악해지고 제멋대로 사용되기에 이르렀다고 별생각 없이 말하는 것은 우리 자신과 우리 손으로 한 일들에 대하여 하나님의 심판을 자초하는 것이나 다름이 없다. 그리스도의 몸인 우리는 자연환경의 보살핌에 대한 가르침과 설교를 피하지 못한다. 우리의 창조 교리와 하나님 개념은 바로 앞에서 언급한 잘못된 생각을 허용하지 않을 것이다. 또한 우리는 성경의 설교와 가르침이 없는 상태에서 범신론의 함정에 빠질 수도 없으며, 우리와 자연환경이 하나라는 결론을 내릴 것이다. 과학 기술은 하나님이 주신 놀라운 선물이지만, 우리는 그것을 올바르게 잘 사용해야만 한다.

과학 기술은 그 자체로서 선한 것도 아니요 악한 것도 아니다. 그러나 그 배후에 있는 세계관은 선이나 악을 위하여 갖게 될 가치를 포함하고 있다. 우리가 무엇인가를 할 수 있다는 사실은 우리가 왜 그 일을 해야 하는지의 근거를 전혀 제공하지 않는다. 따라서 화학 비료나 제초제 및 농약 등은 엄청난 도움을 줄 수도 있지만, 우리는 그것들이 제각기 본래 의도되던 사용법에 따라 가져다주는 부작용이 무엇인지를 조심스럽게 평가하지 않으면 안 된다. 과학 기술이 우리 사회를 선동하고 이끌어 가는 주체가 되어서는 안 되지만, 하나님의 백성인 우리는 과학 기술의 지배자가 되어야 한다. 하나님이 우리를 심어두신 땅을 올바로 지키고 관리하기 위해서라면 말이다. 영국 캠브리지 대학에 있는 물리학과의 유서 깊은 캐번디쉬 연구소Cavendish Laboratory에서 내가 본 글귀를 기억해둘 필요가 있을 것이다.

여호와께서 행하시는 일들이 크시오니

이를 즐거워하는 자들이 다 기리는도다 시 111:2

인간과 더불어 맺으신 하나님의 위엄 있는 언약을 찬미함

사람으로 하여금 참된 청지기직을 수행하도록 돕기 위하여 여기서 제안한 기독교인들의 행동 방향은 시편 8:1-9에 잘 설명되어 있다.

본문 시편 8:1-9

주제 "인간과 더불어 맺으신 하나님의 위엄 있는 언약을 찬미함"

요절 4, 6절, "사람이 무엇이기에 주께서 그를 생각하시며 인자가 무엇이기에 주께서 그를 돌보시나이까?…만물을 그의 발아래 두셨으니"

설교의 핵심어 증거들

질문 하나님이 인간에게 지상 만물을 맡기신 증거들에는 어떠한 것들이 있는가?

개요

I. 우리 주님의 사역으로부터 빛나는 그의 위엄을 보라 8:1b-2

    A. 하나님은 왕이시요, 통치자이시요, 지배자이시다

    B. 하나님은 자신이 하는 모든 일에서 위엄 있는 분이시다

    C. 하나님은 피조 세계의 조화로운 배치를 통하여 영광을 받으신다

II. 하나님이 인간에게 베푸시는 관심을 보라 8:3-4

    A. 두 군데의 통치 영역

       1. 하늘

시편 8편은 찬양의 노래이다. 이 노래는 시문학 분야에서 "수미쌍관법" inclusion, 하나의 단락을 같은 단어나 구절로 둘러싸는 문학 형식으로 알려진 방법에 의하여 잘 정리되어 있다. 왜냐하면 1절과 9절이 공히 "여호와 우리 주여 주의 이름이 온 땅에 어찌 그리 아름다운지요"라는 강조 구절을 가지고 있기 때문이다. 시편 8편은 이 주를 조심스럽게 "우리 주"로 칭하고 있다. 이 노래는 우주의 창조에 관한 모세의 설명을 "서정적으로 잘 반영하고 있는" 시의 형태를 이루고 있다. 만일에 창조주의 활동이 없었다고 한다면 피조 세계에 대한 우리의 기쁨은 불가능했을 것이다. 살아계시고 활동하시는 하나님의 우주 창조와 지탱으로 인하여 인간과 자연 사이의 구별이 가능하다. 반면에 범신론은 창조주가 아니라 자연을 신격화시키고 영화롭게 하며, 궁극적으로는 자연과 범신론자 사이를 구별하지 못한다.

I. 우리 주님의 사역으로부터 빛나는 그의 위엄을 보라 시 8:1b-2

초기 유럽의 커버데일Coverdale 성경 번역본은 "우리의 통치자이신 주님이시여"라고 읽는다. 그 까닭은 이러한 태도로 부르는 것이야말로 그를 왕으로 칭하는 것이기 때문이었다. 어느 날엔가는 우리 하나님의 "이름"이 온 땅 위에서 찬양을 받게 되겠지만, 애석하게도 지금 당장은 그렇지 못하다! 그럼에도 불구하고 우리 하나님의 "이름"은 하나의 표징으로, 그리고 자연 자체에 새겨진 하나의 흔적으로 작용한다. 우리는 그것을 창조 질서 안에 있는 하나님의 모든 활동들 속에서 발견한다.

하나님이 "위엄 있는" majestic, 개역개정판은 "아름다운"으로 번역 분으로 보이는 것도 바로 이 때문이다. 이 낱말은 왕에게 사용되는 특징이기도 하다. 그것은 하나님의 승리들출 15:6과 그의 심판삼상 4:8, 시 76:4, 그의 율법사 42:12, 피조 세계에 대한 자유로운 통치시 93:4 등에서 확인된다. 이 동일한 영광은 하늘 위에 높이 떠올라 있는 것이기도 하다. 이로써 아래로는 땅에서나 위로는 하늘에서 우리 주님을 기뻐 외치는 것이다.

더 구체적으로 말하자면, 땅으로부터 생겨나는 찬미는 우리 주께 드려지는 하늘의 찬미와 대등한 것이다. 시편 19:1은 "하늘이 하나님의 영광을 선포"하고 있음을 분명하게 밝히고 있다. 그러나 땅으로부터는 나이든 사람들뿐만 아니라 젖 먹는 아이들의 입술에서도 기쁨의 노래가 울려나온다. 악한 자들이 땅 위에서 얼마나 제멋대로이고 역겨운 지와는 상관없이, 그들은 우리의 크신 하나님께 아이들까지도 본능적으로 올려드리는 찬양을 막지 못한다. 마태복음 21:15-16은 어린 아이들의 입에서 나오는 이러한 찬양을 경축하고 있다.

참으로 우리의 하나님에 대한 이러한 찬양은 "명하여진 것"이요 개역개정판은 "권능을 세우심이여"로 번역, 그 자체가 "요새"요 "보루"요 "성채"이다. 시편 8:2의 "찬양을 명하셨다"라는 표현 NIV가 '찬양'으로 번역하는 히브리어 낱말은 오즈["권능"]이다은 요새 등과 같은 곳이 갖는 힘을 묘사하고 있다. 그러한 찬양의 어휘들이 "원수들과 보복자들을 잠잠하게" 만든다는 것은 전혀 놀라운 일이 아니다.

II. 하나님이 인간에게 베푸시는 관심을 보라 시 8:3-4

하나님은 두 개의 광대한 영역을 다스리신다. 천체가 있는 하늘과 지구라는 행성이 그렇다. 하나님은 땅 위에 있는 두 개의 큰 광명체들해와 달로 하여금 "낮과 밤을 주관하게" 하셨다 창 1:18. 우리의 시편 8편이 "달과 별들"을 존중하는 의미에서 해에 대한 언급을 생략함으로써 저녁에 부르는 찬양의 노래로 만들어졌다 할지라도, 천체가 제각기 하나님에 의하여 직접 자신의 통치 영역을 배정받은 것임은 분명하다. 그러나 땅의 통치 역시 마찬가지로 하나님에 의하여 직접 정해진 것이요, 남자와 여자에게 위임된 것이다 창 1:28.

확실히 광대한 하늘 공간은 하나님의 영광과 지혜 및 권능을 잘 드러내고 있다 욥 36:29, 38:33, 시 89:11. 하늘에 있는 이 모든 천체들은 하나님이 그들에게 주신 "일" 시 8:3, 히브리어 마아세로서, 복수인 "일들"이 아니라 단수임을 주목할 필요가 있다 안에 제각기 자신의 정해진 자리를 가지고 있다. 참으로 그들은 하나님의 "손가락"으로 만드신 것들이다. 천체가 있는 거대한 우주 공간은 하나님과 비교할 때 너무도 작은 것이기에, 조각가의 신성한 손가락, 곧 하나님의 "손가락"으로 밀어 넣어서 일정한 모양으로 만들 수 있는 것으로 간주된다.

하나님은 믿어지지 않을 정도로 거대한 우주 공간에 맞서 몸을 굽혀 그의 지구를 우리처럼 연약한 인간의 관리와 보호 아래에서 보살핌을 받게 하셨다. 심지어는 그가 4절에서 "인간"을 가리키는 데 사용한 낱말 히브리어 에노쉬로서 "연약한" 이라는 뜻을 가진 아나쉬로부터 파생한 명사임은 인간의 "연약함"이나 "죽어야 할 운명" 또는 "무력함" 등을 뜻한다. 인간은 확실히 신적인 존재가 아니며, 본질상 그러한 역할을 하도록 선택된 존재도 아니다. 시편 기자는 "인간"을 뜻하는 말로 "강한, 영웅적인" 이라는 뜻을 가진 가바르에서 파생한 명사 깁보르 하일, "용맹스런 전사"와 같은 낱말를 사용하지 않으며, "불그스름한, 붉은"이라는 뜻을 가진 히브리어 아담을 사용하지도 않는다. 도리어 그는 인간이 하나님께 의존하는 존재임을 분명하게 드러내고 있는 낱말을 사용하고 있다.

하나님은 그를 "생각하고" 계시거나 "기억하시는" 히브리어 자카르 분이요, 그를 "돌보시는" 히브리어 파카드, "방문하다" 분이다. 선하신 하나님은 인간의 죄에 대한 마땅한 심판을 위해 인간을 "방문"하기보다는 그들을 부드럽게 다루시며, 자신이 그들에게 맡기신 피조 세계의 다른 부분들을 그들이 보살피기를 원하시는 그러한 보살핌으로 그들을 돌보신다.

III. 인간에게 부여된 영광을 보라 시 8:5-6

남자와 여자는 본래부터 연약하고 무력한 존재이다. 그럼에도 불구하고 하나님은 남자와 여자에게 자신의 "형상과 모양"을 선물로 주셨다창 1:26-27. 그렇다, 인간은 "하나님보다 조금 못한" 존재이거나 아니면 "천상의 존재들 히브리어 엘로힘보다 조금 못한" 존재이다. 온 우주 안에 있는 다른 어떤 피조물도 하나님의 형상처럼 귀한 선물을 받은 적이 없지만, 여전히 인간은 하나님 안에서 발견되는, 그리고 심지어는 이 어려운 본문에 있는 "엘로힘"을 그렇게 이해할 수 있다면 천상의 존재들에게서 발견될 수도 있는 것보다 "조금 못한" 존재이거나 "부족하도록 만들어진" 히브리어 하사르, "무엇인가 부족한" 존재이다. 확실히 남자와 여자의 존귀함은 하나님의 선물이다. 하나님의 형상은 다음과 같은 특징들을 포함하고 있다. 남자와 여자는 통치권을 가지고 있는 자들이다. 그들은 또한 사랑을 베풀고 의사소통을 할 수 있는 능력을 소유하고 있으며, 지식을 가지고 있는 존재들이기도 하다 골 3:10.

저녁에 부르는 이 찬양의 노래는 마치 노래를 마무리하려는 듯이 하나님이 "[남자와 여자에게] 영화와 존귀로 관을 씌우셨다"는 사실을 경축하고 있다 5절. 히브리서 2:7에 의하면, 이와 마찬가지 방식으로 예수께서는 완전한 하나님임과 동시에 완전한 인간으로 왕관을 쓰셨다. 인간의 "영화로움"이 그들에게 주어진 선물의 중요함과 충분함을 잘 반영하고 있다면, "존귀함"은 하나님이 주신 선물의 아름다움과 탁월함에 관해 말한다. 따라서 하나님의 형상으로 만들어진 인간은 말하자면 왕관을 머리에 쓴 존재이다. 인간은 지상에 거하는 모든 것들의 주인으로 만들어진 존재인 것이다.

하나님이 모든 인간에게 주신 선물들에는 네 가지가 있다. (1) 인간은 천상의 존재들보다 조금 못한 달리 읽는다면 "잠시 동안 조금 못한" 존재로 만들어졌다. (2) 인간은 영화와 존귀의 관을 썼다. (3) 인간은 하나님의 손으로 만들어진 모든 것들의 통치자들로 창조되었다. (4) 인간은 만물을 자기 발아래 두었다.

IV. 인간의 손에 맡겨진 통치권을 보라 시 8:6-8

인간에게 맡겨진 특권들과 책임성들은 창세기 1:26, 28을 크게 생각나게 한다. "다스리다" 또는 "통치하다"라는 동사 히브리어 라다는 구약성경에서 히브리어 칼Qal 형으로 22회 사용된다. 이 동사가 힘이나 지배 개념과 관련되어 있음은 사실이다. 그러나 레위기 25:43, 46, 53에서

종에 대한 주인의 다스림 역할을 뜻하는 이 동사의 용례는 가혹함이나 폭력에 대한 강한 금지를 제약 조건으로 가지고서 나타난다. 이 동사는 왕권의 언어를 반영하고 있지만, 그와 관련된 어떠한 착취도 수반하지 않는 자비로운 통치권 사용을 요청하고 있기도 하다.

"정복하다"를 뜻하는 히브리어 동사 카바쉬 역시 이와 비슷한 방식으로 그 안에 완력의 요소를 가지고 있지만, "그 땅을 경작하며 지키게"창 2:5, 15 한 것과 의미상의 평행을 이루는 요소에 의하여 제약을 받고 있다. 여기에는 파괴적이고 이기적인 방식으로 자연을 거칠게 다루는 행동에 대한 변명이 포함되어 있지 않다. 결국 하나님의 대리 지배인이요 청지기인 우리는 지금 이곳에서, 그리고 마지막 날에 하나님께 책임을 지지 않으면 안 된다. 그럼에도 불구하고 어떤 이들이 여전히 땅과 그 안에 있는 온갖 피조물들을 착취할 것이기에, "피조물이 다 이제까지 함께 탄식하며 함께 고통을 겪고 있다"롬 8:22는 것은 전혀 놀라운 일이 아니다. 그러나 우리 모두는 만일에 죄가 있다면 그것에 대해서조차 마지막 결산의 날에 책임을 지지 않으면 안 된다고후 5:10.

만일에 우리가 하나님의 손으로 만든 모든 것들에 대한 통치자로 만들어진 것과 마찬가지로 우리의 영화로움이 5절에 언급된 바와 같이 현재 시제에 속한 것이라면, 일부 사업가들과 농부들이 손실을 겪는 이유가 그들이 창조 질서에 대하여 압제자로서 행동하고, 또 모든 것이 그 동일한 곳으로 다시금 돌아갈 것이라는 생각을 전혀 하지 못한 채로 자신이 얻을 수 있는 모든 것을 땅과 피조물들로부터 쥐어짜고 있다는 사실에 기인한다고 추론할 수도 있을 것이다. 우리가 자신의 운명과 자신이 사용하는 소유물의 주인인 것처럼 행동한다는 것은 참으로 분별없고 거만한 일이 아닐 수 없다. "땅과 그 안에 있는 충만함이 다 주의 것"이라는 사실에 대하여 대체 어떤 일이 일어날 수 있겠는가?

동산에서 타락하기 전에 인간에게 본래 주어졌던 것이 놀랍게도 인간의 범죄와 타락 이후에도 여전히 선물로 주어진다. 하나님은 그 것을 빼앗아가지 않으셨다 창 9:1-3, 7. 따라서 인간은 여전히 하나님이 땅 위에 있는 피조물들을 지키도록 임명하신 파수꾼이다. 우리는 공동체이든 개인이든 간에 똑같이 자연 안에 있는 질서를 유지하고 모든 형태의 피조물들을 보살피고 돌보지 않으면 안 된다. 그리고 마지막으로 우리는 하나님이 우리에게 맡겨두신 것들을 어떠한 방식으로 사용했는지에 대하여 하나님께 답변하지 않으면 안 된다.

결론

우리 인간이 온갖 피조물들과 자원들을 가지고 있는 땅을 돌보도록 하나님이 정하신 전임 관리자들임은 분명하다. 우리는 자신의 소유와 관리 영역 안에 있는 모든 것을 어떻게 지켜 왔는지를 신중하게 조사하지 않으면 안 된다. 마지막 결산은 우리 주 예수 그리스도의 날에 이루어질 것이다. 그 날에 우리는 선악 간에 자신의 몸으로 행한 모든 것에 대하여 해명을 하게 될 것이다 고후 5:10. 이것은 우리 주님이 오늘날에는 자신의 피조 세계를 무자비하게 학대하는 행동을 심판하지 못하신다는 것을 뜻하지 않는다. 왜냐하면 그분은 마지막 날뿐만 아니라 지금도 그 일을 하실 수 있는 분이기 때문이다!

따라서 하늘이 해와 달과 별들의 다스림을 받는 것과 마찬가지로, 우리 인간 역시 우주 만물을 창조하시고 모든 창조 질서를 지탱하시는 하나님을 대신하여 땅을 다스리고 보살펴야 한다.

마지막으로 영화와 존귀로 관을 쓴 우리가 그토록 사랑이 많으신 하늘 아버지의 기억과 보살핌의 대상이기도 하다는 것은 놀라운 일이다. 그는 우리를 늘 생각하시고 우리에게 맡기신 책임 영역을 늘 생각하신다. 마찬가지로 그는 자신이 만드시고 우리에게 맡기신 것들을 우리가 어떻게 다루는지 보기 위하여 우리의 손으로 하는 모든 일들을 살펴보신다. 그러한 감독 작업은 지구 위에 있는 크고 작은 것들 모두에게 대하여 통치권을 행사하고 또 그것들 모두를 정복하는 일에 관한 상세한 내용에 대한 추가 관심을 요청하지 않을까? 우리 주님이 자신의 특별한 도움과 세심함을 우리에게 선물로 주셨으면 한다!

"참소치 아니하고" "행악지 아니하며" "훼방치 아니하며"
"정직하게 행하며" "공의를 일삼으며" "진실을 말하며"
"이런 일을 행하는 자는 영영히 요동치 아니하리이다"

미주
참고 문헌
역자 후기

미주

서론

1 이는 나의 제자인 그래함(Francis Graham)이 내게 설명해준 대로 묘사한 것이다.

2 여기서 "의인의 **무리**"로 번역된 낱말은 문자 그대로 "의인의 **세대**"를 가리키는 바, 이는 그 집단의 도덕적인 상태를 가리키는 표현이다(시 24:6도 참조).

3 Franz Delitzsch, *A Biblical Commentary on the Psalms*, trans. Francis Bolton, 3 vols. (Grand Rapids: Eerdmans, 1955), 1:213.

4 다음을 보라. Derek Kidner, *Psalms 1-72*, Tyndale Old Testament Commentaries (London: Inter-Varsity, 1973), 81.

5 이자와 고리대금의 주제에 대해서는 다음을 보라. Walter C. Kaiser, Jr., *Toward Old Testament Ethics* (Grand Rapids: Zondervan, 1983, 『구약성경윤리』, 생명의말씀사 역간), 108-9와 특히 다음의 제목을 가진 단원을 보라. "The Question of Interest and Usury", 212-17.

6 윤리 이론과 뇌물에 관해서는 다음을 보라. Bernard T. Adency, *Strange Virtues: Ethics in a Multicultural World* (Downers Grove, IL: Inter-Varsity, 1995), 142-62.

제1장

1 "Hunger Facts: International", Bread for the World, http://www.bread.org/learn/hunger-basis/hunger-facts-international.html.

2 이 증언은 Helen Harris, *The Newly Recovered Apology of Aristides* (London: Hodder and Stoughton, 1893)에 실려 있으며, 다음의 책에 인용되어 있다. W. Stanley Mooneyham, "Orphans", in *Baker's Dictionary of Christian Ethics*, ed. Carl F. H. Henry (Grand Rapids: Baker Academic, 1973), 477.

3 John H. Scanzoni, "Poverty", in *Baker's Dictionary of Christian Ethics*, 519.

4 Robert D. Linder, "Oppression", in *Baker's Dictionary of Christian Ethics*, 473.

5 "금식"이라는 낱말의 이러한 두 가지 용례는 의미 병렬로 불리는 비유적 표현으로, "낱말 충돌"이라는 비유적 표현법의 일부에 해당한다. 이에 대해서는 다음의 책을 참조하라. E. W. Bullinger, *Figures of Speech Used in the Bible* (1898; repr. Grand Rapids: Baker Academic, 1968, 294-95. 이 표현법에 의하면 동일한 낱말이 확대된 의미를 가지고서 동일한 문장이나 맥락에서 반복 사용된다. 이를테면 요한복음 6:28-29가 그렇다. "그들이

묻되, '우리가 어떻게 하여야 하나님의 **일**(work)을 하오리이까?' 예수께서 대답하여 이르시되, '하나님께서 보내신 이를 믿는 것이 하나님의 **일**(work)이니라' 하시니" (필자 강조).

제2장

1 이곳에 언급된 주요 통계 자료는 다음 자료에서 가져온 것이다. J. C. Gutin, "End of the Rainbow", *Discover*, November 1994, 71-74.

2 Kerby Anderson, *Christian Ethics in Plain Language* (Nashville: Thomas Nelson, 2005), 174.

3 히브리어 **갈라** 동사("덮다")의 피엘 형태(그러나 창 9:21은 히브리어 **갈라** 동사의 히트파엘 형태를 사용함)는 "간음하다"는 뜻을 가지고 있다. 레위기 18:6-19, 20:11, 17-21, 에스겔 16:36-37의 **보다**라는 동사가 그러하듯이 말이다. 그러나 이 모든 본문들은 동성 간의 행동이 아니라 이성 간의 행동을 가리키는 것으로 보인다.

4 Luke T. Johnson, "The Use of Leviticus 19 in the Letter of James", *Journal of Biblical Literature* 101 (1982):391-401. 다음의 책도 보라. Walter C. Kaiser, Jr., *The Use of the Old Testament in the New* (Chicago: Moody, 1985; Eugene, OR: Wipf and Stock, 2001, 『신약의 구약사용』, 크리스챤다이제스트 역간), 221-24. 인용 자료는 무디(Moody) 출판사의 것을 따른 것이다.

5 J. A. Motyer, *The Tests of Faith* (London: Inter-Varsity, 1970), 51.

6 위의 책, 53.

제3장

1 Kenneth S. Kantzer, "Gambling: Everyone's a Loser", *Christianity Today*, November 1983, 12.

2 Henlee H. Barnette, "Gambling", in *Baker's Dictionary of Christian Ethics*, ed. Carl F. H. Henry (Grand Rapids: Baker Academic, 1973), 257-59.

3 본장에 수록되어 있는 사실들의 대부분은 다음의 책에 빚진 것이다. Kerby Anderson, *Christian Ethics in Plain Language* (Nashville: Thomas Nelson, 2005), 166-73.

4 Kantzer, "Gambling", 13.

5 "Gambling in America", *Gambling Awareness Action Guide* (Nashville: Christian Life Commission, 1984), 5.

6 *The Final Report of the Commission on the Review of the National Policy toward Gambling* (Washington, DC: US Government Printing Office, 1976), 65. 다음의 자료들도 보라. National Council on Problem Gambling, Washington, DC; and William N.

Thompson, *Legalized Gambling: A Reference Handbook*, 2nd ed. (Santa Barbara, CA: ABC-CLIO, 1997), 25-31.

7 Martin Luther, *Matthew*, 해당 구절 주석.

8 위의 책.

제4장

1 *New York Times*, April 20, 1980. 이 신문 기사는 다음의 책에 인용되어 있다. Robertson McQuilkin, *An Introduction to Biblical Ethics* (Wheaton: Tyndale, 1989), 488. 또 다른 연구(the A. C. Nielsen Report for January 1984)는 아이들이 하루 평균 7시간을 텔레비전 시청에 소비하고 있다고 본다. 다음의 두 기관이 작성한 공동 진술서를 참조하라. Surgeon General's Office and National Institute of Mental Health, "Impact of Entertainment Violence on Children", *American Academy of Pediatrics*, July 26, 2000. www.aap.org/advocacy/releases/jstmtevc.htm.

2 Neil Postman, *The Disappearance of Childhood* (New York: Vintage, 1994), 72. 이 내용은 다음의 책에 인용되어 있다. Kerby Anderson, *Christian Ethics in Plain Language* (Nashville: Thomas Nelson, 2005), 188-89.

3 Allan Bloom, *The Closing of the American Mind* (New York: Simon and Schuster, 1987, 『미국 정신의 종말』, 범양사출판부 역간), 68. 이 진술은 다음의 책에 인용되어 있다. McQuilkin, *Introduction*, 489-90.

4 Bloom, *Closing*, 73.

5 이 항목의 진술 내용은 다음 책에 인용되어 있다. McQuilkin, *Introduction*, 490.

6 Anderson, *Christian Ethics*, 197.

7 S. Robert Lichter and Stanley Rothman, "Media and Business Elites", *Public Opinion* (October-November, 1981):42-46. 이 글은 나중에 다음의 책에 실리게 되었다. S. Robert Lichter, Stanley Rothman, and Linda S. Lichter, *The Media Elite* (New York: Adler and Adler, 1986).

8 이에 대해서는 다음을 보라. Anderson, *Christian Ethics*, 195-96.

9 Irving Kristol, "Sex, Violence and Videotape", *Wall Street Journal*, May 31, 1994. 이 글은 다음의 책에 인용되어 있다. Anderson, *Christian Ethics*, 190.

10 1970년대에 시작된 아넨버그(Annenberg) 언론매체 연구소는 게르브너(George Gerbner)와 크로스(Larry Cross)가 주도한 한 연구에서 하루 평균 네 시간 이상의 텔레비전 시청이 아이들과 어른들의 세계관이나 심리 구조에 큰 영향을 준다는 사실을 발견하였다(George Gerbner and Larry Cross, "The Scary World of TV's Heavy Viewer", *Psychology Today*, April 1, 1976, 41).

11 Richard Seaver and Austryn Wainhouse, eds., *The Marquis de Sade: Justine,*

Philosophy in the Bedroom, and Other Writings (New York: Grove Press, 1965), 318-20. 이 글은 다음의 책에 인용되어 있다. McQuilkin, *Introduction*, 236.

12 Frank Thielman, *Philippians*, The NIV Application Commentary (Grand Rapids: Zondervan, 1995), 220, n.11.

제5장

1 Robertson McQuilkin, *An Introduction to Biblical Ethics* (Wheaton: Tyndale, 1989), 191.

2 이러한 정의는 다음의 책에서 인용하여 손질한 것이다. David K. Clark and Robert V. Rakestraw, eds., *Readings in Christian Ethics*, vol. 2, Issues and Applications (Grand Rapids: Baker Academic, 1996), 256.

3 Samuel Janus and Cynthia Janus, *The Janus Report on Sexual Behavior* (New York: Basic Books, 1988), 169.

4 Joannie Schrof, "Adultery in America", *U.S. News and World Report*, August 1998, 31. 이 글은 다음의 책에 인용되어 있다. Kerby Anderson, *Christian Ethics in Plain Language* (Nashville: Thomas Nelson, 2005), 123.

5 www.doctorbonnie.com에 언급되어 있는 통계 자료는 다음의 책에도 인용되어 있다. Anderson, *Christian Ethics*, 126, 227.

6 위의 책.

7 Frank Pittman, *Private Lies: Infidelity and the Betrayal of Intimacy* (New York: Norton, 1989), 53.

8 이곳에 사용된 많은 자료들을 나는 내가 쓴 다음의 논문에서 논의한 바가 있다. "True Marital Love in Proverbs 5:15-23 and the Interpretation of Song of Songs", in *The Way of Wisdom: Essays in Honor of Bruce K. Waltke* (Grand Rapids: Zondervan, 2000), 106-16.

9 이에 대해서는 내가 구약성경의 일부다처에 관해 논의한 다음 책을 참조하라. Walter C. Kaiser, *Toward Old Testament Ethics* (Grand Rapids: Zondervan, 1983), 182-90.

10 Milton Terry, *Biblical Hermeneutics*, 2nd ed. (Grand Rapids: Zondervan, 1950), 330-33.

11 Alvin Toffler, *Future Schock* (1970; repr., New York: Bantam Books, 1990), 251-53.

12 Charles A. Reich, *The Greening of America* (New York: Random House, 1970), 245.

제6장

1 이러한 수치는 다음의 자료들로부터 얻은 것이다. The U.S. Bureau of the Census, *Current Population Reports*, Series P20-537; America's Families and Living Arrangements: March 2000 and earlier. 이상의 자료들은 다음의 책에 인용되어 있다. Kerby Anderson, *Christian Ethics in Plain Language* (Nashville: Thomas Nelson, 2005), 117.

2 이를테면 다음의 글을 보라. Alfred DeMaris and K. Vaninadha Rao, "Premarital Cohabitation and Subsequent Marital Stability in the United States: A Reassessment", *Journal of Marriage and Family* 54 (1992):178-90.

3 Walter Trobisch, *I Loved a Girl* (New York: Harper and Row, 1975), 8.

4 Jim Conway, "Cheap Sex and Precious Love", *His* (May 1976):34에 인용한, *American Medical Association Journal*에 실린 Dr. Robert J. Collins의 연구 결과.

5 William Edward Lecky, *History of European Morals, from Augustus to Charlemagne*, 2 vols. (London: Longmans, Green and Co., 1910), 1:263 and 2:303. 이는 다음의 책에 인용되어 있다. *The Gospel in the End of Time* (Downers Grove, IL: InterVarsity, 1991), 81.

6 **스큐오스**는 신약성경에서 인간을 가리키는 데 은유적으로 쓰이는 낱말이다. 사도행전 9:15, "나의 그릇", 고린도후서 4:7, "질그릇에 있는 보배". 디모데후서 2:21도 보라. 그러나 이 낱말은 기독교 이전의 유대교 문헌들에서 히브리어의 선례를 따라 아내를 가리키는 데 더 자주 사용된다. 다음을 보라. Stott, *Gospel and the End of Time*, 83-84, n. 22.

제7장

1 이러한 수치들과 논리에 대하여 나는 앤더슨의 도움을 많이 받았다. Kerby Anderson, *Christian Ethics in Plain Language* (Nashville: Thomas Nelson, 2005), 132-33.

2 Diane Medved, *The Case against Divorce* (New York: Donald I. Fine, 1989), 1-2. 이는 다음의 책에 인용되어 있다. Anderson, *Christian Ethics*, 131.

3 Anderson, *Christian Ethics*, 132-33.

4 R. C. Campbell, "Teachings of the Old Testament Concerning Divorce", *Foundations* 6 (1963):175.

5 J. A. Fitzmyer, "Matthean Divorce Texts and Some New Palestinian Evidence", *Texts and Studies* 37 (1976):212. 이러한 발견은 바르 코흐바 시대(주후 124년경)에 속한 두 번째 동굴(Cave II)의 무랍바(Murabba)로부터 비롯된 것이다.

6 Joyce G. Baldwin, *Haggai, Zechariah, Malachi* (Downers Grove, IL: InterVarsity, 1972), 240.

7 R. C. Dentan, "Malachi", *Interpreter's Bible*, ed. George A. Buttrick et al. (Nashville: Abingdon, 1956), 6:1136.

8 다음에 이어지는 내용의 많은 부분들은 다음 책의 내용을 부분적으로 손질한 것이다. Walter C. Kaiser Jr., *Malachi: God's Unchanging Love* (Grand Rapids: Baker Academic, 1984).

9 T. V. Moore, *Haggai, Zechariah, Malachi: A New Translation with Notes* (New York: Robert Carter and Bros., 1856), 362-63.

제8장

1 Kerby Anderson, *Christian Ethics in Plain Language* (Nashville: Thomas Nelson, 2005), 38.

2 Philip King and Lawrence Stager, *Life in Biblical Israel* (Louisville: John Knox, 2001), 41.

3 Paul Cartledge, *Thermopylae: The Battle That Changed the World* (New York: Vintage, 2006), 80. 이는 나의 대학원 학생인 록스모우(R. Ryan Lokkesmoe)가 나에게 알려준 바와 동일하다.

4 Flavius Josephus, *Contra Apion* 2.202. ("아피온 반박문", 『요세푸스 4』, 생명의말씀사 역간)

5 *Didache* 2.2 in Michael W. Holmes, trans. and ed., *The Apostolic Fathers in English*, 3rd. ed. (Grand Rapids: Baker Academic, 2006), 164.

6 Clement of Alexandria, *Paedagogus* 2.10.96.1.

7 이는 헬라어 낱말 **블라스토스**("싹")로부터 비롯된 것으로서, 속이 빈 세포 덩어리 상태의 배아가 자라나기 시작하는 초기 단계를 가리킨다. 맨 처음에 정자와 난자는 서로 결합하여 수정란이 되고 그것은 "배아"로 자란다. 그리고 대략 1주일 정도의 기간이 흐른 다음에 그것은 "태아"로 불리게 된다.

8 Charles Krauthammer, "The Great Stem Cell Hoax", *Weekly Standard*, August 20-27, 2001, 12. 이는 다음 책에 인용되어 있다. Anderson, *Christian Ethics*, 49.

9 Franz Delitzsch, *A Biblical Commentary on the Psalms*, trans. Francis Bolton, 3 vols. (Grand Rapids: Eerdmans, 1955, 『카일·델리취 구약주석: 시편』, 전3권, 로고스 역간), 3:350.

제9장

1 이러한 통계 자료는 종종 공술인(公述人, 국회 공청회에서 의견을 말하는 사람)들에 의하여 인용되지만 검증하기가 아주 어렵다. 내가 알기로는 어느 누구도 정확하게 인구의 몇 %가 동성애자인지에 관한 검증 가능한 통계 숫자를 가지고 있지 않다.

2 이러한 특징들은 다음의 자료에서 가져온 것들이다. Peter C. Moore, "Homosexuality and the Great Commandment" (Ambridge, PA: Trinity Episcopal School for Ministry, 2002). 그런데 이 글은 2002년 11월 1일에 열린 피츠버그의 연례 주교 관구 회의에서 행한 연설문이다.

3 위의 책.

4 Derrick Sherwin Bailey, *Homosexuality and the Western Christian Tradition* (London; New York: Longmans, Green, 1955).

5 John Boswell, *Christianity, Social Tolerance and Homosexuality* (Chicago: University of Chicago Press, 1980), 107-17; Virginia R. Mollenkott and Letha Scanzoni, *Is the Homosexual My Neighbor? Another Christian View* (San Francisco: Harper and Row, 1978), 61-66.

6 John Murray, *The Epistle to the Romans* (Grand Rapids; Eerdmans, 1968, 『로마서』, 전2권, 생명의말씀사 역간), 44-45.

제10장

1 William F. Willoughby, "Crime", in *Baker's Dictionary of Christian Ethics*, ed. Carl F. H. Henry (Grand Rapids: Baker Academic, 1973), 150.

2 "Cost of Crime: $674 Billion", *U.S. News and World Report*, January 1994, 40-41. 이 글은 다음 책에 인용되어 있다. Kerby Anderson, *Christian Ethics in Plain Language* (Nashville: Thomas Nelson, 2005), 142.

3 Anderson, *Christian Ethics*, 143.

4 John Dilulio, "Getting Prisons Straight", *American Prospect* 1 (Fall 1990). 이 글은 다음 책에 인용되어 있다. Anderson, *Christian Ethics*, 144.

5 Anderson, *Christian Ethics*, 144.

6 Cal Thomas, "Programs of the Past Haven't Reduced Crime", *Los Angeles Times*, January 13, 1994. 이 글은 다음 책에 인용되어 있다. Anderson, *Christian Ethics*, 147.

7 Edwin Zedlewski, *Making Confinement Decisions* (National Institute of Justice Research in Brief, 1987); Edwin Zedlewski, "New Mathematics of Imprisonment: A Reply to Zimring and Hawkins", *Crime and Delinquency* 35 (1989):171. 이 글은 다음 책에 인용되어 있다. Anderson, *Christian Ethics*, 145.

8 다음을 보라. Walter C. Kaiser Jr., *Toward Old Testament Ethics* (Grand Rapids: Zondervan, 1983), 90, 164.

9 Cesare Beccaria, "On Crime and Punishment", in *An Essay on Crimes and Punishment*, trans. E. D. Ingraham (Stanford: Academic Reprints, 1952), 104-5. 이 글은 다음 책에 인용되어 있다. William H. Baker, *On Capital Punishment* (1973; repr., Chicago: Moody,

1985), 27.

10 이러한 견해는 다음의 책에 잘 설명되어 있다. Rousas John Rushdoony, *The Institutes of Biblical Law* (Nutley, NJ: Craig Press, 1973), 358-62.

11 가장 초기에 속한 최고의 사본들이 요한복음 7:53-8:11을 포함하고 있지는 않지만, 학자들은 일반적으로 이 본문이 예수의 삶 속에 있었던 실제 사건으로 간주한다.

12 본서가 주로 의존하고 있는, 이 사건에 대한 가장 훌륭한 논의에 대해서는 다음을 참조하라. John W. Burgon (1813-88), *The Woman Taken in Adultery*, 239ff. 이 논의는 다음 책에 인용되어 있다. Rushdoony, *Institutes*, 397-98; 702-6.

제11장

1 John Donne, *Suicide: "Biathanatos"*. 클렙쉬(William A. Clebsch)는 현대 독자들을 위하여 이 작품의 원판(1608)과 재판본(1647, 1700, 1930)을 필사·편집하였다(Chico, CA: Scholars Press, 1983).

2 John Jefferson Davis, *Evangelical Ethics: Issues Facing the Church Today* (Phillipsburg, NJ: Presbyterian and Reformed, 1985), 160.

3 Herbert Hendin, Chris Rutenfrans, and Zbigniew Zylicz, "Physician-Assisted Suicide and Ehtuanasia in the Netherlands: Lessons from the Dutch", *Journal of the American Medical Association* 277 (June 1997):1720-22. 이 글은 다음 책에 인용되어 있다. Kerby Anderson, *Christian Ethics in Plain Language* (Nashville: Thomas Nelson, 2005), 58.

제12장

1 Lee M. Silver, *Remaking Eden: How Genetic Engineering and Cloning Will Transform the American Family* (New York: Avon, 1998), 13.

2 Craig W. Ellison, "The Ethics of Human Engineering", in *Modifying Man: Implications and Ethics*, ed. Craig Ellison (Washington, DC: University Press of Amrica, 1978), 3.

3 John Naisbit, *Megatrends: Ten New Directions Transforming Our Lives* (New York: Warner, 1984), 74.

4 Francis S. Collins, "Shattuck Lecture-Medical and Societal Consequences of the Human Genome Project", *New England Journal of Medicine* 341, no. 1 (1999):28. 2000년 6월 26일의 합동기자회견에서 콜린스와 벤터(Craig Venter)는 인간 게놈 프로젝트의 설계도가 완성되었음을 공식 선언하였다. 이 두 사람은 "셀레라 유전공학 회사"(Celera Genetics, CG)이라 불리는 사설 기업체를 대표하는 사람들이다.

5 이는 다음 책에 잘 보고되어 있다. David K. Clark and Robert V. Rakestraw, eds.,

Readings in Christian Ethics, vol. 2, Issues and Application (Grand Rapids: Baker Academic, 1996), 61.

6 이상의 내용은 다음의 책에 상세하게 보고되어 있다. James C. Peterson, *Genetic Turning Points: The Ethics of Human Genetic Intervention* (Grand Rapids: Eerdmans, 2001), 7.

7 이는 다음의 책에 잘 보고되어 있다. Kerby Anderson, *Christian Ethics in Plain Language* (Nashville: Thomas Nelson, 2005), 64-65. 이는 다음의 책에도 실려 있다. Kerby Anderson, *Genetic Engineering* (Grand Rapids: Zondervan, 1982), 16-19.

8 Anderson, *Christian Ethics*, 66.

9 위의 책, 73.

10 위의 책, 68. 다음의 소위원회에서 이루어진 싱어(Singer)의 증언을 참조하라. "Health and the Environment, House Committee on Interstate and Foreign Commerce", *Hearings*, March 15, 1977, 79.

11 Gerhard von Rad, *Old Testament Theology*, trans. D. M. Stalker (Edinburgh: Oliver and Boyd, 1962), 1:146-47.

12 George Bush, *Notes on Genesis* (1860; repr., Minneapolis: James and Klock, 1976), 1:67.

13 위의 책, 1:68.

제13장

1 Kerby Anderson, *Christian Ethics in Plain Language* (Nashville: Thomas Nelson, 2005), 153-65.

2 알코올 중독이 죄라는 결론을 내리는 다른 본문들은 다음과 같다. 삼상 1:14, 사 5:11-12, 22, 28:1-8, 56:12, 호 4:11, 7:5, 욜 1:5, 암 6:6, 합 2:15-16, 눅 21:34, 롬 13:13, 엡 5:18, 살전 5:7-8.

3 Elizabeth Tener, "You Can Help Kids Resist Drugs and Drinking", *McCall's*, August 9, 1984, 92. 본장에 있는 이러한 인용문과 일반적인 사실 수집에 있어서 나는 다시금 다음의 책에 많은 빚을 졌다. Anderson, *Christian Ethics*, 153-65.

4 Craig Horowitz, "Drug are Bad: The Drug War Is Worse", *New Yorker*, February 5, 1996, 22-33. 이 글은 다음의 책에 인용되어 있다. Anderson, *Christian Ethics*, 154.

5 Anderson, *Christian Ethics*, 155.

6 이 인용문은 다음의 책에서 가져온 것이다. Peggy Mann, "Reasons to Oppose Legalizing Illegal Drugs", *Drug Awareness Information Newsletter*, September 1988. 이 글은 다음의 책에도 인용되어 있다. Anderson, *Christian Ethics*, 155-56.

7 본장의 이 단원을 집필함에 있어서 내가 크게 의존한 두 개의 특히 유용한 자료들이

있다. M. E. Andrew, "Variety of Expression in Proverbs XXIII 29-35", *Vetus Testamentum* 28 (1978):102-3; Bruce K. Waltke, *The Book of Proverbs: Chapters 15-31* (Grand Rapdis: Eerdmans, 2005), 262-67.

8 왈키(Waltke, *Book of Proverbs*)는 **자롯**이 **주르**("역겨운")의 세 번째 어근에 속한 칼 (Qal) 여성 분사 형태일 것이라고 추정한다(pp.262-267).

제14장

1 Kerby Anderson, *Christian Ethics in Plain Language* (Nashville: Thomas Nelson, 2005), 205.

2 Francis A. Schaeffer, *A Christian Manifesto* (Westminster, IL: Crossway, 1981, 『기독교 선언』, 생명의말씀사 역간), 103-4. 이 글은 다음의 책에 인용되어 있다. Robertson McQuilkin, *An Introduction to Biblical Ethics* (Wheaton: Tyndale, 1989), 478-79.

3 Anderson, *Christian Ethics*, 209.

4 John A. Kitchen, *Proverbs: A Mentor Commentary* (Ross-shire, Scotland: Christian Focus Publications, Inc., 2006), 545.

제15장

1 Jerram Barrs, "The Just War Revisited", in *Pacifism and War*, ed. Oliver R. Barclay (Leicester, UK: Inter-Varsity, 1984), 160.

2 이러한 수치들은 다음 책으로부터 가져온 것이다. David K. Clark and Robert V. Rakestraw, eds., *Readings in Christian Ethics*, vol. 2, Issues and Application (Grand Rapids: Baker Academic, 1996), 489.

3 T. Raymond Hobbs, *A Time for War: A Study of Warfare in the Old Testament* (Wilmington, DE: Glazier, 1989), 226. 이는 다음의 책에 인용되어 있다. Hetty Lalleman, *Celebrating the Law? Rethinking Old Testament Ethics* (London: Paternoster, 2004), 94.

4 Christopher J. H. Wright, *New International Biblical Commentary: Deuteronomy* (Peabody, MA: Hendrickson, 1996), 231.

5 위의 책, 230.

6 Arthur F. Holmes, "The Just War", in *War: Four Christian Views*, ed. Robert G. Clouse (Downers Grove, IL: Inter Varsity, 1981), 117-35; James Turner Johnson, "The Utility of Just War Categories for Moral Analysis of Contemporary War", in *Can Modern War Be Just?* (New Haven: Yale University Press, 1984), 11-29.

7 Kerby Anderson, *Christian Ethics in Plain Language* (Nashville: Thomas Nelson, 2005),

212.

8 이 개요에 있는 내 생각들의 대부분은 다음의 책에 신세를 진 것이다. John MacArthur, *The MacArthur New Testament Commentary: Romans 9-16* (Chicago: Moody, 1994), 205-40.

9 이러한 점들을 구체적으로 입증하기 위해서는 다음의 본문들을 보라. 출애굽기 9:16, 시편 75:7, 예레미야 27:5, 다니엘 4:17.

10 Robert Haldane, *The Epistle to the Romans* (London: The Banner of Truth Trust, 1959), 585.

11 위의 책, 586-87(굵은 글씨는 저자 강조).

제16장

1 John MacArthur, *Whose Money Is It, Anyway? A Biblical Guide to Using God's Wealth* (Nashwille: Word, 2000), 3(굵은 글씨는 저자 강조).

2 John White, *The Golden Cow* (Downers Grove, IL: InterVarsity, 1979), 67-68(굵은 글씨는 저자 강조). 이 글은 다음의 책에 인용되어 있다. MacArthur, *Whose Money?*, 7-8.

3 Brian Griffiths, *The Creation of Wealth: A Christian's Case for Capitalism* (Downers Grove, IL: InterVarsity, 1984), 21.

4 여기서나 후술할 내용에서 내가 사용한 분석 방법은 다음의 책에 의존하고 있다. David K. Clark and Robert V. Rakestraw, eds., *Readings in Christian Ethics*, vol. 2, Issues and Applications (Grand Rapids: Baker Academics, 1996), 339-80. 특히 시장 경제의 상이한 유형들을 포괄적으로 다루는 343쪽 이후의 내용이 그렇다.

5 Adam Smith, *An Inquiry into the Nature and Causes of the Wealth of Nations* (London: W. Strahan and T. Cadill, 1776, 『국부론』, 비봉출판사 역간), 특히 제5권의 제2장.

제17장

1 서두 부분의 이러한 서술에 담긴 많은 개념들은 스믹 교수가 쓴 다음의 글에 많은 빚을 진 것이다. Elmer B. Smick, "Animals", in *Baker's Dictionary of Christian Ethics*, ed. Carl F. H. Henry (Grand Rapids: Baker Academic, 1973), 20-23.

2 위의 책

3 Rev. Leonard Vander Zee, "Also Many Animals", *Banner*, April 2008, 2.

4 Bernard E. Rollin, "Farm Factories: The End of Animal Husbandry", *Christian Century*, December 19, 2001, 26-29.

5 위의 책, 27.

6 위의 책, 29.

7 Matthew C. Halteman, "Compassionate Eating as Care of Creation" (Washington, DC: The Humane Society of the United States, 2008), 12. 홀트만은 미시간 주의 그랜드 래피즈에 있는 칼빈 대학에서 철학과 조교수로 봉직하고 있다. 그는 휘튼 대학을 졸업하였고, 노틀담에서 철학박사 학위를 받았으며, 칼빈 대학에서 긍휼히 여기는 삶을 위한 학생 상담 교수로 사역하고 있다.

8 위의 책, 38-39.

9 이 항목은 주로 다음의 글에서 가져온 것이다. "Against the Grain", in *The Economist*, June 12, 2004, 75.

제18장

1 Lynn White, Jr., "The Historical Roots of Our Ecological Crisis", *Science* 155 (1967):1203-7.

2 Ian McHarg, *Design with Nature* (New York: Natural History, 1969), 28. 이 글은 기독교에 대한 세속적인 공격을 가장 잘 보여 주는 것으로 다음의 책에 인용되어 있다. John R. Stott, *Issues Facing Christians Today* (Basingstoke: Marshall, 1984), 109-21.

참고 문헌

서론

A. A. van Ruler, *The Christian Church and the Old Testament*. Translated by G. W. Bromiley. Grand Rapids: Eerdmans, 1971.

Bruce C. Birch and L. L. Rasmussen, *Bible and Ethics in the Christian Life*. Rev. ed. Minneapolis: Augsburg, 1989.

Christopher J. H. Wright, *Living as the People of God: The Relevance of Old Testament Ethics*. Leicester, UK: Inter-Varsity, 1983; published in the US as *An Eye for an Eye: The Place of Old Testament Ethics for Today*. Downers Grove, IL: InterVarsity, 1983.

_____, *Walking in the Ways of the Lord: The Ethical Authority of the Old Testament*. Leicester, UK: Apollos, 1995. (『현대인을 위한 구약윤리』, IVP 역간)

David L. Baker, *Two Testaments, One Bible: A Study of Some Modern Solutions to the Theological Problem of the Relationship between the Old and New Testaments*. Downers Grove, IL: InterVarsity, 1977. (『구속사적 성경 해석학』, 엠마오 역간)

G. L. Bahnsen, *Theonomy in Christian Ethics*. Nutley, NJ: Craig, 1977.

Hetty Lalleman, *Celebrating the Law? Rethinking Old Testament Ethics*. London: Paternoster, 2004.

John R. W. Stott, *New Issues Facing Christians Today*. Rev. ed. London: Marshall Pickering, 1999. (『현대 사회 문제와 그리스도인의 책임』, IVP 역간)

R. R. Wilson, "Approaches to Old Testament Ethics", in *Canon, Theology, and Old Testament Interpretation: Essays in Honor of B. S. Childs*, edited by G. M. Tucker, D. L. Petersen, and R. R. Wilson, 62-74. Philadelphia: Fortress, 1988.

Walter C. Kaiser, Jr. *Toward Old Testament Ethics*. Grand Rapids: Zondervan, 1983. (『구약성경윤리』, 생명의말씀사 역간)

제1장

Bill Cotton, "Biblical Priorities: The Cry of the Oppressed", *Evangel* 11 (1993):13-16.

Christoph Levin, "The Poor in the Old Testament: Some Observations", *Religion & Theology* 8 (2001):254-73.

Craig L. Blomberg, *Neither Poverty Nor Riches: A Biblical Theology of Material Possessions*. Grand Rapids: Eerdmans, 1999.

Donald E. Gowan, "Wealth and Poverty in the Old Testament: The Case of the Widow, the Orphan, and the Sojourner", *Interpretation* 41 (1987):341-53.

F. C. Fensham, "Widow, Orphan and the Poor in the Ancient Near Eastern Legal and Wisdom Literature", *Journal of Near Eastern Studies* 21 (1962):129-39.

J. David Pleins, "How Ought We to Think about Poverty? Rethinking the Diversity of the Hebrew Bible", *Irish Theological Quarterly* 60 (1994):280-86.

John T. Willis, "Old Testament Foundations of Social Justice", *Restoration Quarterly* 18 (1975):65-87.

Norbert Lohfink, "Poverty in the Laws of the Ancient Near East and of the Bible", *Theological Studies* 52 (1991):34-50.

Norman W. Porteous, "The Care of the Poor in the Old Testament", in *Living the Mystery*, edited by J. I. McCord, 143-55. London: Blackwell, 1967.

R. N. Whybray, *Wealth and Poverty in the Book of Proverbs*. Journal for the Study of the Old Testament Supplement Series 99. Sheffield: Sheffield Academic Press, 1990.

Richard D. Patterson, "The Widow, the Orphans and the Poor in the Old Testament and Extra-Biblical Literature", *Bibliotheca Sacra* 130 (1973):223-35.

Richard W. Neville, "The Relevance of Creation and Righteousness to the Intervention for the Poor and Needy in the Old Testament", *Tyndale Bulletin* 52 (2001):307-10.

Ronald J. Sider, *Rich Christians in an Age of Hunger*. Nashville: Thomas Nelson, 1997. (『가난한 시대를 사는 부유한 그리스도인』, IVP 역간)

Sue Gillingham, "The Poor in the Psalms", *Expository Times* 100 (1988):15-19.

Thomas D. Hanks, *God So Loved the Third World: The Biblical Vocabulary of Oppression*. Translated by J. C. Dekker. Maryknoll, NY: Orbis, 1983.

W. Stanley Mooneyham, *What Do You Say to a Hungry World?* Waco: Word, 1975.

제2장

Curtis Paul DeYoung et al, *United by Faith: The Multicultural Congregation as an Answer to the Problem of Race*. New York: Oxford University Press, 2003.

E. Lawrence Adams, *Going Public: Christian Responsibility in a Divided America*. Grand Rapids: Brazos, 2002.

Elizabeth Conde-Frazier, S. Steve Kang, and Gary A. Parrett, *A Many Colored Kingdom: Multicultural Dynamics for Spiritual Formation*. Grand Rapids: Baker Academic, 2004.

Jefferson D. Edwards, *Purging Racism from Christianity: Freedom and Purpose through Identity*. Grand Rapids: Zondervan, 1996.

Michael O. Emerson and Christian Smith, *Divided by Faith: Evangelical Religion and the Problem of Race in America*. New York: Oxford University Press, 2000.

Miroslav Volf, *Exclusion and Embrace: A Theological Exploration of Identity, Otherness, and Reconciliation*. Nashville: Abingdon, 1996.

Raleigh Washington and Glen Kehrein, *Breaking Down Walls: A Model for Reconciliation in an Age of Racial Strife*. Chicago: Moody, 1993.

제3장

J. Emmett Henderson, *State Lottery: The Absolute Worst Form of Legalized Gambling*. Atlanta: Georgia Council on Moral and Civil Concerns, n.d.

James Mann, "Gambling Rage: Out of Control", *U.S. News and World Report* 30 (May 1983):30.

Kerby Anderson, *Christian Ethics in Plain Language*. Nashille: Thomas Nelson, 2005, 특히 pp. 166-73.

William Norman Thompson, *Legalized Gambling: A Reference Handbook*. 2nd ed. Santa Barbara, CA: ABC-CLIO, 1997.

William Petersen, *What You Should Know about Gambling*. New Canaan, CT: Keats, 1973.

제4장

Allan Bloom, *The Closing of the American Mind*. New York: Simon and Schuster, 1987. (『미국 정신의 종말』, 범양사출판부 역간)

Irving Kristol, "Sex, Violence and Videotape", *Wall Street Journal*, May 31, 1994.

Jerry Mander, *Four Arguments for the Elimination of Television*. New York: Morrow, 1978.

Kerby Anderson, *Christian Ethics in Plain Language*. Nashville: Thomas Nelson, 2005, 특히 pp.188-200.

Malcolm Muggeridge, *Christ and the Media*. Grand Rapids: Eerdmans, 1977.

Neil Postman, *The Disappearance of Childhood*. New York: Vintage, 1994.

Robertson McQuilkin, *An Introduction to Biblical Ethics*. Wheaton: Tyndale, 1989, 특히 pp.232-37과 488-93.

Rousas J. Rushdoony, *The Politics of Pornography*. New Rochelle, NY: Arlington, 1974

S. Robert Lichter, Stanley Rothman, and Linda S. Lichter, *The Media Elite*. New York: Adler and Adler, 1986.

제5장

Daniel R. Heimbach, *True Sexual Morality: Recovering Biblical Standards for a Culture in Crisis*. Wheaton: Crossway, 2004.

David Wenham, "Marriage and Singleness in Paul and Today", *Themelios* 13, no. 2 (January-February 1988):39-41.

Paul A. Kruger, "Promiscuity or Marriage Fidelity? A Note on Prov. 5:15-18", *Journal of Northwest Semitic Languages* 13 (1987):61-68.

Paul E. Steele and Charles C. Ryrie. *Meant to Last: A Christian View of Marriage, Divorce and Remarriage*. Wheaton: Victor, 1986.

Tim Stafford, *The Sexual Christian*. Wheaton: Victor, 1989.

Walter C. Kaiser, Jr. "True Marital Love in Proverbs 5:15-23 and the Interpretation of Song of Songs", in *The Way of Wisdom: Essays in Honor of Bruce K. Waltke*, 106-16. Grand Rapids: Zondervan, 2000.

제6장

Clifford Penner and Joyce Penner, *The Gift of Sex: A Christian Guide to Sexual Fulfillment*. New York: Pilgrim, 1981.

David Wenham, "Marriage and Singleness in Paul and Today", *Themelios* 13, no. 2 (January-February 1988):39-41.

Earl D. Wilson, *Sexual Sanity*. Downers Grove, IL: InterVarsity, 1984.

Stanley J. Grenz, "The Purpose of Sex: Toward a Theological Understanding of Human Sexuality", *Crux* 26, no. 2 (1990):27-34.

_____, *Sexual Ethics: A Biblical Perspective*. Dallas: Word, 1990. (『성 윤리학』, 살림 역간)

John White, *Eros Redeemed: Breaking the Stranglehold of Sexual Sin*. Downers Grove, IL: InterVarsity, 1993.

Karen Lebacqz, "Appropriate Vulnerability: A Sexual Ethic for Singles", *The Christian Century*, May 6, 1987, 435-38.

Lauren F. Winner, *Real Sex: The Naked Truth about Chastity*. Grand Rapids: Brazos,

2005.

Lewis B. Smedes, *Sex for Christians: The Limits and Liberties of Sexual Living*. Rev. ed.
Grand Rapids: Eerdmans, 1994. (『크리스천의 성』, 두란노 역간)

Tim Stafford, *The Sexual Christian*. Wheaton: Victor, 1989.

제7장

Gordon J. Wenham, "Gospel Definitions of Adultery and Women's Rights", *Expository Times* 95 (1984):330-32.

Guy Duty, *Divorce and Remarriage*. Minneapolis: Bethany, 1967.

H. Wayne House, *Divorce and Remarriage: Four Christian Views*. Downers Grove, IL: InterVarsity, 1990.

John Murray, *Divorce*. 1953. Reprint, Philadelphia: Presbyterian and Reformed, 1961.
(『이혼도 하나님의 뜻인가?』, 바라미디어 역간)

Larry Richards, *Remarriage: A Healing Gift from God*. Waco: Word, 1981.

Michael Braun, *Second Class Christians? A New Approach to the Dilemma of Divorced People in th Church*. Downers Grove, IL: InterVarsity, 1989.

Philip H. Wiebe, "Jesus' Divorce Exception", *Journal of the Evangelical Theological Society* 32 (1989):327-33.

제8장

Jack W. Cottrell, "Abortion and the Mosaic Law", *Christianity Today*, March 16, 1973, 602-5.

James A. Thomson et al., "Embryonic Stem Cell Lines Derived from Human Blastocysts", *Science* (November 6, 1998):1145-47.

James K.Hoffmeier ed., *Abortion: A Christian Understanding and Response*. Grand Rapids: Baker Academic, 1987.

John S. Feinberg and Paul D. Feinberg, *Ethics for a Brave New World*. Wheaton: Crossway, 1993.

Michael J. Gorman, *Abortion in the Early Church: Christian, Jewish, and Pagan Attitudes in the Greco-Roman World*. Downers Grove, IL: InterVarsity, 1982.

Michael Tooley, *Abortion and Infanticide*. New York: Oxford University Press, 1983.

Paul B. Fowler, *Abortion: Toward an Evangelical Consensus*. Portland: Multnomah, 1987.

Robert N. Congdon, "Exodus 21:22-25 and the Abortion Debate", *Bibliotheca Sacra* 146

(1989):132-47.

제9장

James B. DeYoung, *Homosexuality: Contemporary Claims Examined in Light of the Bible and Other Ancient Literature and Law*. Grand Rapids: Kregel, 2000.

Richard F. Lovelace, *Homosexuality: What Should Christians Do About It?* Old Tappan, NJ: Revell, 1984.

Robert A. Gagnon, *The Bible and Homosexual Practice: Texts and Hermeneutics*. Nashville: Abingdon, 2001

Stanley J. Grenz, *Sexual Ethics: A Biblical Perspective*. Dallas: Word, 1990.

Stanton L. Jones and Mark A. Yarhouse, *Homosexuality: The Use of Scientific Research in the Church's Moral Debate*. Downers Grove, IL: InterVarsity, 2000.

William J. Webb, *Slaves, Women & Homosexuals: Exploring the Hermeneutics of Cultural Analysis*. Downers Grove, IL: InterVarsity, 2001.

제10장

Carl F. H. Henry, "Does Genesis 9 Justify Capital Punishment? Yes", in *The Genesis Debate*, edited by Ronald F. Youngblood, 230-50. Grand Rapids: Baker Academic, 1990.

Clive Staples Lewis, "The Humanitarian Theory of Punishment", in *God in the Dock*, 287-94. Grand Rapids: Eerdmans, 1970.

_____, "On Punishment: A Reply to Criticism", in *God in the Dock*, 295-300. Grand Rapids: Eerdmans, 1970.

Daniel Van Ness, *Crime and Its Victims*. Downers Grove, IL: InterVarsity, 1986.

H. Wayne House and John Howard Yoder, *The Death Penalty Debate*. Dallas: Word, 1991.

John Jefferson Davis, *Evangelical Ethics: Issues Facing the Church Today*. Phillipsburg, NJ: Presbyterian and Reformed, 1985, 특히 pp.193-207.

John Murray, *Principles of Conduct*. Grand Rapids: Eerdmans, 1957, 특히 pp.107-22. (『성경과 기독교 윤리』, 엠마오 역간)

Lloyd R. Bailey, *Capital Punishment: What the Bible Says*. Nashville: Abingdon, 1987.

Malcolm A Reid, "Does Genesis 9 Justify Capital Punishment? No", in *The Genesis Debate*, edited by Ronald F. Youngblood, 230-50. Grand Rapids: Baker Academic, 1990.

Norman L. Geisler, *Christian Ethics: Options and Issues.* Grand Rapids: Baker Academic, 1989, 특히 pp.193-213. (『기독교 윤리학』, 기독교문서선교회 역간)

William H. Baker, *On Capital Punishment.* Chicago: Moody, 1985.

제11장

C. Everett Koop and Timothy Johnson. *Let's Talk: An Honest Conversation on Critical Issues: Abortion, AIDS, Euthanasia, and Health Care.* Grand Rapids: Zondervan, 1992.

John Jefferson Davis, "Infanticide and Euthanasia", in *Evangelical Ethics: Issues Facing the Church Today*, 158-92. Phillipsburg, NJ: Presbyterian and Reformed, 1985.

John Q. Baucom, *Fatal Choice: The Teenage Suicide Crisis.* Chicago: Moody, 1986.

Kenneth E. Schemmer, *Between Life and Death: The Life Support Dilemma.* Wheaton: Victor, 1988.

Norman Anderson, *Issues of Life and Death: Abortion, Birth Control, Genetic Engineering and Euthanasia.* Downers Grove, IL: InterVarsity, 1976.

제12장

James C. Peterson, *Genetic Turning Points: The Ethics of Human Genetic Intervention.* Grand Rapids: Eerdmans, 2001.

John S. Feinberg and Paul D. Feinberg, *Ethics for a Brave New World.* Wheaton, IL: Crossway, 1993.

Kerby Anderson, *Christian Ethics in Plain Language.* Nashville: Thomas Nelson, 2005, 특히 pp.64-83.

_____, *Genetic Engineering.* Grand Rapids: Zondervan, 1982.

Lewis P. Bird, "Universal Principles of Biomedical Ethics and Their Applicability to Gene-Splicing", *Perspectives on Science and Christian Faith* 41 (June 1989):76-86.

Stanley J. Grenz, "Technology and Pregnancy Enhancement", in *Sexual Ethics: A Biblical Perspective*, pp.142-55. Dallas: Word, 1990.

제13장

Gordon L. Addington, *The Christian and Social Drinking.* Minneapolis: Free Church Publications, 1984, pp.44-50의 참고 문헌.

Kerby Anderson, *Christian Ethics in Plain Language*. Nashville: Thomas Nelson, 2005, 특
히 pp.153-65.

Russ Pulliam, "Alcoholism: Sin or Sickness?", *Christianity Today*, September 1981, 22-24.

"Substance Abuse: The Nation's Number One Health Problem", Princeton, NJ: Institute
for Health Policy; Brandeis University for the Robert Wood Johnson Foundation,
October 1993.

제14장

Charles C. Ryrie, "The Christian and Civil Disobedience", *Bibliotheca Sacra* 127 (April
1970):153-62.

Francis A. Schaeffer, *A Christian Manifesto*. Rev. ed. Westchester, IL: Crossway, 1981.
(『기독교 선언』, 생명의말씀사 역간)

James F. Childress, *Civil Disobedience and Political Obligation*. New Haven: Yale
University Press, 1971.

Jim Wallis ed., *The Rise of Christian Conscience*. San Francisco: Harper and Row, 1987.

John Piper, "Rescue Those Being Led Away to Death", *The Standard*. May 1989, 27-32.

Norman L. Geisler, "Disobedience to Government Is Sometimes Right", in *Christian
Ethics: Options and Issues*, 239-55. Grand Rapids: Baker Academic, 1989. (『기독
교 윤리학』, 기독교문서선교회 역간)

O. Palmer Robertson, "Reflections on New Testament Testimony on Civil Disobedience",
Journal of the Evangelical Theological Society 33 (September 1990):331-51.

Randy Alcorn, *Is Rescuing Right?* Downers Grove, IL: InterVarsity, 1990.

Stephen Charles Mott, "Civil Disobedience as Subordination", in *Biblical Ethics and Social
Change*, pp.142-66. New York: Oxford University Press, 1982.

제15장

Arthur F. Holmes, *War and Christian Ethics*. Grand Rapids: Baker Academic, 1975.

Douglas J. Harris, *The Biblical Concept of Peace: Shalom*. Grand Rapids: Baker
Academic, 1970.

George W Knight, III., "Can a Christian Go to War?", *Christianity Today*, November 1975,
pp.4-7.

James Turner Johnson, *Can Modern War Be Just?* New Haven: Yale University Press,
1984.

Loraine Boettner, *The Christian Attitude Toward War.* 3rd ed. Phillipsburg, NJ: Presbyterian and Reformed, 1985.

Peter C. Craigie, *The Problem of War in the Old Testament.* Grand Rapids: Eerdmans, 1978. (『기독교와 전쟁문제[구약성서를 중심으로]』, 성광문화사 역간)

Richard S. Hess and Elmer A. Martens eds., *War in the Bible and Terrorism in the Twenty-First Century.* Winona Lake, IN: Eisenbrauns, 2008.

Robert G. Clouse, *War: Four Christian Views.* Downers Grove, IL: InterVarsity, 1981.

Ronald J. Sider and Richard K. Taylor, "Jesus and Violence: Some Critical Objections", in *Nuclear Holocaust and Christian Hope: A Book for Christian Peacemakers*, pp.106-13과 138-43. Downers Grove, IL: InterVarsity, 1982.

Ronald J. Sider, *Non-Violence: The Invincible Weapon?* Dallas: Word, 1989.

Walter Wink, *Jesus and Non-Violence: A Third Way.* Minneapolis: Fortress, 2003. (『예수와 비폭력 저항[제3의 길]』, 한국기독교연구소 역간)

Willard M. Swartley, *Slavery, Sabbath, War and Women.* Scottdale, PA: Herald, 1983.

제16장

Brian Griffiths, *The Creation of Wealth: A Christian Case for Capitalism.* Downers Grove, IL: InterVarsity, 1984.

_____, *Morality and the Market Place: Christian Alternatives to Capitalism and Socialism.* London: Hodder and Stoughton, 1982.

David K. Clark and Robert V. Rakestraw, eds., *Readings in Christian Ethics.* Vol. 2, Issues and Applications, 339-80. Grand Rapids: Baker Academic, 1996.

J. Philip Wogaman, *Economics and Ethics.* Philadelphia: Fortress, 1986.

Jake Barnett, *Wealth and Wisdom: A Biblical Perspective on Possessions.* Colorado Springs: NavPress, 1987.

John Jefferson Davis, *Your Wealth in God's World: Does the Bible Support the Free Market?* Phillipsburg, NJ: Presbyterian and Reformed, 1984.

John MacArthur, *Whose Money Is It, Anyway? A Biblical Guide to Using God's Wealth.* Nashville: Word, 2000.

Randy Alcorn, *Money, Possessions, and Eternity.* Wheaton: Tyndale, 1989. (『돈, 소유 그리고 영원』, 예영커뮤니케이션 역간)

Robert G. Clouse, ed., *Wealth and Poverty: Four Christian Views of Economics.* Downers Grove, IL: InterVarsity, 1984.

Ronald H. Nash, *Poverty and Wealth.* Westchester, IL: Crossway, 1986.

Ronald J. Sider, *Rich Christians in an Age of Hunger.* 3rd ed. Waco: Word, 1990.

제17장

Andrew Linzey, *Christianity and the Rights of Animals*. New York: Crossroad, 1987.

Bernard E. Rollin, "Farm Factories: The End of Animal Husbandry", *Christian Century*, December 19, 2001, 26-29.

Dan Johnson, "Defending the Rights of Chickens", *Futurist* 52.4 (May 1998):11.

Elmer Smick, "Animals", in *Baker's Dictionary of Christian Ethics*, edited by Carl F. H. Henry, 21-23. Grand Rapids: Baker Academic, 1973.

Jean-Henri Fabre, "Air, Necessary to Life", translated by Michael Attias. *Chicago Review* 51 (Spring 2005):125-31.

Leonard Vander Zee, "Also Many Animals", *Banner*. April 2008, 1-3.

Matthew C. Halteman, "Compassionate Eating as Care of Creation", Washington, DC: The Humane Society of the United States, 2008.

Stephen Vantassel, "A Biblical View of Animals: A Critical Response to the Theology of Andrew Linzey" (미출간 에세이, Newburgh, IN).

제18장

Carl H. Reidel, "Christianity and the Environmental Crisis", *Christianity Today*, April 1971, 6.

E. Calvin Beisner, "Managing the Resources of the Earth", in *Readings in Christian Ethics*. Vol. 2, Issues and Applications, edited by David K. Clark and Robert V. Rakerstraw, 387-96. Grand Rapids: Baker Academic, 1996. Originally from E. Calvin Beisner, *Prospects for Growth: A Biblical View of Population, Resources, and the Future*, 155-68. Wheaton: Crossway, 1990.

Francis A. Schaeffer, *Pollution and the Death of Man: The Christian View of Ecology*. Wheaton: Tyndale, 1970.

John R. W. Stott, *Issues Facing Christians Today*. Basingstoke: Marshall, 1984.

Lynn White, "The Historical Roots of Our Ecological Crisis", *Science* 155 (1967):1203-7. Reprinted in The Environmental Handbooks, 1970.

R. J. Berry, "Christianity and the Environment: Escapist Mysticism or Responsible Stewardship", *Science and Christian Belief* 3 (1991):3-18.

역자 후기

월터 카이저는 한국 교회와 신학계에 비교적 잘 알려져 있는 복음주의권 구약학자이다. 그가 쓴 책들이 국내 구약학자들에 의하여 이미 10여 권 정도 여러 기독교 출판사들을 통하여 번역 출간되었으니 더 말할 필요가 없을 것이다. 특히 그의 대표작이라 할 만한 『구약 난제 해설』 생명의말씀사, 『성경 해석학 개론』 공저, 은성, 『신약의 구약 사용』 크리스찬다이제스트, 『구약성경신학』 생명의말씀사, 『구약성경과 선교』 기독교문서선교회 등은 신학생들과 목회자들에게 구약학 공부에 상당한 도움을 준 책들로 알려져 있다.

역자는 아직껏 그의 책을 직접 번역한 적은 없으나, 그 동안에 출판된 책들을 통하여 그가 어떠한 성향의 구약학자인지, 그리고 어느 분야에 관심을 많이 가지고 있는지를 쉽게 알 수 있었다. 그러던 차에 올해 2009년 초에 새물결플러스의 부탁을 받고서 그가 가장 최근에 집필한 본서를 번역하게 되었다. 역자로서는 신학적인 성향이나 성경 해석 또는 본서에서 다루는 쟁점들, 특히 사형제도 같은 경우 결론이 조금은 다를 수도 있는 카이저의 책을 처음으로 번역하는 터라 약간의 걱정도 들었지만, 한국 신학계에 꼭 소개할 필요가 있다고 여겨지는 본서의 제목과 내용에 이끌려 번역을 수락하였고, 그 결과로 인하여 이렇게 번역서를 출간하기에 이르렀다. 어떻게 보면 역자가 번역한

이 책은 2009년 초에 미국에서 출간되자마자 새물결플러스와 출판
계약이 맺어진 책으로, 외국의 신학 서적들 중에서는 매우 빠른 속도
로 번역서가 출간된 사례가 아닐 수 없다.

그런데 흥미롭게도 카이저는 성경윤리에 관심이 많은 학자여서
그런지, 26년 전인 1983년에 이미 구약성경 윤리에 관한 책을 출간하
였고, 한국에서는 그 책이 1990년도에 생명의말씀사를 통하여 『구약
성경윤리』 홍용표 역라는 제목으로 번역 출간되었다. 그가 이미 오래 전
에 출간한 이 책은 제1부에서 구약 윤리에 대한 정의를 내리고 구약
윤리를 연구하는 방법론을 소개함과 아울러, 제2부에서는 구약 윤리
의 정점에 서 있는 십계명과 각종 토라 규정들을 중점적으로 다루었
으며, 제3부에서는 일상생활과 관련된 구약 윤리의 구체적인 내용들
을 주제별로 논의하였다.

역자가 번역한 본서는 카이저가 이미 20여 년 전에 출간한 『구약
성경윤리』의 후속편이라 할 만한 책이다. 그는 올해 초에 출간한 본서
에서 오늘날의 목회자들이나 설교자들이 성경으로부터 이끌어낼 수
있는 기독교인의 다양한 생활 윤리를 잘 가르치지 않는다는 점을 지
적하면서, 오늘날의 다양하고 복잡한 삶 속에서 기독교인들이 직면하
고 있는 중요한 윤리적인 쟁점 열여덟 가지를 선택하여 성경 윤리의
측면에서 충분하고도 적절하게 논의하고 있다. 목차를 보면 알겠지
만, 그 열여덟 가지 쟁점에는 사회적인 약자들을 돕는 문제, 인종차별
과 인권의 문제, 도박과 탐욕의 문제, 미디어와 오락과 포르노의 문제,
간음과 음행과 이혼 및 동성애의 문제, 줄기세포 연구와 유전공학의
문제, 사형제도의 존속에 관한 문제, 동물의 권리에 대한 문제 등등이
골고루 포함되어 있다.

카이저는 이처럼 다양한 쟁점들을 재미있고도 효율적으로 설명하
기 위하여, 각 장의 전반부에서는 항상 해당 쟁점에 대한 일반적이고

도 학문적인 논의를 소개하였으며, 후반부에서는 실생활에서 윤리적이고 도덕적으로 확고한 결정들을 내림에 있어서 도움을 줄 수 있는 성경 본문들을 해당 쟁점들과 결합시킴으로써, 하나님이 기뻐하시는 윤리적인 삶에 대한 교훈을 제공하고자 하였다. 그의 이러한 접근 방법은, 그가 서론에서도 밝힌 바와 같이, 성경이 온전하고 올바른 행동에 대한 하나님의 가르침을 들을 수 있는 믿음직스럽고도 유일한 자료라는 판단에 기초한 것이다. 카이저는 주요 쟁점들에 관한 성경의 가르침을 이처럼 논한 다음, 각 장의 참고 문헌을 별도로 정리하였다.

아무쪼록 본 번역서가 성경 본문을 오늘날의 중요한 윤리적인 쟁점들에 성실하게 적용하고자 하는 사람들에게 큰 도움을 주기를 바라는 마음 간절하다. 아울러 오늘의 목회자들이 우리가 사는 시대의 사회적이고 경제적이고 정치적인 문제들에 대한 성경의 윤리적인 가르침과 원리들을 조금 더 성실하게 공부하여 성도들에게 잘 전달하는 귀한 말씀의 종들이 되기를 간절히 바란다. 끝으로 이처럼 귀한 책을 출판하기로 결심한 새물결플러스의 김요한 목사님에게 깊은 감사를 드리며, 이 책의 편집과 출판을 위해 수고한 모든 분들에게도 감사를 드린다. 아울러 번역 원고를 일일이 읽어가면서 원고 교정에 애를 쓴 호남신학대학교 대학원의 구약 전공자들인 김윤순 전도사와 김상봉 전도사에게도 고마운 마음을 전하며, 출판사의 앞길에 은혜와 능력의 주님이 늘 함께 하시기를 기원한다.

2009년 10월
광주 양림골 선지동산에서
강성열 삼가 씀

옮긴이

강성열은 서울대학교 영문학과B.A., 장로회신학대학원 신대원M.Div.과 대학원Th.M., Ph.D.에서 공부했고, 현재 호남신학대학교 교수로 구약학을 가르치고 있다. 또한 한국구약학회 부회장 및 편집위원, 한국성서지리연구원 이사, 농어촌선교연구소 소장으로 섬기면서 학문과 목회 현장에 대한 쉼 없는 열정을 보여주고 있다.

『성서로 보는 결혼 은유』성광문화사,『고대 근동 세계와 이스라엘 종교』한들출판사,『강성렬 교수의 구약 설교』이레서원,『기독교 신앙과 카오스 이론』대한기독교서회,『설교자를 위한 성서해석학 입문』공저, 대한기독교서회,『현대인을 위한 창세기 강해』한국장로교출판사를 포함한 다수의 책들을 저술했을 뿐만 아니라『구약 지혜문학의 이해』한국장로교출판사,『구약성서 이해』공역, 크리스챤다이제스트,『창세기 주석』한들출판사,『이스라엘 종교사 I, II』나남출판사 등 많은 책을 우리말로 옮기는 일에 힘써왔다. 특히 20세기 최대의 발견이라 일컬어지는 사해사본의 발굴 성과를 학계에서 널리 활용할 수 있게 한 자료집『사해문서 I-IV』를 학술진흥재단의 연구비를 지원받아 우리말로 옮겼고, 옮긴 책은 그 학술적 가치를 인정받아 대한민국학술원에서 2008년도 인문학 분야 우수학술도서로 선정되었다.

이렇게 **가르치라**

설교자와 교사를 위한 성경 윤리 가이드

Copyright ⓒ 새물결플러스 2009

초판 1쇄	2009년 11월 10일
초판 5쇄	2015년 3월 23일
지은이	월터 카이저
옮긴이	강성열
펴낸이	김요한
펴낸곳	새물결플러스
편집	노재현·박규준·왕희광·정인철·최경환·최율리·최정호·한바울
마케팅	이승용
총무	김명화
홈페이지	www.hwpbooks.com
이메일	hwpbooks@hwpbooks.com
출판등록	2008년 8월 21일 제2008-24호
주소	(우) 158-718 서울특별시 양천구 목동동로 233-1(목동) 현대드림타워 1401호
전화	02) 2652-3161
팩스	02) 2652-3191
디자인	디자인집 Tel. 02) 521-1474

ISBN 978-89-961592-7-8   03230
책값은 뒤표지에 있습니다.